C·H·Beck
PAPERBACK

EMRAN FEROZ

Vom Westen nichts Neues

Ein muslimisches Leben
zwischen Alpen und Hindukusch

C.H.BECK

Originalausgabe

www.chbeck.de
Umschlaggestaltung: Kunst oder Reklame, München
Umschlagabbildungen: Emran Feroz © privat,
Hintergrund: Kunst oder Reklame, München unter Verwendung von Kabul/Afghanistan © mbrand85/istockphoto und Dienten am Hochkönig © franke182/Adobe Stock
Satz: C.H.Beck.Media.Solutions, Nördlingen
Druck und Bindung: Druckerei C.H.Beck, Nördlingen
Printed in Germany
ISBN 978 3 406 80761 9

myclimate

verantwortungsbewusst produziert
www.chbeck.de/nachhaltig

Für alle,
die zwischen den Welten leben,
und für meine Familie.

Inhalt

Vorwort

In meiner afghanischen Heimat herrscht seit fast einem halben Jahrhundert Krieg. Das Wort «coup d'état», im Afghanischen meist *Koh Dataa* ausgesprochen, gehörte zu den ersten politischen Vokabeln, die ich gelernt habe. Meine Eltern meinten damit die friedliche Machtübernahme Daoud Khans, der 1973 die afghanische Monarchie abschaffte, und vor allem den blutigen Putsch der linksstalinistischen Demokratischen Volkspartei Afghanistans, durch den 1978 Tausende von Menschen ermordet oder vertrieben wurden. Danach waren die friedlicheren Zeiten am Hindukusch endgültig vorbei.

Im Jahr 2019 schlenderte ich über den Markt von Kabul und naschte getrocknetes Obst, als ich mit einem älteren Mann ins Gespräch kam. Der Weißbart hieß Mohammad Naseem, trug eine typisch afghanische Pakol-Mütze und war früher ein Krieger. In den 1980er-Jahren kämpfte Naseem als Kommandant auf Seiten der islamistischen Mudschaheddin, die damals im Krieg gegen die Sowjetunion vom Westen und zahlreichen muslimischen Staaten unterstützt wurden. Zu Weihnachten 1979 hatten sowjetische Truppen das Land überfallen. Doch das Kämpfen war nicht das Einzige, das Naseem gelernt hatte. Er war auch ein Intellektueller, der u. a. in Frankreich und Deutschland Jura studiert hatte, weshalb er noch einige Fetzen Französisch und Deutsch beherrschte. Unter der Ägide des afghanischen Königs Zahir Shah waren er und zahlreiche andere junge Männer noch ins Ausland geschickt worden, damit sie mit Fachkenntnissen zurückkehrten, um ihr Land voranzubringen. Doch viele Studenten, die nach Europa, in die USA, in die arabische Welt oder in die Sowjetunion gingen, wurden dort auch politisch indoktriniert. Nachdem sie in ihre Heimat zurückgekehrt waren, fingen sie an, sich zu bekriegen und Afghanistan ins Chaos zu stürzen. Der König bereute sein Modernisierungsprojekt später bitter. Ex-Kommandant Naseem auf dem Kabuler Markt dazu kurz und bündig: «Unser Land wurde von fremden Gedanken und Ideologien durchlöchert.» Bis heute konnte sich die afghanische Gesellschaft davon nicht erholen. Allein während der zehnjährigen sowjetischen Besatzung des Landes starben rund zwei Millionen Afghanen und Afghaninnen, weitere Millionen wurden zu Geflüchteten. Nachdem der letzte Soldat der Roten Armee das Land im Jahr 1989 verlassen hatte, versank das Land in einem Bürgerkrieg, der abermals Hunderttausende Menschen das Leben kosten und die Großstädte des Landes zerstören sollte. 1996 errichteten die Taliban ihr Schreckensregime. 2001, nach den Anschlägen des 11. Septembers, marschierten die USA und ihre Verbündeten ein, nur um nach zwanzig Jahren brutaler Kriegsführung mit vielen Toten überstürzt abzuziehen und das Land abermals den Extremisten zu überlassen. Das afghanische Blutvergießen war auch ein Resultat unterschiedlicher Ideologien und Weltanschauungen, die aufeinanderprallten. Geschürt wurden die Konflikte nicht nur von der UdSSR oder militanten Islamisten, sondern auch in Washington, London und anderswo. Mit dem Beginn des globalen «War on Terror» der Amerikaner war Samuel Huntingtons These vom «Kampf der Kulturen» in aller Munde. Die anglosächsische Politelite machte keinen Hehl aus ihren Absichten mit Blick auf Afghanistan. Man sprach von Rache, Vergeltung oder einem «Kreuzzug» gegen die afghanischen und später auch irakischen Barbaren.

Die Gegenwart verträgt keine weiteren Spalter und Hetzer,

sondern braucht Brückenbauer, Weltenerklärer – oder *Tarjuman*, Übersetzer. Viele von «uns» Afghanen waren irgendwann in ihrem Leben schon mal als Übersetzer tätig. Meist in jungem Alter für unsere Eltern, Geschwister und andere Verwandte oder für Geflüchtete vor Gerichten oder bei der Polizei. Da prallen Welten aufeinander. Ich kann mich noch an den Innsbrucker Asylbeamten erinnern, der in seiner Mittagspause die Machtübernahme der rechtsextremen FPÖ herbeisehnte. Kurz zuvor hatte ein geflüchteter Hazara aus Afghanistan der anderen Beamtin, die ebenfalls ganz schön rechte Parolen schwang, und mir von Krieg und Bombenterror erzählt, wie er einst in seiner Heimatprovinz Ghazni fast von einer Granate getroffen wurde. «Der HC g'winnt hoffentlich und dann isch des vorbei!» «HC», damit war der damalige FPÖ-Chef und spätere Vizekanzler Heinz-Christian Strache gemeint. Der Satz des Beamten klang in diesem Kontext mehr als zynisch. Seine Kollegin ergänzte in meine Richtung: «De erzählen immer irgendwas … ob des stimmt?» Bei so viel Menschenfeindlichkeit und Verachtung fühlte ich mich in «meinem» Innsbruck auf einmal sehr fehl am Platz.

Ich war nicht der erste Übersetzer in meiner Familie. Mein Vater hatte mich überhaupt erst dem Landesgericht als Übersetzer vorgeschlagen, etwa für die Tage, an denen er selbst verhindert war. Im Gegensatz zu vielen anderen afghanischen Familien, die ich später kennenlernte und die meist auf ihre heranwachsenden Kinder angewiesen waren, um bei Ämtern vorzusprechen oder Formulare auszufüllen, war mein Vater die deutsche Stimme in unserem Haus. Er hatte in Kabul ein deutsches Gymnasium besucht und beherrschte die Sprache schon, als er Ende der 1970er-Jahre nach Europa kam. In meinen ersten Lebensjahren sprach mein Vater mit mir nur Deutsch. Es war meist ein hochgestochenes Deutsch, mit vielen technischen und politisch konnotierten Begriffen. Neben meinem Vater gab es natürlich noch den Übersetzer der Familie schlechthin, meinen Großvater, der einst in Kabul als «Tarjuman Saheb» («Herr Übersetzer») bekannt war und neben den afghanischen Sprachen Farsi und Paschto vor allem auf Englisch arbeitete. Er übersetzte unter anderem die Werke Shakespeares, damit auch die Afghanen «Hamlet» oder «Othello» lesen konnten. Außerdem war er für die US-Botschaft in Kabul tätig, wo er regelmäßig bei wichtigen Empfängen zur Stelle sein musste und einmal sogar Henry Kissinger, dessen Weltanschauung er wohl kaum teilte, traf und für ihn übersetzen musste. *Großbaba,* wie mein Vater ihn in Gesprächen uns gegenüber nannte, war für viele seiner Landsleute ein Welterklärer. Leider ging vieles, was er geschrieben hatte, im Krieg verloren und wurde vernichtet. In einigen Onlinearchiven konnte ich allerdings einige seiner Artikel über Kolonialismus, die Weltkriege und Geopolitik wiederfinden. Auch er war ein Brückenbauer. Eines meiner Lieblingsfotos zeigt ihn Wasserpfeife rauchend gemeinsam mit einem Freund aus Kabul, einem Turban tragenden Sikh. Während in anderen Ländern Minderheiten gejagt wurden und in Europa der Holocaust stattfand, diskutierten im Salon meines Großvaters Muslime, Sikhs und Juden freundschaftlich und respektvoll über die Zukunft ihrer Heimat.

Und dann war da auch noch *Maamaa* Waheed, mein Onkel, der Bruder meiner Mutter, der bis zu seiner Ermordung im November 2019 der internationalen Presse in verschiedenen Kriegszeiten mehr als drei Jahrzehnte lang zu erklären versuchte, was in Afghanistan vor sich ging. Maamaa Waheed hatte in Kabul studiert, als sich junge Islamisten und Kommunisten auf dem Campus der Universität bekriegten. Später, als die Sowjets einmarschierten und Afghanistan besetzten, schloss er sich – wie Mohammad Naseem und zahlreiche andere Afghanen – den Mudschaheddin an. Doch kurze Zeit später verlegte er sich darauf, das Schicksal seiner Heimat mit Stift und Feder zum Besseren wenden zu wollen. Im Exil in Peschawar lernte er nicht nur Abdullah Azzam, den einstigen Mentor bin Ladens, kennen, sondern auch Journalisten aus aller Welt, pakistanische Dichter oder afghanische Intellektuelle, die wie er zu Geflüchteten geworden waren. Auf der Beerdigung meines Onkels versammelten sich später Menschen verschiedenster politischer Richtungen, darunter ehemalige kommunistische Putschisten, Ex-Taliban, Vertreter der Kabuler Regierung, demokratische Universitätsprofessoren, säkulare Publizisten, Salafisten, Schiiten und Kleriker aller Schichten, Ethnien und Klassen sowie das einfache Volk. Man hätte nicht sagen können, wem mein Onkel angehörte, weil er sich ihnen allen irgendwie verbunden fühlte.

«Du bist ein Kosmopolit, weil du zwischen zwei Welten lebst und beide verstehst», sagte mir einst mein Philosophielehrer am Gymnasium in Innsbruck. Damals wusste ich nur wenig mit dieser Zuschreibung anzufangen. Für viele andere Menschen mit afghanischen Wurzeln trifft sie ebenfalls zu. Der Historiker Tamim Ansary wuchs in Queens, New York, als Sohn einer Amerikanerin mit finnischen Wurzeln auf. Sein Vater hingegen gehörte zu den ersten Stipendiaten Zahir Shahs. Ansarys Identität liegt heute irgendwo zwischen Big Apple und Kabul. Nach den Anschlägen des 11. Septembers versuchte er, der englischsprachigen Welt zu erklären, warum die Afghanen keine Barbaren seien, die eine Kollektivstrafe verdient hätten. «Wer bin ich in dieser Welt?», fragte einst der afghanisch-palästinensische Dichter Mahmoud al Afghani. Mitte des 20. Jahrhunderts erlangte er als «Dichter der Jugend Palästinas» Bekanntheit. Al Afghanis Lyrik verdeutlicht, wie sehr ihn die eigene Entwurzelung belastete. Sein Vater, Abdul Hamid Khan Lashkari, stammte aus dem Kabuler Stadtteil Chardee, der unweit vom früheren Haus meiner Familie liegt, und verliebte sich auf einer islamischen Pilgerfahrt nach Mekka in den Nahen Osten. Er blieb in Jaffa im heutigen Tel Aviv. Nach der Gründung des israelischen Staates und der Nakba, der großen Vertreibung der Palästinenser, mussten die al Afghanis abermals fliehen. Jahre später wurde der Dichter Mahmoud al Afghani von Zahir Shah zur afghanischen Unabhängigkeitsfeier eingeladen. Gefeiert wurde damals (wie heute) der Sieg gegen die britischen Kolonialisten im Jahr 1919. Aus al Afghanis Gedichten ging hervor, dass er sich hauptsächlich mit Palästina identifizierte. Durch Zufall traf ich einige der Nachfahren al Afghanis im Sommer 2022 in der jordanischen Hauptstadt Amman, wo sie seit Jahren leben und in familiärer Tradition ein Antiquitätengeschäft führen. Ich begrüßte die jungen al Afghanis mit meinem Kabuler Farsi. Sie antworteten auf Arabisch und bedauerten, die Sprache ihrer Ahnen verlernt zu haben. Dennoch würden sie sich als stolze Afghanen aus Kabul betrachten. Dann zeigten sie mir den Stammbaum ihrer Familie, der an der Wand hing und auf dem auch ihr berühmter Großvater zu sehen war.

«Ich … wer bin ich in diesen Welten?»

Diese Worte schrieb Mahmoud al Afghani in einem seiner Gedichte. Bis heute offenbaren sie das Dilemma von Millionen Afghanen und Afghaninnen. Menschen, die immer und immer wieder entwurzelt werden. Zum Ende des vergangenen Jahres verkündete Pakistan, rund zwei Millionen afghanische Geflüchtete, die dort in den letzten zwei Jahrzehnten Zuflucht fanden, abschieben zu wollen. Am Grenzübergang Torkham entlang der von den Briten errichteten kolonialen Durand-Linie kam es zu dystopischen Szenen, die bis heute andauern. Als die russische Invasion der Ukraine begann, mussten Tausende von Afghanen, die in Kiew, Odessa und anderswo eine neue Heimat gefunden hatten, fliehen. Nicht zu vergessen August 2021, als die militant-islamistischen Taliban nach zwanzig Jahren abermals Kabul einnahmen und vor den Augen der abziehenden NATO-Truppen die Wiedererrichtung ihres Islamischen Emirats verkündeten, während Tausende Menschen versuchten, ihre Heimat zu verlassen, und am Kabuler Flughafen infolgedessen ein blutiges Chaos ausbrach. Natürlich muss man in Anbetracht von al Afghanis palästinensischer Identität auch an die katastrophale Situation im Nahen Osten denken, nachdem die Hamas am 7. Oktober vergangenen Jahres über 1200 Israelis ermordete, 240 Menschen verschleppte und es daraufhin zu einem großangelegen Angriff der israelischen Armee im Gazastreifen kam. In dessen Folge verloren Tausende Palästinenser und Palästinenserinnen ihr Leben, und noch mehr mussten fluchtartig ihre Heimat verlassen, sodass einige Betroffene gar von einer zweiten Nakba sprachen. Ein friedliches Miteinander in der Region scheint angesichts dieser eskalierten Gewaltspirale ferner denn je.

Brückenbauer und Weltenwandler sind heute nötiger denn je, denn unsere Welt droht zu zerbrechen. Mir kommt in diesem Kontext ein besonders symbolträchtiges und für manchen womöglich groteskes Bild aus Baghlan, der Heimatprovinz meiner Mutter, in den Sinn. Im Frühling 2022 saß ich dort mit einigen Freunden auf einem Feld nahe einer Brücke. Ihr Bau war ausgerechnet von den Taliban, früher eher für die Sprengung von Brücken bekannt, zu Ende gebracht worden. Die neue Brücke verband nun zwei vormals miteinander verfeindete kleine Landstriche: auf der einen Seite die Regierungsmilizen und Soldaten der Armee, hinter dem Fluss die lauernden Taliban. Zivilisten, die die Hauptstraße passierten, riskierten dabei meist ihr Leben. Auch ich erlebte die eine oder andere brenzlige Situation, in der meine Begleiter und ich Landminen ausweichen oder wir uns vor Gewehrsalven ducken mussten. Abgesehen von einigen ausgebrannten Autowracks fehlte hier heute, an diesem Frühlingstag, jedwede Spur vom Krieg. Ein junger Talib fuhr vor unseren Augen wie der Protagonist eines Spielfilms mit seinem Motorrad über die Brücke, und auf dem Rücksitz saß seine ebenso junge Ehefrau, deren Antlitz durch das Gitter ihres *Chaderis* – auch als Burka bekannt – schemenhaft zu erkennen war. Ihren Kopf lehnte sie verträumt am Rücken ihres Mannes an.

Mir kam der Gedanke, dass selbst dieser junge Talib mit der Kalaschnikow nur Frieden wollte. Sein Hass auf den Westen und «unsere Freiheit», wie sie im Laufe des «War on Terror» gerne von den Kriegsarchitekten propagiert wurde, war durch den Krieg geformt, der junge Mann war durch den dystopischen Konflikt radikalisiert worden. «Wir haben nicht eingesehen, was in diesem Land passierte. Wir haben unsere Augen vor den Bomben verschlossen. Das war falsch», sagte mir etwa der Kabuler Universitätsprofessor und Publizist Jawed Farhad, als ich ihn in seiner Kabuler Wohnung nach der Rückkehr der Taliban besuchte. Kurz nach dem westlichen Einmarsch in seiner Heimat hatte Farhad einen Fernsehsender gegründet. Er bildete Journalisten aus, lehrte an der Universität und war ein gerngesehener Gast in Talkshows. Mittlerweile nagte er am Hungertuch und hatte deshalb auch schon seine kleine Privatbibliothek verkaufen müssen. Außerdem wurde er als säkularer Demokrat von den Taliban bedroht und drangsaliert. Doch Farhad bekannte auch, während er an seiner Zigarette zog: «Die meisten Taliban-Kämpfer sind junge Männer, oft sogar Minderjährige. Sie tun mir leid, denn ihnen widerfuhr Unrecht, während wir hier in Kabul saßen und in einer Illusion lebten.»

2024 wird Afghanistan wieder von den Taliban regiert. Der «längste» Krieg der Amerikaner und ihrer Verbündeten hat jene

Extremisten an die Macht zurückgebracht, die Ende 2001 gestürzt worden waren. Die Repression des Regimes ist im gesamten Land spürbar. Afghaninnen dürfen weder Oberschulen noch Universitäten besuchen. Die «neuen» Taliban sind, so scheint es, doch die alten geblieben: extremistisch, rückschrittlich und frauenfeindlich. Doch auch die Taliban lernten in der Zwischenzeit neue Welten kennen. Teile ihrer politischen Führung residierten etwa jahrelang im Golfemirat Katar, wo sie Verhandlungen mit den USA führten. Zur selben Zeit entwickelte sich die absolutistische Monarchie zu einer dynamischen Wüstenmetropole. Die Taliban lebten in Katar in klimatisierten Luxus-Bungalows, dinierten in Fünf-Sterne-Restaurants und trafen Diplomaten und Vertreter der internationalen Presse. Außerdem begannen sie, ihre Töchter in lokale, säkulare Bildungseinrichtungen zu schicken, während einige ihrer jüngeren Burschen Netflix konsumierten oder in Internationale Beziehungen promovierten. Vom ärmlichen «Madrasa-Lifestyle» in irgendeiner abgelegenen Moschee in den afghanisch-pakistanischen Stammesgebieten fehlte nunmehr jede Spur. Es bleibt abzuwarten, ob diese veränderte Realität, die innerhalb der Taliban bereits zu Konflikten geführt hat, auch Auswirkungen auf ihren Regierungsstil haben wird. Man sollte keine unrealistischen Hoffnungen hegen, darf die Hoffnung aber auch nie aufgeben.

Der westliche Krieg gegen den Terror ist grandios gescheitert. Er wurde von vielen Afghanen, die von militärischer Gewalt direkt betroffen waren, als kolonialer Krieg wahrgenommen. Erst nach dem Abzug der NATO setzte sich diese Einsicht durch die dramatischen Bilder aus Kabul auch in den westlichen Medien durch. Die westlichen Soldaten haben keine Demokratie gebracht, sondern sind in afghanische Häuser eingedrungen; ja, sie haben auch gefoltert und gemordet. Je erbitterter der Krieg geführt wurde, desto mehr wurden afghanische Zivilisten entmenschlicht und zum Abschuss freigegeben. Die dabei verwendete Sprache war ein eigenes Mittel der Unterdrückung. Aus Kindern und Jugendlichen wurden «männliche Personen im wehrfähigen Alter» oder «Terrorverdächtige». Unschuldige, bärtige Männer mit Turban wurden zu «Taliban-Kommandanten» deklariert.

Wer man ist und zu wem man wird, ist ein fließender Prozess, der nie ganz abgeschlossen ist. Ich bin zwar in Innsbruck aufgewachsen und habe den Großteil meines Lebens in Österreich und Deutschland verbracht, aber die Entdeckung meiner zweiten Heimat Afghanistan (u. a. als Kriegsreporter) hat meinen Blick auf die Welt nachhaltig geprägt. Vielleicht ist es kein Zufall, dass der Name meiner Geburtsstadt Innsbruck das Wort «Brücke» enthält. Das vorliegende Buch soll der Versuch sein, eine Brücke zu bauen zwischen zwei vermeintlich gegensätzlichen Welten, zwischen dem Westen und der sogenannten «muslimischen Welt». Es handelt zum großen Teil von meinen beiden Heimaten, von Österreich und Afghanistan, von der komplexen und mit allerlei Problemen behafteten Geschichte meiner Familie, von kulturellen Missverständnissen und von Alltagsrassismus – aber auch von Empathie und Menschlichkeit. Ohne sie werden wir die politischen Konflikte der Gegenwart nicht einhegen, geschweige denn überwinden können.

Eine ganz normale Busreise anno 1978

Yaqub hielt ein letztes Mal inne, bevor er in den Bus einstieg, und ließ sich den kalten Kabuler Septemberwind ins Gesicht wehen, der stets den Staub der Stadt mit sich trägt. Auf den Gesichtern der Menschen hinterlässt er eine dünne, kaum sichtbare Schicht. Der Herbst hat in Afghanistan immer etwas Mystisches. Es ist die Zeit, in der sich Dschinns, die im Islam bekannten Feuergeister, vermehrt zeigen sollen, während auch hier, ähnlich wie in anderen Teilen der Welt, an die Vergänglichkeit des Lebens gedacht wird. Wann würde er diese geheimnisvolle Jahreszeit an diesem Ort wohl wieder erleben, dachte Yaqub. Im vollen Bus saßen schon viele Hippies aus Europa und anderen Weltgegenden auf ihren Plätzen. Ihnen stand damals keine von einem Menschenhändlerring organisierte Schleuserfahrt bevor, die Geflüchtete heute für mehrere Tausend Dollar aus dem Land bringen soll, sondern eine für schlappe 95 Dollar zu habende Erlebnistour nach München.

Als der Bus anfuhr, blickte Yaqub aus dem Fenster. Die Straßen Kabuls waren schön anzusehen. Es gab noch keinerlei Kriegsspuren. Vier Jahre zuvor hatte die Monarchie ein friedliches Ende gefunden, als Mohammad Daoud Khan, der Vetter des Königs Zahir Shah, gewaltlos putschte und dem verdutzten Monarchen empfahl, seinen Italien-Urlaub einfach zu verlängern. Daoud Khan rief die erste afghanische Republik aus und regierte anschließend autoritär. Doch er initiierte auch Modernisierungsprojekte, die sein Land bitter nötig hatte, und konnte – anders als heutige Despoten – noch allein mit seinem

Benz durch die Stadt fahren. Der Darul-Aman-Palast, den einst König Amanullah Khan erbaut hatte, stand zu dieser Zeit noch in voller Pracht.

In Kabul hatte Yaqub erfolgreich sein Abitur an der deutschen Amani-Oberrealschule bestanden. Sie war in den 1920er-Jahren von König Amanullah, der gute Beziehungen zu Deutschland pflegte, gegründet und nach ihm benannt worden. Yaqubs Lehrer hatten Namen wie «Friedrich» oder «Müller». Die meisten Afghanen konnten sie nicht richtig aussprechen. Sie sagten dann «Fridrisch» oder «Mulla». Vor allem die Umlaute machten ihren Zungen zu schaffen. Yaqub hingegen wurde vom Lehrpersonal «Jakob» genannt. Ihm gefiel, dass sein Name auch eine deutsche Entsprechung hatte. Abgesehen von Yunus («Jonas») und Yusuf («Josef») konnte das niemand von sich behaupten. Viele von Yaqubs Mitschülern waren Kinder der urbanen Stadtelite. Ihre Väter hatten meist etwas zu sagen, waren Ärzte, Juristen, Beamte oder Militärs. Nachdem Yaqubs Vater dank eines Stipendiums ein Fernstudium an einer amerikanischen Universität absolviert und anschließend promoviert hatte, war er ein bekannter Publizist, Journalist und Dolmetscher geworden, der unter anderem die Werke Shakespeares aus dem Englischen in Dari, den afghanischen Dialekt des Persischen, übersetzte. Er war auch diplomatisch tätig, hauptsächlich für die amerikanische Botschaft in Kabul. In die weite Welt hinaus verschlug es ihn auf Dauer jedoch nicht. Nach der Trennung von ihrem Mann hatte seine Mutter ihn und seine Schwester allein großgezogen. Als einziger Mann musste sich Yaqubs Vater danach zeitlebens um die beiden Frauen in der geschrumpften Familie kümmern, und es war ihm praktisch unmöglich geworden, Afghanistan zu verlassen. Doch in seiner neuen Rolle als Familienpatriarch hatte er nun immerhin seinen Sohn dazu animieren können und ihm ein paar Hundert Dollar für die anstehende

Reise zugesteckt. Yaqub sollte nach dem Willen seines Vaters eine geeignete Universität in Europa finden, um dort zu studieren. Außerdem sollte der zweitälteste Sohn selbstständiger werden und die Welt kennenlernen. Und später zurückkehren, um «seinem Land zu dienen», wie sich der Vater ausdrückte. Warum es dafür ausgerechnet einer rund dreißigtägigen Busfahrt bedurfte, verstand Yaqub trotzdem nicht. Die Flugtickets waren zwar teuer, doch sein Vater bezog ein Ministergehalt und hätte sie leicht bezahlen können.

Letzten Endes war ihm das Transportmittel aber auch egal: Hauptsache, weg aus Kabul. Dort hatte sich Yaqub zunehmend eingeengt gefühlt. Natürlich waren die umliegenden Berge, die stets von überall sichtbar waren, traumhaft. Die Afghanen, ein traditionelles Bergvolk, lieben ihre hohen Gipfel, um die sich die verschiedensten Mythen ranken. Besonders bekannt sind etwa die Märchen über die Deos, dämonenartige Riesen, die tief in den Bergen leben und von Zeit zu Zeit die Bewohner der verstreuten Dörfer aufsuchen sollen, um ihren Tribut in Form von Menschenfleisch einzufordern. Horrorgeschichten wie diese werden den Kindern bis heute gerne vor dem Einschlafen erzählt. Yaqub wollte diese Berge und ihre Riesen jedoch hinter sich lassen. Er fühlte sich eingeengt, wollte die Welt sehen und lechzte nach Freiheit und Unabhängigkeit. In afghanischen Großfamilien fehlt oft auch auch jegliche Privatsphäre. Er hatte seinen Koffer mit einigen wenigen Habseligkeiten vollgepackt. Wichtig waren vor allem seine Geburtsurkunde und sein deutsches Abiturzeugnis. «Mohammad Yaqub Feroz, Sohn des Herrn Mohammad Mohsen Feroz, hat die Schlussprüfung der 12. Klasse (Reifeprüfung) im Jahre 1974 mit dem Gesamtergebnis *befriedigend* bestanden.» Gerne hätte Yaqub eine bessere Abschlussnote erhalten, um seinen Vater zu beeindrucken. Aber vielleicht gelang ihm dies nun auf andere Weise.

Der Bus fuhr am frühen Morgen gen Westen. Doch aufgrund der maroden Straßen ging es nur langsam voran. Strecken, für die man heute einige Stunden benötigt, dauerten damals mehrere Tage. Hinzu kamen meist lange, nächtliche Pausen. Über die kulturreiche Grenzstadt Herat, die Yaqub noch nie besucht hatte, sollte es in den Iran gehen. Neben den Hippie-Passagieren saßen auch einige andere Afghanen in seinem Alter. Sie waren, wie Yaqub, westlich gekleidet. Einer von ihnen erzählte ihm, dass er in Deutschland einen Mercedes kaufen und damit zurück nach Afghanistan fahren wollte. Außerdem würde er sich auf das Bier und schöne, blonde Frauen freuen. Yaqub musste dabei unweigerlich an seine Deutschlehrerin am Amani-Gymnasium denken. Ihre goldblonden, schulterlangen Haare hatten nicht nur die Schüler, sondern auch das übrige Lehrpersonal entzückt. Irgendwann fiel Yaqub nicht nur auf, dass die afghanische Grenze und Herat schon längst hinter ihm lagen, sondern er bemerkte auch, wie sehr er sein Zuhause im Kabuler Stadtteil Deburi vermisste. Hamed, einer seiner jüngeren Brüder, hatte weinen müssen, als Yaqub mit vollgepacktem Koffer und zwei afghanischen Teppichen – Kapitalanlagen für den Notfall in Europa – aufgebrochen war.

Als der Bus nach drei Tagen in Teheran ankam, stiegen ein paar junge Iraner zu, die ebenfalls nach Europa wollten. Sie wirkten aufgedreht. Einer von ihnen roch stark nach Alkohol und schlief ein, sobald der Bus wieder losfuhr. Manche dieser jungen Männer kehrten wahrscheinlich nie in ihre Heimat zurück. Zwei Jahre später brach in ihrem Heimatland die Islamische Revolution aus, und das Schah-Regime wurde von den iranischen Ayatollahs gestürzt. Danach regierten neue Diktatoren – diesmal im Namen Gottes und von dessen angeblichem Vertreter auf Erden, dem Imam Mahdi, einer messianischen Gestalt, die im Schatten leben soll. Praktischerweise bot sich der neue iranische Staatschef, Ayatollah Ruhollah Khomeini, als Mahdis Stellvertreter an, bis dieser in Erscheinung treten würde. Yaqub konnte zum damaligen Zeitpunkt natürlich noch nicht wissen, dass sein Land in naher Zukunft ein ähnlich bitteres Schicksal ereilen würde – und dass einige der Hauptverantwortlichen dafür schon einmal im Wohnzimmer seines Vaters in Deburi gesessen hatten.

Von Teheran ging es weiter nach Istanbul. Wegen einer Panne, schlechten Straßen und aufwendigen Grenzkontrollen dauerte dieser Reiseabschnitt fast eine Woche. Aus der Ferne sah Yaqub zum ersten Mal in seinem Leben das Meer. Er hatte gehört, dass viele Menschen in Europa ihre Urlaubstage am Strand verbrachten. In Afghanistan gab es kein Meer. Die meisten Menschen dort konnten gar nicht schwimmen. An freien Tagen gingen seine Eltern mit den Kindern entweder zum Qargha-See nahe Kabul oder ins etwas höhergelegene Paghman, damals eine Art Kurort für wohlhabendere Afghanen. Bibi Jaan, meine Großmutter, packte dann meist Tee, Fladenbrot und Kofta – Hackfleischklößchen –, für ihre Kinder ein, um am Wasser zu picknicken. Von all diesen Erinnerungen entfernte sich Yaqubs Bus von Minute zu Minute immer weiter. Er selbst konnte die wachsende Distanz spüren. Das Gefühl, das Vertraute für das Ungewisse hinter sich gelassen zu haben, schlug ihm auf den Magen. In Istanbul machte der Bus für einen ganzen Tag Halt. An der Schwelle zu Europa fühlte sich Yaqub einsamer denn je. Er blieb die ganze Zeit über in der Nähe des Busses und ließ ihn nicht aus den Augen. Seine größte Angst war, in einer solchen Metropole, die mit dem kleinen Kabul in keiner Weise vergleichbar war, verloren zu gehen. Niemand würde ihn finden, und wahrscheinlich würde ihn auch niemand suchen, dachte er sich.

Mittlerweile waren mehr als zwei Wochen vergangen. Als der Bus weiter gen Europa fuhr, wurde er am nächsten Tag an der türkisch-bulgarischen Grenze von der Polizei angehalten. Die türkischen Grenzbeamten, die das Fahrzeug kontrollierten, waren nicht zu Späßen aufgelegt. «You, nerelesin?», fragte einer von ihnen. Yaqub verstand nur das «you» und wurde nervös. «Pasaport!», schrie ihm der Mann ins Gesicht. Yaqub kramte seine afghanischen Dokumente hervor und überreichte sie ihm. «Ah, Afghanistan, okay», sagte der Polizist nun deutlich freundlicher. Während Yaqub erleichtert aufatmete, mussten die iranischen Männer das Fahrzeug verlassen und wurden bis auf die Unterhose gefilzt. Einer der Grenzpolizisten erklärte in gebrochenem Englisch, dass sich ab und zu Drogenschmuggler unter den Reisenden befänden. Diesmal war allerdings wohl keiner dabei. Jedenfalls zogen sich die Iraner nach kurzer Zeit wieder an und kehrten in den Bus zurück. Nach der Weiterfahrt prahlte einer von ihnen damit, nicht erwischt worden zu sein. «Was für Idioten», sagte er mit hämischem Lachen auf Persisch. Er hatte die Schmuggelware zuvor in einem Klo irgendwo in Istanbul verschwinden lassen.

Afghanistan lag damals, als der internationale Drogenhandel noch in den Kinderschuhen steckte, entlang des Hippie-Trails. Jährlich besuchten Tausende von jungen Männern und Frauen aus Europa und Nordamerika das Land, um Haschisch zu konsumieren. Auch der Serienmörder Charles Sobhraj, der vier Jahrzehnte später durch eine Netflix-Serie bekannt werden würde, trieb im Kabul der 1970er-Jahre sein Unwesen. Sobhraj gab sich jahrelang als Juwelenhändler aus und tötete aus purem Hass und Sadismus Hippies. Er betrachtete sein Handeln als eine Form des Anti-Imperialismus gegen die westliche Politik in der Region. Yaqub selbst rauchte nur Zigaretten. Mit sechzehn zog er das erste Mal an einer, bevor es zur Gewohnheit wurde. Als ihn sein Vater einmal dabei erwischte, geriet Yaqub in Panik. In der afghanischen Kultur gilt das Rauchen von Zigaretten vor den Eltern oder anderen älteren Respektspersonen eigentlich als Tabu. Doch sein Vater war anders. Zum Abitur schenkte er seinem Sohn sogar eine vollgefüllte, silberne Zigarettenschatulle und ein Feuerzeug. «Du rauchst vor mir. Es gibt nichts zu verstecken», war sein Credo.

In Südosteuropa angekommen, hielt der Bus noch einmal im bulgarischen Sofia und fuhr anschließend weiter durch Jugoslawien und Ungarn. Es handelte sich um ebenjene «Balkanroute», die wenige Jahrzehnte später von Hunderttausenden Geflüchteten durchquert werden würde, von denen viele in den dunklen Wäldern zu Tode froren oder von sadistischen Grenzbeamten gefoltert und ausgeraubt wurden. Aus afghanischer Perspektive lag auch die Sowjetunion im Westen, doch sie erschien weniger glorreich als das, was hinter ihr und dem Eisernen Vorhang lag. Jene Afghanen, die in den Ländern des Ostblocks studierten oder ihre Militärausbildung abschlossen, würden schon bald in Kabul auf sich aufmerksam machen. Doch davon ahnte noch niemand etwas.

Yaqub war erschöpft. Es waren nun schon drei Wochen seit seiner Abreise aus Kabul vergangen. Die Luft im Bus war stickig und heiß. Die verschiedenen Gerüche, die er mittlerweile jedem Fahrgast einzeln zuordnen konnte, waren nicht mehr zu ertragen. Während der Bus durch Österreich fuhr, schwärmten die Hippies immer noch von Afghanistan. Sie wünschten sich wehmütig zu den Buddha-Statuen von Bamiyan und den Wasserpfeifenhäusern Mazar-e Sharifs zurück. Nachdem der Bus die deutsche Grenze passiert hatte, erreichte er kurz darauf die Endstation: die bayerische Landeshauptstadt München. Yaqub war in einer anderen Welt angekommen. Am Busbahnhof wurde ihm problemlos ein Visum ausgestellt, frisch abgestempelt von einem freundlich wirkenden Beamten. Yaqub fragte ihn nach dem Weg in die nächste Pension. Der Polizist lächelte freundlich und nahm sich die Zeit, ihm den Weg genau zu erklären. «Yaqub, ge? Bei uns sagt ma Jakob!», sagte der bayerische Beamte zum Schluss. «Ja, ich weiß», antwortete Yaqub und lächelte verlegen.

Zwei Jahrzehnte später schlug er den Koran auf und gab auch mir einen «biblischen» Namen: Emran sollte sein Sohn heißen, wie der gleichnamige Prophet und Vater von Mose. Im Alten Testament heißt er «Amram». Für die meisten Menschen in Europa klingt Jakob dennoch biblischer – und vertrauter.

Rückkehr

Im Februar 2014 saß ich in einem grünen Flixbus auf dem Weg von Innsbruck zum Münchner Flughafen. Acht Euro kostete die zweieinhalbstündige Fahrt, deren erster Teil über die Berge bis nach Garmisch-Partenkirchen führt. Früher wurden die unausgebauten Felswege hier noch zu Fuß beschritten, etwa von den Schwabenkindern, bei denen es sich meist um Sprösslinge armer Bergbauern aus Tirol oder Vorarlberg handelte. Bis vor wenigen Jahrzehnten zogen sie im Auftrag ihrer armen Familien noch durch die Alpen, um im heutigen Baden-Württemberg und Bayern auf sogenannten Kindermärkten versteigert zu werden. Im Anschluss verrichteten sie harte Arbeit auf den Höfen jener, die sich die Kindersklaven leisten konnten. Auf ihren Höllenrouten, die heute regelmäßig von Ski- oder Wandertouristen mit schicken SUVs befahren werden, wurden sie von Priestern begleitet. Die brutale Ausbeutung der Kinder nahm erst ein Ende, als der Tourismus der Region genug Geld einbrachte.

Während ich trotz dieser düsteren Gedanken versuchte, die Berglandschaft zu genießen, holte meine neben mir sitzende Mutter eine kleine Jause aus der Tasche hervor. Sie wusste, dass ich wegen der bevorstehenden Reise nervös war und nur wenig gegessen hatte. Als sich in meiner neuen schwäbischen Wahlheimat Tübingen wenige Wochen zuvor das Uni-Semester seinem Ende genähert hatte – viele meiner Kommilitonen bereiteten sich bereits auf ihre ersten Praktika vor –, war in mir der Entschluss gereift, in den Ferien zum ersten Mal in meinem Leben nach Afghanistan zu fliegen. Die Reise war seit langem in vielerlei Hinsicht überfällig. Auch der Zeitpunkt schien perfekt. In Kabul ging gerade die dritte und letzte Amtszeit von Hamid Karzai zu Ende. Die afghanischen Präsidentenwahlen, die vom Westen bereits als erfolgreicher «erster demokratischer Machttransfer» gefeiert wurden, standen unmittelbar bevor, und ich wollte sie hautnah miterleben. Warum also nicht die sprachlichen und kulturellen Vorkenntnisse nutzen, um endlich das zu erkunden, was viele als meine «Heimat» bezeichneten, und dabei auch noch ein bisschen Geld mit Reportagen zu verdienen?

Schon gegen Ende meiner Schulzeit schrieb ich gelegentlich journalistische Texte, in denen ich das politische Geschehen in Afghanistan und in anderen Ländern des Nahen und Mittleren Ostens, die vom amerikanischen «War on Terror» betroffenen waren, zu analysieren oder die Erfahrungen von Geflüchteten einzufangen versuchte. Motiviert hatte mich hierzu unter anderem meine Deutschlehrerin. Allerdings war ich im Lauf der Zeit immer mehr zu der Überzeugung gelangt, dass diese Tätigkeit nur Sinn machte, wenn ich auch vor Ort recherchierte, mich also mitten ins Getümmel stürzte. Nur durch eigene Reiseerfahrungen würde ich in der Lage sein, authentisch über andere Weltregionen zu berichten – eine Binse eigentlich. Es wäre jedoch vermessen, die Beweggründe für meine erste Afghanistanreise allein auf ein vermeintlich besonders ausgeprägtes journalistisches Ethos zurückzuführen. Vielmehr war ich mit meiner ungewöhnlichen Biografie und in meiner jugendlichen Naivität schon auch ziemlich eitel und dachte, in deutschen Redaktionsstuben sowieso nichts Brauchbares über meine «Heimat» lernen zu können, nach dem Motto: lieber auf dem Kabuler Basar Menschen interviewen und mit ihnen Tee trinken, statt unbezahlt bei irgendeiner Zeitung Kaffee zu kochen.

Die erste Hürde für die Reise hatte ich übersprungen, indem ich frühzeitig Geld für mein Flugticket beiseitegelegt hatte. Deutlich schwieriger war es mir hingegen gefallen, meine Familie dazu zu bewegen, mich überhaupt ziehen zu lassen. Vor allem mein Vater, der seit seiner Ankunft in München nie mehr nach Afghanistan zurückgekehrt war, hatte ein Problem damit. Er hatte Angst und machte sich Sorgen um meine Sicherheit. Am Ende stimmte er nur zu, nachdem meine Mutter sich dazu entschlossen hatte, mich zu begleiten. Im Gegensatz zu meinem Vater hatte sie einen tieferen Bezug zu ihrer Heimat. Ihre Geschwister lebten noch in Kabul und erwarteten unsere Ankunft vorfreudig. Ehrlicherweise war es mir auch recht, nicht allein reisen zu müssen. Ich war erst Anfang zwanzig und hatte nicht nur wenig von der Welt gesehen, sondern kannte mein sogenanntes Herkunftsland auch nur aus Erzählungen.

Nach einer Stunde Fahrtzeit stiegen in Garmisch Beamte der bayerischen Grenzpolizei zu, um unsere Personalien zu kontrollieren. Meine Mutter und ich fielen in ihr «Raster», weil wir das Gegenteil von weiß, blond oder blauäugig waren – ein klassischer Fall von Racial Profiling. Widerwillig streckte ich dem Beamten meinen bis dato ungestempelten Reisepass entgegen. Meine Mutter tat dasselbe. Normalerweise hätte ich erhobenen Hauptes eine Diskussion losgetreten und die Polizisten mit einigen provokanten Sprüchen genervt. Doch diesmal sah ich davon ab, um unsere Reise nicht auf den letzten Metern zu gefährden. Es wäre eine Katastrophe gewesen, wenn wir so unseren Flug verpasst hätten. Der Gesamtpreis unserer Tickets entsprach immerhin einem durchschnittlichen Monatsgehalt, und die Geschenke, die meine Mutter für meine Onkel, Tanten, Cousins und Cousinen gekauft hatte, waren auch noch einmal mehrere Hundert Euro wert. Bloß nichts falsch machen also, dachte ich mir.

Als wir nach überstandener Kontrolle und weiteren eineinhalb Stunden Busfahrt schließlich den Terminal erreichten und am Turkish-Airlines-Schalter eincheckten, stellten wir fest, dass wir viel zu früh dran waren. Da ich nichts dem Zufall hatte überlassen wollen, blieb mir nun genug überschüssige Zeit, um mich von weiteren Sorgen plagen zu lassen. Vor allem trieb mich die Frage um: Würde ich überhaupt nach Afghanistan einreisen dürfen? Im Gegensatz zu meiner Mutter, die weder ein Visum noch andere Dokumente benötigte, war ich nicht in Afghanistan geboren. Das afghanische Konsulat in München hatte mir deshalb klargemacht, die Bestätigung meiner afghanischen Herkunft sei die Voraussetzung für meine Einreise. Um dieses scheinbar wichtige Dokument hatte ich mich im Vorfeld längst gekümmert und war mit meinem Vater zum Konsulat im edlen Münchner Stadtteil Grünwald gefahren. Dort war mir dann nach mehreren Stunden Wartezeit und für eine Gebühr von acht Euro auf Papier bestätigt worden, dass ich, Mohammad Emran Feroz, der Sohn des Afghanen Mohammad Yaqub Feroz sei. «Schöne Reise in die Heimat!», wünschte mir der Konsul noch, nachdem auch er sich von meinem «Afghanisch-Sein» überzeugt hatte.

Unser Flieger machte einen Zwischenstopp in Istanbul. Der Bus meines Vaters hatte hier vor fast 40 Jahren einen ganzen Tag gestanden, unser Aufenthalt dauerte dagegen nur wenige

Stunden. Am Gate konnte ich mir ein erstes Bild der Menschen machen, die in Zeiten von Krieg, militärischer Besatzung und politischer Umbrüche mein sogenanntes Herkunftsland besuchten: Vertreter ausländischer Regierungen, NGO-Mitarbeiter und etliche Journalisten, die mit aufgeklappten Laptops auf ihren Weiterflug warteten oder lautstark am Telefon hingen und politische Analysen durchgaben. Soldaten ausländischer Armeen und Söldner privater Firmen mit kurz geschorenen Haaren, vollgefüllten Militärrucksäcken und schweren Stiefeln. Zahlreiche afghanische Familien, die trotz oder vielleicht gerade wegen der widrigen Umstände in ihr Land zurückkehrten. Vor allem in den darauffolgenden Jahren kamen immer mehr Geflüchtete hinzu, die von der türkischen Regierung abgeschoben wurden.

Nachdem der Flieger abgehoben hatte, dominierte bald ein reges afghanisches Treiben. Die meisten Reisenden schnallten die Gurte ab und verließen ihre Sitzplätze, um möglichst nah bei ihren Verwandten oder Bekannten zu sitzen. Sie bestellten Tee und fragten ungeduldig nach dem Bordessen. Andere Passagiere gönnten sich noch einmal einen Wein oder ein Bier, weil sie wussten, dass Alkohol in Kabul schwieriger aufzutreiben war. Neben Farsi und Paschto hörte man zumeist das Hindi der Bollywood-Filme, die sich in der Mediathek von Turkish Airlines zuhauf finden ließen. Es roch nach Schweiß, Käsefüßen, billigem Herrenparfum und dem Hühnchen oder der Pasta aus der Bordküche. Die Unterschiede zwischen den afghanischen Fluggästen stachen ins Auge. Es gab verschleierte und unverschleierte Frauen. Glattrasierte Männer und solche mit Voll- und Schnurrbärten. Anzugträger und Männer in afghanischer Tracht. Paschtunen mit knochigen Gesichtern und langen Nasen. Hazara mit asiatischen Gesichtszügen und gefärbten Haaren. Tadschiken mit grünen Augen und weißen Gesichtern.

Junge Arbeiterburschen und eloquent wirkende, ältere Akademikerherren. Doch im Großen und Ganzen kamen alle gut miteinander aus. Die Stimmung war gelassen, und man freute sich auf die Heimat. «Ich schwöre bei Gott, es gibt keinen besseren Ort!», sagte ein Mann. Jene, die ihm lauschten, nickten zustimmend. «Unsere Heimat wird immer unsere Heimat bleiben. Beten wir für Frieden und Ordnung», entgegnete ein anderer. Nachdem irgendwann alle fertiggegessen hatten, gingen die Lichter aus. Die Landung war für den nächsten Morgen angesetzt. All die Sorgen und die Euphorie wurden für wenige Stunden im Schlaf ertränkt.

Meine Mutter und ich erwachten von den ersten Sonnenstrahlen – und von einer Stimme. «Schau, da sind sie», hörte ich einen Passagier sagen. Er sprach wohl mit seinem kleinen Sohn, und er meinte nichts anderes als die Gipfel des Hindukuschs. Erst wenn man sie überfliegt, kann man ermessen, wie hoch und erhaben sie sind. «Ghroona, ghroona. Afghanistan dey», heißt es in einem berühmten Lied in Paschto: «Die Berge, die Berge, das ist Afghanistan.» Ich hatte in zahlreichen Geschichten und Erzählungen davon gehört – doch nun machte die Zeile endlich Sinn. Der Begriff «Hindukusch» hat allerdings eine eher düstere Bedeutung, er heißt übersetzt so viel wie «Hindutöter». Ob er sich tatsächlich auf das Töten von Hindus – die das heutige Afghanistan einst bewohnten – bezieht oder sich in der Gegend früher gar ein großes Massaker an ihnen ereignet hat, ist bis heute ungeklärt. Während ich die vielen einsamen Gipfel aus dem Flugzeugfenster betrachtete, fragte ich mich, ob sie wohl jemals bestiegen worden waren und wer zwischen ihnen hauste. Afghanischen Märchen und Legenden zufolge werden die Berge von Riesen, Zwergen und Dämonen bewohnt. Was wie aus Tolkien und Mittelerde klingt, ähnelt jedoch den Sagen und Mythen vieler anderer Bergvölker. Auch in Tirol wuchs ich mit den Geschichten über die auf der Nordkette versteinerte Riesenkönigin Frau Hitt auf, oder über den Riesen Haymon, der einen Drachen an der Sillschlucht erlegte.

Als wir an den Bergen vorbeigeflogen waren, änderte sich das Landschaftsbild abrupt. Ich sah zum ersten Mal die Dörfer um Kabul und ihre weiten Felder. Auch aus Tausenden Metern Höhe war deutlich zu sehen, dass Afghanistan seit Jahrhunderten von der Landwirtschaft abhängig ist. Kurze Zeit später befanden wir uns praktisch über der Green Zone – so wurde damals noch jener Bereich bezeichnet, der von der Besatzungsmacht, dem US-Militär, als «sicher» eingestuft wurde. Unser Flugzeug landete, aber entgegen der westlichen Tradition klatschte hier niemand. Die meisten afghanischen Passagiere standen sofort auf, um nach ihrem Gepäck zu greifen und möglichst als Erste auszusteigen. Ich war genervt und musste gleichzeitig schmunzeln.

Der staubige Wind Kabuls schlug meiner Mutter und mir entgegen, als wir das Flugzeug verließen. Dazu ein leicht muffiger Geruch. Wir schritten durch die Eingangshalle des Flughafens zur Passkontrolle. Bewaffnete Soldaten und Polizisten starrten uns an. Einige hoben die Hand zum Gruß und hießen uns nach einer vermeintlich langen Reise mit ein paar freundlichen Worten willkommen. Tatsächlich fühlte es sich unwirklich an, nach nur einer Nacht in Kabul angekommen zu sein. Ich wusste auch, dass der Rückflug nach Deutschland noch kürzer war. Im Vergleich erschien mir die Busreise meines Vaters von Kabul nach München episch. Während ich dem Flughafenbeamten meinen Reisepass aushändigte, wurde ich mir schlagartig meiner eigenen Privilegien bewusst. Obwohl ich aussah wie viele andere Afghanen auch, ermöglichte mir ein bloßes Stück Papier – mein österreichischer Pass –, dass ich problemlos durch die ganze Welt reisen konnte. Gleichzeitig gehörte der afghanische Pass laut offiziellem Ranking zu den «schlechtesten der Welt». Er ist weiterhin praktisch nutzlos oder gleicht vielmehr einem Gefängnisschein. Ohne komplizierten und bürokratisch aufwendigen Visaprozess kommt man als zertifizierter Afghane nämlich nirgends hin. «Bist du das auf dem Foto?», fragte mich plötzlich der Beamte. Mein damaliges Passfoto war noch zu Hauptschulzeiten geschossen worden und zeigte nämlich mein dreizehnjähriges Ich. «Ja, das sieht man doch!», antwortete ich in akzentfreiem Dari. Etwas nervös war ich dennoch. «Laut Pass bist du nicht in Afghanistan geboren. Woher kommst du?», erwiderte der leicht genervte Beamte. «Aus Kabul», sagte ich kurz und knapp und zog das Dokument, das mir das Münchner Konsulat ausgestellt hatte, aus meiner Tasche. Der Polizist starrte darauf, bis er meine neben mir stehende Mutter bemerkte, der er keine einzige Frage gestellt hatte. «Beim nächsten Mal brauchst du ein neues Passfoto, mein Junge», waren seine letzten Worte, bevor er uns weiterziehen ließ.

Vor dem Ausgang des Terminals stand ein abgenutzter Bus, der die Passagiere zum Flughafentor fuhr. Dort standen Taxis, Militär- und Polizeifahrzeuge herum, und zahlreiche Menschen erwarteten ihre anreisenden Verwandten. Die Hierarchie zwischen den unterschiedlichen Fluggästen offenbarte sich hier auf einen Schlag. Die Ausländer wurden von den gepanzerten Jeeps ihrer Arbeitgeber abgeholt. Ein Deutscher, der mir schon in München aufgefallen war, stieg in ein Bundeswehrfahrzeug. Er hatte nicht einmal die Passkontrolle durchlaufen müssen und war überheblich durch den Flughafen stolziert. Die Afghanen, die ihn grüßten, würdigte er keines Blickes. Neben mir stand plötzlich ein Mann, der mir meinen Koffer abnahm. «Ich mach das schon», sagte er. Er war vielleicht Anfang vierzig und hatte ein freundliches Gesicht. Einer von vielen Tagelöhnern, die am Flughafen als Kofferträger ihr Glück versuchen. Meist erhoffen sie sich ein großzügiges Trinkgeld. Ich musste an meinen Freund Tamim denken. Als dieser nach vielen Jahren zum ersten Mal nach Afghanistan zurückkehrte, hielt er einen solchen Tagelöhner für seinen Onkel.

Währenddessen hatte uns Maamaa Waheed, mein tatsächlicher Onkel und ältester Bruder meiner Mutter, aus einiger Entfernung erkannt und winkte uns zu. Er trug einen langen, schwarzen Mantel. Sein Markenzeichen waren seine dichten, grauweißen Haare. Nachdem wir aufeinander zugelaufen waren, umarmten wir uns alle fest und schritten zu seinem Toyota-Jeep. Ich gab dem Tagelöhner zwei Euro und wünschte ihm alles Gute.

11. September

Der 11. September 2001 begann für mich wie jeder andere Tag. Ich kroch lustlos aus dem Bett, wusch mein Gesicht, trank ein Glas Wasser, griff nach meinem Schulranzen und spazierte in die Volksschule Hötting-West. Vom Frühstücken wurde mir damals noch schlecht, und als erste Mahlzeit wartete, wie gewohnt, eine Halal-Wurstsemmel zur Großen Pause um zehn Uhr auf mich. Meine Schule lag im Innsbrucker Westen am Lohbach, einem kleinen Bächlein, das dem Inn entspringt und aus dem ich im Frühjahr gerne Kaulquappen fischte. Da unsere Wohnsiedlung praktisch neben dem Schulgebäude lag, war der Weg kurz. Auf meinem morgendlichen Gang traf ich manchmal einige Kinder aus meiner Klasse, meistens Daniela und Merve. Wir hatten die Gemeinsamkeit, dass wir zu den wenigen Kindern in der Schule mit Migrations- oder Fluchterfahrung gehörten. Danielas kroatische Eltern waren vor dem Krieg in ihrer Heimat geflüchtet. Merves Familie stammte aus der Türkei. Ich verstand mich gut mit den beiden Mädchen, doch mein Freundeskreis in der Schule bestand hauptsächlich aus autochthonen, österreichischen Burschen.

Meine besten Kumpels waren Dietmar und Leonhard, die wiederum aus sehr unterschiedlichen Familien stammten. Didis Eltern waren wahrscheinlich nicht nur in meinen Augen typische Arbeiter. Seine Mutter rauchte Kette, und sein tätowierter Stiefvater, von Beruf Estrichleger, wirkte ziemlich grimmig, hatte aber eigentlich ein gutes Herz. Leo hingegen stammte aus einem klassischen Akademikerhaushalt. Seine Eltern waren Lehrer mit Magistertitel. Während Didis Eltern nichts über meine afghanische Heimat wussten und sich dafür auch nicht interessierten, fragte mich Leos Vater einmal voller Neugier, ob meine Eltern Schiiten oder Sunniten seien. Ich wusste nicht, was er meinte, denn bis zum damaligen Zeitpunkt waren mir die beiden Begriffe vollkommen fremd. Tatsächlich hatte ich sie noch nie von irgendeinem Muslim gehört, sondern nun zum ersten Mal aus dem Munde eines katholischen Tirolers. Als ich zuhause meinen Vater darauf ansprach, war er nicht nur überrascht, sondern zornig. «Wer stellt denn solche Fragen? Es reicht zu sagen, dass du Muslim bist», ermahnte er mich.

Richtig, wir waren Muslime. Doch was bedeutete das konkret? Ich glaubte in vielerlei Hinsicht an denselben abrahamitischen Gott wie meine katholischen Mitschüler oder der evangelische Dietmar, der mit mir meist die Freistunde verbrachte. Meine Erziehung war – wenn überhaupt – in Ansätzen konservativ. Mein Vater rauchte, betete unregelmäßig und regte sich meist über die türkischen Moscheegemeinden oder über die afghanischen Mudschaheddin-Führer auf, die wiederum bei den Türken auf viel Zuneigung stießen. Meine Mutter war frömmer, doch sie trug kein Kopftuch. Die einzigen Frauen, die dies in unserer Familie überhaupt noch taten, waren Bibi Jaan und Mami Jaan, meine beiden Großmütter, doch darin unterschieden sie sich in keiner Hinsicht von vielen österreichischen Großmüttern. Ich wusste, dass ich kein Schweinefleisch essen durfte und dass Weihnachten nicht «unser Fest» war.

Meine Eltern versuchten dennoch, gewisse Werte und Vorstellungen, nach denen sie erzogen worden waren, irgendwie zu konservieren. Meine Mutter gab in der Regel schnell nach, mein Vater war hartnäckiger, wenn nicht gar übereifrig. Sobald er etwa mitbekam, dass der Nikolaus in die Schule kommen würde, um eine Kerze anzuzünden und Geschenke zu überbringen, war er außer sich und kritisierte die Heuchelei im vermeintlich säkularen Westen. «Religion und Staat sind hier getrennt. Doch euch besucht ein Mann mit falschem Vollbart, und ihr betet zu einem Kreuz, das in eurem Klassenzimmer hängt!», polterte er und warnte mich davor, dem Charme dieser Rituale jemals zu verfallen. Mein Vater legte sich jedoch nicht nur mit den Bewahrern der einheimischen Sitten und Bräuche an. Als meine islamische Religionslehrerin einmal im Unterricht behauptete, dass Frauen, die zu Lebzeiten kein Kopftuch getragen haben, an ihren Haaren an den Bäumen der Hölle aufgehängt würden, stellte er die Dame zur Rede. Einen anderen Religionslehrer suchte mein Vater ebenfalls auf, nachdem er erfahren hatte, dass dieser im Unterricht mit uns allen ausschließlich Türkisch sprach. «Du machst meinem Sohn keine Probleme und lernst gefälligst Deutsch. Der Koran wurde nicht nur euch Türken offenbart», sagte er dem eingeschüchterten Mann.

Auch wenn der Unterschied für uns keine Rolle spielte – wir waren Sunniten. Um genauer zu sein, hing unsere Familie – wie die meisten Muslime der Welt – der hanafitischen Rechtsschule an. Der berühmte namensgebende Rechtsgelehrte Abu Hanifa wirkte im 8. Jahrhundert und stammte aus dem Gebiet des heutigen Afghanistans. Aufgrund der Heterogenität des Islams finden sich jedoch auch dort bis heute zahlreiche Anhänger anderer Rechtsschulen einschließlich der Schiiten. Aber wichtiger als unser sunnitisch-muslimischer Hintergrund war in Österreich sowieso die Tatsache, dass wir in Innsbruck damals weit und breit die einzigen Afghanen waren. Nicht nur die Österreicher, sondern auch die ansässigen Türken, Kurden, Bosniaken oder Ägypter fanden uns kurios. Denn auch sie konnten uns nicht zuordnen. Klar war, dass wir nicht zu «ihnen» gehörten. Der Name unseres Landes klang fremder und exotischer als alles andere, was man sonst so kannte. Er war wie aus «Tausendundeiner Nacht». Das war der Stand der Dinge bis zum 11. September. Am Tag darauf wachte ich in einer anderen Welt auf. Einer Welt, in der ich mich um acht Uhr morgens vor versammelter Klasse folgender Frage meiner Klassenlehrerin stellen musste: «Emran, ihr seid doch aus Afghanistan. Weißt du, warum die das gemacht haben?»

Die Zäsur hatte begonnen – und sie traf mich mit voller Wucht.

Die – damit waren jene Männer gemeint, die für das Unheil des vorherigen Tages verantwortlich waren. Ihr Schreckenswerk entging auch mir nicht, als ich am 11. September von der Schule nach Hause kam und feststellen musste, dass meine Eltern wieder einmal vor dem Bildschirm unseres Röhrenfernsehers klebten. Damals waren die Fernsehnachrichten noch der einzige Zugang zum Geschehen in unserer Heimat. Oft beobachtete ich meine Eltern dabei, wie sie verzweifelt und hoffnungsvoll zugleich auf dem Sofa im Wohnzimmer saßen und darauf warteten, auf irgendeinem Sender etwas Neues – und meist Schreckliches – über Afghanistan zu erfahren. Gute Nachrichten gab es nie, doch dass es überhaupt eine Nachricht gab, war schon etwas Besonderes. Ich kann mich erinnern, dass das österreichische Fernsehen Mitte der 1990er-Jahre etwa das von den Mudschaheddin-Rebellen zerstörte Kabul zeigte oder den Raketenangriff der Amerikaner auf ein angebliches Al-Qaida-Camp, das gar keines war. Es waren Szenen, die die Herzen meiner Eltern immer wieder aufs Neue zerrissen und verdeutlichten, dass es ihre Heimat nicht mehr gab. Das Afghanistan, in dem sie aufgewachsen waren, war Geschichte. Stattdessen schien es zu einem Land geworden zu sein, in dem dystopische Verhältnisse herrschten, ähnlich wie in Hollywoodstreifen wie «Mad Max» oder «Postman». Afghanistan wurde zu einem Synonym für Krieg und Hungersnöte, wo bewaffnete Milizen das Sagen hatten und plünderten, vergewaltigten und mordeten.

Als ich meine Eltern an jenem Mittag nach der Schule sah, wunderte ich mich anfangs darüber, warum sie sich diesmal tatsächlich einen Film anschauten. Doch dann wurde mir, obwohl ich noch ein neunjähriger Bube war, schnell klar, dass die Szenen aus New York echt waren und dass die Welt, wie wir sie kannten, von nun an der Vergangenheit angehörte. Meine Eltern wussten, dass der Terrorangriff Auswirkungen auf Afghanistan haben würde. Der Hauptgrund dafür war ein bärtiger, Turban tragender Mann, dessen Gesicht in all den Sondersendungen, die nun rauf und runter liefern, omnipräsent war: Osama bin Laden. Es hieß, er würde sich in Afghanistan verstecken und mit den Taliban unter einer Decke stecken. Bin Laden war – das konnte man bereits an seinem Namen erkennen, und so viel wusste sogar ich – kein Afghane, doch allem Anschein nach musste der geballte Zorn der Welt nun trotzdem unser Heimatland treffen. Ein Land, das man bis zu diesem Zeitpunkt längst aus dem Bewusstsein verdrängt hatte, nachdem man sich in den 1980er-Jahren noch fleißig am dortigen Stellvertreterkrieg beteiligt hatte. Nun wurde der Westen von der Realität eingeholt.

«Osama bin Laden ist gar kein Afghane», sagte ich am darauffolgenden Morgen vor versammelter Klasse schüchtern zu Frau Krause. Doch meine Antwort schien sie gar nicht zu interessieren. Sie blickte ins Leere, hatte wohl aus einem Affekt heraus gefragt. Plötzlich konnte auch sie etwas mit meiner Herkunft anfangen. Die Anschläge des 11. Septembers waren selbst in der Volksschule Hötting-West das Thema der kommenden Wochen, auch in den Elternhäusern meiner Klassenkameraden. In der etwas höher gelegenen Peerhofsiedlung, in der Dietmar wohnte. In Leonhards Zuhause in der Luis-Zuegg-Straße, die direkt neben unserer Schule lag, oder im ländlichen Kranebitten, wo die betuchteren Mitschüler lebten, meist in einem großen Haus mit Garten und Hund. Als wenige Wochen nach dem Anschlag massenweise amerikanische Bomben auf Afghanistan niedergingen und meine Familie mehr denn je um die Zukunft ihrer Heimat bangte, wurde auch ich immer ängstlicher. Plötzlich waren meine Mitschüler alle kriegsgeil geworden und wünschten den Tod, ja die Massenvernichtung des afghanischen Volkes herbei. «Hoffentlich trifft euch die Atombombe!», schrie mir einer entgegen, während der andere meinte, dass *wir* die Strafe, die nun kommen werde, verdient hätten. Andere wiederum machten sich über die Taliban, die nun jeder kannte, lustig. «Die mit ihren alten Waffen haben doch keine Chance gegen die Amerikaner. *Ihr* verliert voll», sagte mir jemand.

Meine Mitschüler traf keine Schuld an diesen rassistischen Stereotypen. Sie imitierten nur ihre Eltern – und mit ihnen die mächtigsten Politiker der Welt. George W. Bush sprach nicht umsonst von einem «Kreuzzug» und bediente sich einer Rhetorik, die die Welt in Freund und Feind einteilte. Der damalige US-Präsident gehörte zu den Hauptarchitekten des «War on

Terror», der sich bald auf zahlreiche Staaten in der sogenannten muslimischen Welt ausweitete. Obwohl sich Bush jr. später für seine Wortwahl entschuldigen musste, wähnten sich die meisten Staatenlenker der westlichen Welt auf derselben Mission und sehnten regelrecht einen Krieg der Kulturen herbei. Die Anschläge vom 11. September hatten in ihnen weniger Solidarität als vielmehr Rachegefühle geweckt. Dazu passten keine konstruktiven oder kritischen Ansätze zur Analyse der geopolitischen Lage, sondern allein rohe Gewalt – und in den Afghanen hatte man die *Wilden* gefunden, die es zu bestrafen galt. Doch das konnte man im sogenannten Westen, der sich stets für fortgeschrittener und aufgeklärter hält als die anderen, wiederum nicht derart offen sagen. Stattdessen wurde die Invasion Afghanistans mit einigen plakativen, beliebig vorgeschobenen Begründungen gerechtfertigt. Es gehe um die Durchsetzung von Demokratie, Freiheit und Menschenrechten. All das klang schön und sauber, weshalb der Krieg in den Anfangsjahren kaum hinterfragt wurde. Dabei hätte ein Blick in die Geschichtsbücher gereicht, um festzustellen, dass diese vermeintlich edlen Beweggründe nicht zum ersten Mal ins Feld geführt wurden, um ein fremdes Land zu überfallen.

Meine Vorstellungen über das Land, das meine Familie als Heimat bezeichnete, begrenzten sich damals noch auf die Fernsehnachrichten, die Geschichten meiner Eltern oder die Bilder aus dem großen Asien-Atlas, der bei uns zuhause im Regal verstaubte und den ich in jüngeren Jahren dummerweise mit irgendwelchen Zeichnungen vollgekritzelt hatte. Dabei handelte es sich um ein schönes, großes Buch mit Hochglanzfotos. Auf jeder Doppelseite wurde ein anderes asiatisches Land behandelt. Dem Alphabet folgend, wurde im Buch als erstes Land Afghanistan vorgestellt. Dass meine «Heimat» in Asien liegen sollte, faszinierte und erstaunte mich. Ich hatte zwar kein Gefühl für die Größe und Weite der Welt, doch dass Afghanistan an China grenzte, war für mich nur schwer vorstellbar, zu unterschiedlich erschienen mir beide Länder und Kulturen. Die einzigen Chinesen, die ich je gesehen hatte, waren die Touristen in der Innsbrucker Altstadt. Aber nach 9/11 waren sie mir auf einmal näher als die meisten Tiroler. Die Chinesen waren *unsere* Nachbarn, dachte ich. Je mehr ich in dieser Zeit in dem Asien-Atlas blätterte, umso verbissener bastelte ich mir meine eigene Welt zusammen. So war etwa auf den China-Seiten des Buches ein Berg abgebildet, der in seiner Form spiegelverkehrt einem Teil der Tiroler Nordkette ähnelte – jenem Gebirgszweig, den ich von unserer Terrasse aus bewundern konnte. Für mich schien deshalb klar: China war gar nicht so weit weg, sondern grenzte an Tirol. Irgendwann würde ich den Berg überwinden können und jene Aussicht genießen, die im Foto festgehalten wurde: auf ein grünes Tal, einen Fluss und chinesische Fischer mit Strohhüten. Außerdem, so schlussfolgerte ich in meiner Vorstellung, konnte Afghanistan dann ja auch wieder nicht so weit entfernt liegen. Auch die Busreise meines Vaters, von der er stets erzählte, machte nun in meinen Augen Sinn. Er war einfach über ein paar Berge gefahren, bis er in München ankam. Nach dem 11. September versuchte ich, mir weiter ein anderes Afghanistan zu imaginieren und all die negative Berichterstattung über das vermeintliche Land der Terroristen und der Wilden aus meiner Vorstellung herauszufiltern. Während meine sogenannte Heimat in den Nachrichten, auf den Straßen Innsbrucks und in meinem Klassenzimmer entmenschlicht wurde, war mein Kopf folglich mit dem Gegenteil beschäftigt, und so wurden mir die Menschen, deren Namen, Gesichter und Geschichten ich nicht kannte, von Tag zu Tag immer vertrauter. Ich «vermenschlichte» sie und dachte mir: «Nein, sie durften nicht durch Atombomben oder andere Waffen sterben.» Ich stellte mir vor, wie eine Mutter, die aussah wie meine, um ihren Sohn trauerte. Ich sah Väter, meinem Vater oder meinem Onkel gleichend, die vor ihren zertrümmerten Häusern standen und weinten. In meinen Gedanken wanderten Waisenkinder, die meinen kleinen Geschwistern ähnelten, durch dunkle Straßen. Sie wussten, dass sie niemand haben wollte. Doch sie lächelten mich trotzdem an.

Die Menschen in meiner Umgebung hatten kein Verständnis für solche Gedanken. Sie lebten weiter ihr Leben, während sie anderen den Tod wünschten. Der Angriff wurde als selbstverständlich betrachtet. Im Kindergarten, in der Bäckerei oder beim Arzt. Man konnte sich wieder über etwas echauffieren, was weit entfernt war und fremd schien. Ein Land, eingeschlossen von hohen Berggipfeln und bevölkert mit Barbaren, die Frauen auspeitschen ließen und nun die Bastion der Freiheit angegriffen hatten. Ob die Menschen in Tirol anders reagiert hätten, wenn China und Afghanistan tatsächlich hinter der Nordkette gelegen und nicht mehrere Tausend Kilometer entfernt gewesen wären? Nicht unbedingt, wie die jüngere Geschichte Europas nur wenige Jahre zuvor verdeutlicht hatte. Abgesehen von meinen Verwandten waren die ersten Kriegsflüchtlinge, die ich getroffen hatte, nämlich Europäer: Menschen aus dem sogenannten Ex-Jugoslawien, also Kroaten, Serben oder Bosniaken. Letztere hatte es besonders schlimm getroffen. Die bosnischen Muslime waren Opfer eines Genozids geworden. Ein halbes Jahrhundert nach Ende des Zweiten Weltkriegs hatte es in Europa wieder Konzentrationslager gegeben, in denen Menschen massenhaft ermordet wurden. Systematische Vergewaltigungen und ethnische Säuberungen gehörten in Europa wieder zum Alltag. Viele der Opfer flüchteten nach Deutschland und Österreich, doch bis heute werden Bosnier aufgrund ihres muslimischen Glaubens nicht als gleichwertige Europäer betrachtet.

Viele der Gräuel, die sich ereignet haben, wurden nie aufgearbeitet. Erst im November 2022 sorgte der slowenische Regisseur Miran Zupanič mit seinem Dokumentarfilm «Sarajevo Safari» für Aufmerksamkeit. Der Film handelt von westlichen Kriegstouristen, die Mitte der 1990er-Jahre in das von Serbien belagerte Sarajevo reisten, um auf Menschenjagd zu gehen. Es waren wohlhabende Personen aus Italien, Russland, den USA und Kanada. Sie zahlten hohe Beträge an die serbischen Faschisten, damit ihnen freie Schüsse auf Zivilisten gewährt wurden. Als ich davon las, erinnerte ich mich an die unkommentierten Berichte von Associated Press, die meist minutenlang auf dem Nachrichtensender Euronews liefen. Auch sie waren Teil unseres familiären Fernsehalltags. Die Szenen von Scharfschützen, die in Sarajevo willkürlich auf Zivilisten schossen, hatten sich in meinem Kopf eingebrannt. Heute frage ich mich, ob sich unter ihnen besagte Mordtouristen befanden. Zweiter Weltkrieg und Holocaust sind fundamentale Bestandteile des Curriculums in österreichischen Schulen. Meine Lehrer zeigten uns lange Dokumentarfilme und lasen mit uns Bücher wie Bernhard Schlinks «Der Vorleser». Wir sollten dieses Grauen stets erinnern. Doch für die Familie meiner Klassenkameradin Aldjana interessierte sich niemand. Sie war erst vor wenigen Jahren vor einem anderen Grauen geflüchtet. Ihres war das Leid der *Anderen*, vor dem man die Augen leicht verschließen konnte, so gegenwärtig es auch sein mochte.

Zwei Bergvölker

Wie die Berge sich auf den Menschen auswirken, fiel mir erst auf, als ich die Alpen zum ersten Mal hinter mir ließ. Nach meinem Zivildienst entschied ich mich für ein Studium in Deutschland und zog nach Tübingen. Baden-Württemberg hat zwar die Alb zu bieten, doch mit echten Bergen sind die Hügelchen im Schwabenland nicht vergleichbar. Ich zog in ein Wohnheim ins Französische Viertel, einer freundlichen Gegend, in der vor allem das grüne und linksliberale Bürgertum lebte. Es gab viele Bioläden, Bürogemeinschaften und Mütter und Väter, die ihre Kinderkolonnen mit umgebauten Fahrrädern von A nach B brachten. Die Mitbewohner meiner Sechser-WG taten meist so, als kämen sie von weit her, doch meist waren sie nur aus Stuttgart, Aalen oder dem Schwarzwald. Aufgrund des maroden Bus- und Bahnverkehrs konnte eine Fahrt in die schwäbische Metropole oder in eine der zahlreichen umliegenden Ortschaften schon einmal mehrere Stunden dauern. Mein amerikanischer Mitbewohner Mike, der regelmäßig seine Großmutter im nahegelegenen Böblingen besuchte, beschrieb den Status quo in Tübingen einst wie folgt: «It's like vacation here. A little peaceful island with people who don't have problems.»

Damit lag er nicht falsch, doch mir war es recht, an solch einem Ort zu leben. Im beschaulichen Tübingen wurde ich wegen meines Namens oder meiner Erscheinung meist nicht schief angestarrt. Ich hätte hier theoretisch nur mit Englisch durchkommen können, und in einem Radius von zwei Kilometern gab es gleich zwei türkische Moscheen, die sich weder in einem Hinterhof noch in einem Keller befanden und gut besucht waren, allen voran während des islamischen Fastenmonats Ramadan. All dies kannte ich nicht aus Innsbruck, einer deutlich größeren Studentenstadt, die sich gerne als «international» präsentierte. Dennoch fühlte ich mich im weltoffenen Tübingen manchmal fehl am Platz. Ich vermisste den Blick aus meinem Fenster mit Blick auf die Nordkette – und Frau Hitt. Als ich das erste Mal von ihr gehört hatte, war ich noch im Kindergarten. Immer wieder war ihr Name gefallen, sodass ich irgendwann annahm, es müsse sich um eine reale Person handeln. Ich stellte mir Frau Hitt als ältere Dame mit grauem Rock vor. Außerdem, so meinte ich, trug sie sicher auch ein Kopftuch oder bedeckte zumindest auf irgendeine andere Art und Weise ihr Haupt, wie das viele ältere Frauen in Tirol einst taten. Diese Vorstellung änderte sich erst, als wir eines Tages im Kreis auf dem Boden saßen und unsere Erzieherin uns die Sage der Frau Hitt erzählte. Demnach handelte es sich um eine geizige und selbstgefällige Riesenkönigin, die vor langer Zeit in Tirol gelebt hatte. Frau Hitt dachte, sie könne machen, was sie will, weil ihr die Welt zu Füßen liege. Dies änderte sich erst, als sie einer Bettlerin begegnete, die von ihr etwas zu essen verlangte. Doch statt eines Laibes Brot bot ihr Frau Hitt nur einen Stein an, woraufhin die Bettlerin die Königin verfluchte und zu Stein verwandeln ließ. Erst nachdem ich diese Geschichte gehört hatte, wurde mir klar, dass mit Frau Hitt keine reale Person gemeint war, sondern jene Felsnadel auf der Nordkette, die ich aus meinem Fenster bestaunen konnte. Fortan sah ich in ihr keine greise Menschenfrau mehr, sondern eine Riesin mit eiskaltem Blick und einem großen, grauen Pferd, auf dem sie durch die Täler Tirols ritt. Und ich dachte mir, dass die versteinerte Dame womöglich genauso auf mich blicken konnte wie ich auf sie. Direkt in mein Kinderzimmer.

Die Legende der Frau Hitt ist nicht die einzige tirolische Riesensage. Besonders prominent ist etwa auch die Geschichte von den beiden Riesen Haymon und Thyrsus, die sich einst an der Sillschlucht bekämpft haben sollen, dort, wo während der Corona-Pandemie geheime Goa-Partys stattfanden. Haymon, der Held der Sage, soll nicht nur Thyrsus besiegt, sondern auch einen Drachen erlegt haben. Im Gegensatz zu Frau Hitt hat Haymon ein echtes Grab, das sich in der Wiltener Basilika im Osten Innsbrucks finden lässt. Die Kirche soll einst vom Riesen gegründet worden sein. Historiker gehen davon aus, dass Haymon eigentlich Haimo hieß und ein bayerischer Adeliger war, der in Tirol einmarschierte, während es sich bei Thyrsus womöglich um eine regionale Persönlichkeit gehandelt hat oder er zumindest die lokale Bauernbevölkerung darstellte. Immerhin soll Thyrsus mit einem ausgerissenen Baumstamm gekämpft haben, wohingegen Haymon aufgrund seiner adeligen Herkunft mit Schwert und Schild bewaffnet war und eine edle Rüstung trug. Dieser Kontrast fällt auch auf, sobald man die bemerkenswert detaillierten Statuen der beiden Riesen, die vor der Basilika in Wilten stehen, betrachtet. Sie wurden im 18. Jahrhundert errichtet. Erwähnenswert ist allerdings auch die Herkunft des Namens «Thyrsus». Als «Thürse» oder «Thurse» werden in der germanischen Mythologie urzeitliche Riesen, die vom Weltriesen Ymir abstammen, bezeichnet. Ymir spielt in der germanischen Schöpfungsgeschichte eine zentrale Rolle und gilt als erstes Lebewesen. Bekannt wurde der Weltriese in den letzten Jahren nicht etwa deshalb, weil ein plötzliches Interesse für Sagen und Mythen entstanden wäre, sondern dank des bekannten japanischen Animes «Attack on Titan». Der uralte Name «Ymir» ist allerdings auch mit «Yama», einem in Afghanistan bis heute verbreiteten Vornamen, verwandt. Außerdem trugen viele Prinzen, Könige und Sagengestalten in der Region des heutigen Afghanistans den Namen. «Yama» hat wiederum seine Wurzeln in Sanskrit und im Altpersischen.

Es dürfte kaum überraschen, dass verschiedene Riesen-Legenden bis heute auch im bergigen Afghanistan zirkulieren. So wird afghanischen Kindern schon seit jeher erzählt, dass in den hohen Gipfeln des Hindukuschs, des Pamir-Gebirges oder der Gebirgskette des Spin Ghar, des Weißen Berges, seit Jahrtausenden Riesen, Dämonen (sogenannte Deos) oder Feuergeister (Dschinns, die auch im Koran erwähnt werden) hausen. Bei mir nahm diese Vorstellung besonders lebendige Formen an, als ich einige dieser sagenumwobenen und teils bis heute unbegangenen Orte mit eigenen Augen erblickte. Eindrucksvoll sind etwa die Berge von Bamiyan, die teils an die großen Zwergenfestungen aus der Mythenwelt J. R. R. Tolkiens erinnern, oder die Gebirge rund um den Salangpass, einem der höchst gelegenen Gebirgspässe der Welt. «Hierher verschlägt es nicht einmal die Taliban», sagte mir ein junger Hazara, als ich ihn im Frühling 2022 zufällig in einem entlegenen Winkel Bamiyans traf. Umso mehr stellte ich mir daraufhin die Frage, wen es im Laufe der Jahrtausende tatsächlich hierher verschlagen hatte und was für Menschen wohl unter diesen rauen und zähen Bedingungen – und in direkter Nachbarschaft zu den herrschenden Mythengestalten, die laut Legenden regelmäßig ihren menschlichen Tribut einforderten – überleben konnten. Wenn man sich hier aufhält, nimmt das Gefühl völliger Isolation nach kurzer Zeit überhand. Raum und Zeit bleiben regelrecht stehen. Als eine Delegation des ehemaligen afghanischen Präsidenten Hamid Karzai in den frühen 2000er-Jahren ein abgelegenes Dorf in der hoch gelegenen Provinz Badakhshan aufsuchte, sollen die Dorfbewohner nach dem Wohlbefinden Daoud Khans gefragt haben – jenes Staatschefs, der mitsamt seiner Familie bereits im April 1978 von den kommunistischen Putschisten ermordet worden war. Die Nachricht hatte das Gebirgsdorf in der afghanischen Peripherie nie erreicht.

Einige der afghanischen Mythen stammen, im Gegensatz zu den Tiroler Sagen, sogar aus den letzten Jahren. Besonders bekannt ist etwa die Geschichte eines rothaarigen Riesen aus Kandahar, der zahlreiche US-Soldaten getötet haben soll, bis er vom US-Militär erlegt und in eine streng geheime Basis verfrachtet worden sei. Solche urban legends, moderne Märchen, werden auf YouTube und Co. in Umlauf gebracht und stoßen auf offene Ohren, ähnlich wie Verschwörungstheorien über vermeintliche UFO-Sichtungen oder die Anunnaki-Aliens, die die Pyramiden von Gizeh errichtet haben sollen, um Energie für ihre Raumschiffe zu gewinnen. Die Legende des Riesen von Kandahar wurde jedoch nicht von Afghanen verbreitet, sondern vor allem von einigen Amerikanern, die höchstwahrscheinlich in Afghanistan stationiert waren und dort über ihre Dolmetscher lokale Sagen aufschnappten, die bis heute geglaubt werden. Ein anderes Riesenmärchen befasst sich mit dem Grab eines Mannes aus der Provinz Khost. Es soll fünfzehn Meter lang sein und seit Jahrhunderten existieren. Aufgrund von Krieg, Hunger und Vertreibung hatte in den letzten Jahrzehnten niemand Zeit, sich ausführlicher mit dem vermeintlichen Grab zu befassen. Ähnlich verhielt es sich auch mit dem acht Meter langen Grab von «Thish» im nordafghanischen Balkh, womit kein Geringerer gemeint ist als Seth, der dritte Sohn Adams. Es gilt bis heute als bekannte Pilgerstätte. Als ich sie im Sommer 2022 aufsuchte, musste ich traurigerweise feststellen, dass auch das Riesengrab nicht vom Krieg verschont blieb und durch Artilleriegeschoss beschädigt wurde. Abgesehen davon legt ein Großteil der afghanischen Bevölkerung eigentlich sehr viel Wert auf Religion und würde es sich deshalb nie erlauben, ein Grab anzurühren, geschweige denn auszuheben. Demgegenüber wurde in Tirol einst der Versuch unternommen, die Überreste Haymons aufzuspüren. Im 17. Jahrhundert ließ der Abt des Stifts Wilten nach den Gebeinen des Riesen suchen. Gefunden wurde jedoch nichts. Stattdessen stürzte die über der Suchstelle liegende Kirche ein.

Ein weiterer kultureller Aspekt, der Alpen und Hindukusch verbindet, sind Teufelswesen und Dämonen. Während man den Kindern in Afghanistan bis heute mit den Dschinns und Deos Angst einflößt, gibt es in Tirol ebenjenen personifizierten Teufel, den Krampus. Das erste Mal traf ich ihn im Kindergarten, als er uns gemeinsam mit dem Heiligen Nikolaus besuchte. Er trug ein schwarzes Fell, eine angsteinflößende Holzlarve, laute Kuhglocken und eine Holzroute, die für die Bestrafung der besonders unartigen Kinder gedacht war. Irgendwann wurde der Krampus für mich Teil der winterlichen Kulisse Tirols. Ich sah ihn nicht nur im Kindergarten oder in der Schule, sondern auch auf aufwendigen Umzügen in der Innenstadt oder in unserer Nachbarschaft, wo Jugendliche sich meist billige Kostüme zulegten, um den Jüngeren Angst einzujagen. Abstrus fand den Krampus nicht nur mein Vater, der den Tirolern unterstellte, den Teufel anzubeten («Warum schlüpft man sonst in so ein Kostüm?»), sondern auch alle anderen Menschen jenseits der Alpen. Für mich hingegen ist der Krampus bis heute eines der faszinierendsten Symbole des tirolerischen Katholizismus. Er bringt die rauen und abergläubischen Wurzeln dieser Gegend, die heute in vielerlei Hinsicht kapitalisiert und tourismusfreundlich gemacht worden sind, auf unnachahmliche Weise zum Vorschein.

Dass Riesen, Dämonen und die Berge sich auf die Psyche des Menschen auswirken, steht außer Frage. Die Berge beherbergen, ja beheimaten die Menschen, die in ihrer Umgebung leben. Sie schützen sie vor äußeren Gefahren und geben ihnen die

Dinge, die sie zum Leben brauchen, natürliche Ressourcen wie Wasser oder Bodenschätze. Sie verdeutlichen durch ihre Mächtigkeit und ihre bloße, jahrtausendelange Existenz auch die Nichtigkeit und Zerbrechlichkeit menschlichen Lebens. Wer in den Bergen lebt, weiß, dass es nie Riesen oder Dämonen waren, die viele Menschenleben geraubt haben, sondern der Berg selbst. Wer die Gebirge unterschätzt und ihnen zu selbstsicher entgegentritt, wird von ihnen verschlungen. Dies wird vor allem in jenen Ländern deutlich, die den Berg zu Tourismuszwecken monetarisiert haben. Wer den Mount Everest besteigen will, muss nicht nur hart trainieren, um sich auf die extremen Wetterverhältnisse vorzubereiten, sondern auch die nötige mentale Stärke besitzen, um die toten Körper jener Menschen, die am Berg scheiterten, zu passieren. Und selbst auf der Martinswand bei Zirl nahe Innsbruck, auf der sich vor über 500 Jahren der Habsburger Kaiser Maximilian I. verirrt haben soll, lassen sich bis heute Leichen finden. Wie viele Menschen von den afghanischen Bergen bis heute verschlungen wurden, weiß niemand.

Hätte der Hindukusch ebenfalls Ziel eines Massentourismus werden können? Wenn man durch Afghanistan reist, hört man früher oder später die Frage, was aus einem Land mit solch reichhaltigen natürlichen Bedingungen geworden wäre, wenn nicht Krieg und Zerstörung es heimgesucht hätten. Welcher Backpacker würde es sich entgehen lassen, in den Buddha von Bamiyan zu steigen, durch den Wakhan-Korridor zu wandern, unter dem afghanischen Sternenhimmel zu zelten oder in den Oasen Kandahars Melonen und Granatäpfel zu genießen? Es gab einen Zeitpunkt in der Geschichte, als sowohl die Tiroler als auch die Afghanen ausschließlich als raues und abergläubiges Volk in den Bergen bekannt waren. Erstere haben den Sprung in die Moderne längst hinter sich gebracht. Die ehemals isolierten Tiroler Almen und Bergbauernhöfe, auf denen einst nicht nur harte und arme, sondern auch düstere Verhältnisse herrschten, sind heute die Domizile des Ski- und Wanderurlaubs und ganz allgemein der guten Laune. Die Wirtsleute haben in der Regel über Generationen hinweg ihren Wohlstand gesichert. Die Lebensqualität in Tirol gehört zu den besten der Welt. «Ihr schiachen Hunde habt's ka Ahnung, was es redet's», belehrte uns mal unser einstiger Boxtrainer Mohammad Naderi, als wir während des Trainings über die in Innsbruck herrschende Langeweile lästerten. Damals waren wir Jugendliche, die sich nicht nur von den Bergen, sondern auch von der überschaubaren Innenstadt erdrückt fühlten. Es gab in unseren Augen hier nicht viel, das Spaß machte. Mohammad, der aus dem Iran nach Österreich geflüchtet war, brachte diese Haltung auf die Palme. Er beharrte darauf, Innsbruck sei eine der besten und lebenswertesten Städte der Welt. Außerdem habe er schon viele andere Länder gesehen, weil seine iranischen Verwandten, ähnlich wie die afghanische Diaspora, zerstreut über den Globus lebten. Kein anderer Ort könne Innsbruck das Wasser reichen. Damals konnten wir nur darüber schmunzeln. Aber wahrscheinlich hatte Mohammad gar nicht so Unrecht.

Während Tirol sich dem Tourismus öffnete, wurden die afghanischen Berge und Wälder in den letzten Jahrzehnten bombardiert und verseucht. Es gibt in Afghanistan keinen einzigen Lebensaspekt, der vom Krieg unangetastet geblieben ist. Noch wenige Jahre vor dem Abzug der NATO-Truppen war Afghanistan das am meisten von Drohnen bombardierte Land der Welt. Der Krieg mit den unbemannten Killermaschinen wurde vor allem in der Ära des Friedensnobelpreisträgers Barack Obama ausgeweitet und kostete Tausende von unschuldigen Afghaninnen und Afghanen das Leben. Fast täglich regneten die Hellfire-Raketen der Amerikaner auf afghanische Dörfer und töteten Zivilisten. Die Überreste des wortwörtlichen «Höllenfeuers» sind in all diesen Regionen bis heute zu sehen. Ähnlich verhält es sich mit den Tausenden von Landminen der Sowjets, die während der letzten zehn Jahre des Kalten Kriegs das Land besetzten. Bis heute werden Afghanen von zurückgelassenen sowjetischen Minen getötet. Es gibt in Afghanistan keinen internationalen Putztrupp, der sich um den Kriegsmüll kümmert. Ein weiteres, grausames Menschheitsverbrechen, das wenig bis gar keine Beachtung fand, war der Abwurf der sogenannten «Mutter aller Bomben», der größten nicht-nuklearen Bombe des US-Militärs, über dem Distrikt Achin in der Provinz Nangarhar im April 2017 unter Obamas Nachfolger Donald Trump. Als ich die Region einen Monat später aufsuchte, berichteten die Menschen von Verwüstungen und Verseuchungen, die Natur, Mensch und Tier gleichermaßen betrafen.

Als Grenzgänger zwischen beiden Welten stelle ich mir die Frage, was in den Dörfern und Städtchen des Inntals heute los wäre, wenn sie ein halbes Jahrhundert lang von Krieg und Zerstörung heimgesucht und zwischen den politischen Machtinteressen verschiedener geopolitischer Akteure aufgerieben worden wären. Wer weiß, ob die Tirolerinnen und Tiroler dann nicht wieder in das Raster des kriegerischen Bergvolks von einst zurückgefallen wären? «Stell dir vor, all das wäre in Innsbruck passiert», sagte mir ein afghanischer Freund, kurz nachdem die NATO-Truppen im August 2021 aus Afghanistan abgezogen waren und die Taliban wieder die Macht übernommen hatten. Obwohl die schlimmsten Kriege der Menschheitsgeschichte in Europa getobt haben, ist dieser Gedanke für viele Menschen im Westen nach wie vor unvorstellbar. Erst seit der russischen Invasion der Ukraine Ende Februar 2022 scheint dieser kollektive mentale Friedensmodus bei einigen Europäern ins Wanken geraten zu sein. Doch konnte ein durchschnittlicher Westeuropäer vor dem Krieg tatsächlich etwas mit der Ukraine anfangen? Der österreichische Journalist Thomas Seifert, der in den letzten Monaten aus dem ukrainischen Kriegsgebiet berichtete, schrieb vor geraumer Zeit auf Instagram, der Krieg sei nur eine Zugfahrt entfernt. Er spielte damit auf die Verbindung Wien–Kiew an, die rund vierundzwanzig Stunden dauert. Tatsächlich ist es wichtig, auf diesen Umstand aufmerksam zu machen. Auch der Krieg in Afghanistan war und ist bis heute nur zwei Flugverbindungen entfernt. Vor dem Fall Kabuls und der Rückkehr der Taliban stieg ich in Stuttgart um 19 Uhr in den Flieger. Nach einem kurzen Zwischenstopp in Istanbul landete ich gegen 7 Uhr morgens in Kabul. Kürzer als vierundzwanzig Stunden. Afghanistan ist in der globalisierten Welt längst zu unserem Nachbarland geworden. Natürlich betrifft das auch meine Tiroler Heimat, die mit dem Hindukusch gewiss mehr gemeinsam hat als Riesen und Dämonen.

Zwischen Goldenem Dachl und Dr. Hämmerle

Zwischen Kabul und München liegen Welten, wie mein Vater nach seiner Ankunft feststellen musste. Zum ersten Mal in seinem Leben sah er eine Stadt mit guter Infrastruktur und vielen Menschen, denen es offensichtlich gut ging. In München fuhr mein Vater auch das erste Mal in seinem Leben mit der Bahn – Afghanistan hat bis heute kein Eisenbahnsystem – und freundete sich mit Menschen aus anderen Ländern und Kulturen an. Mit dem Studium konnte er hier allerdings noch nicht anfangen. Das Geld war knapp; die wenigen Hundert Dollar, die mein Großvater ihm zugesteckt hatte, reichten aus, um gerade so über die Runden zu kommen. Eine Bleibe fand mein Vater dann bei einer älteren Dame, die er bis heute als *Ama Khandah* bezeichnet, eine Art Stieftante. Ama Khandah war gutbetucht und vermietete Wohnungen in der Münchner Innenstadt. Erst später wurde bekannt, dass sich unter ihren Mietern nicht nur mein Vater befand, sondern auch diverse Terroristen der zweiten und dritten Generation der RAF, die damals ihr Unwesen trieben. Der Schock war groß, als Ama Khandah die Fahndungsplakate sah. «Wir dachten alle, das seien nette Studenten», erzählte mein Vater Jahre später.

Er fand schließlich eine Stelle als Parkplatzwächter und schickte einen Teil seines Gehalts zu seiner Familie nach Afghanistan, um meinem Großvater zu beweisen, dass er nun unabhängig war. Doch bald holte meinen Vater die Brutalität des deutschen Rechtsstaats, der ihn in Gestalt eines schäkernden Grenzpolizisten anfangs noch so freundlich am Zentralen Omnibusbahnhof empfangen hatte, ein. Nachdem er vergessen hatte, sein Visum zu verlängern, wurde er von der Polizei an seinem Arbeitsplatz aufgesucht und ins Gefängnis gesteckt. Seine Zelle musste er mit einem mutmaßlichen Mörder teilen, weshalb er nachts um sein Leben fürchtete und kein Auge zumachen konnte. Das Gefängnis durfte er erst nach einigen Wochen wieder verlassen, nachdem auf die Initiative Ama Khandahs und meines Großvaters in Kabul ein Anwalt interveniert hatte. In München wollte mein traumatisierter Vater im Anschluss nicht länger bleiben. Er ließ seine Garçonnière, seinen Parkplatz und seinen kleinen Freundeskreis bei den Zeugen Jehovas hinter sich, um anderswo Fuß zu fassen. Nur zwei Stunden entfernt lag Innsbruck, eine Stadt in den Tiroler Alpen. All das klang vertraut, denn immerhin war auch Kabul von Bergen umgeben.

«Als ich damals deinen Vater besuchte, gab es in Innsbruck nur das Goldene Dachl, die Maria-Theresien-Straße und

Dr. Hämmerle», sagte mir einmal Kaka Hamed, mein mittlerweile verstorbener Onkel und einer der jüngeren Brüder meines Vaters. *Kaka* wird auf Afghanisch ein Onkel väterlicherseits genannt. Gemeinsam mit Kaka Wahed, meinem anderen Onkel, besuchte Hamed in den frühen 1980er-Jahren meinen Vater zum ersten Mal in Österreich. Im Gegensatz zu ihm reisten sie nicht mit dem Bus, sondern mit dem Flugzeug. Meine Onkel wussten damals nicht, wie man von München nach Innsbruck kommt. Deshalb nahmen sie ein Taxi, aus dem sie mit einer saftigen Rechnung vor dem Studentenwohnheim meines Vaters wieder ausstiegen. Kaka Hamed hatte damals kurze Haare. Sein Gesicht erinnerte ein bisschen an den jungen Sylvester Stallone. Er erzählte mir, wie er durch die Straße spazierte und sich fehl am Platz fühlte. Jeder starrte ihn an. Außerdem hatte er – was in Kabul unmöglich gewesen wäre – innerhalb weniger Minuten das ganze Stadtzentrum durchquert. Dieses bestand nur aus dem Wahrzeichen Innsbrucks, dem von Kaiser Maximilian errichteten Goldenen Dachl in der Altstadt, und der angrenzenden Maria-Theresien-Straße. Dort befand sich nicht nur die Annasäule, die an den Sieg gegen die bayerischen Besatzer erinnern soll, sondern auch die Praxis von Dr. Henrike Hämmerle, unserer Hausärztin. Sie behandelte unsere Familie bis zu ihrem Tod im Jahr 2011 und kannte meinen Vater seit dessen Ankunft in Innsbruck.

Die meisten Menschen in Tirol konnten zur damaligen Zeit praktisch nichts mit Afghanistan anfangen. Das Land klang exotisch und wurde hauptsächlich von «Mohammedanern» bewohnt. Wer im Inntal etwas weltoffener war, kannte die Berge des Hindukusch womöglich vom Hippie-Trail, doch auch die Hippies waren den meisten erzkonservativen Tirolern zuwider. Mein Vater wohnte allerdings an einem für Innsbrucker Verhältnisse diversen Ort: dem Internationalen Studentenheim an der Inn-Promenade. Hier lebten neben ihm, dem ersten und damals einzigen Afghanen der Stadt, auch Iraner, Ägypter, Nigerianer oder Amerikaner und Franzosen. Es war eine kleine multikulturelle Blase, die wegen des akademischen Hintergrunds ihrer Bewohnerinnen und Bewohner einen krassen Kontrast zu den anderen «Ausländern» der Stadt darstellte. Während mein Vater am Inn flanierte und mit seinen Seminaren beschäftigt war, zogen in der Reichenau oder im Olympischen Dorf am anderen Ende der Stadt türkische Gastarbeiterfamilien ein. Ihre Welt hatte wenig mit der meines Vaters gemein. Die migrantischen Fabrikarbeiter rackerten sich ab und ordneten sich den Österreichern unter, ja sie machten deren «Drecksarbeit»; mein Vater war hingegen weiterhin geprägt von den elitären Vorstellungen der Kabuler Urbanität und deren Hierarchie und Privilegien. Wer in privilegierten Verhältnissen aufwächst, kann sich meist nur schwer von ihnen lösen. Mein Vater und seine Brüder träumten stets davon, in die Fußstapfen ihres vielseitig versierten Vaters zu treten. Sie wollten ihre Familien ernähren, indem sie anzugtragend ausschließlich ihren Intellekt benutzten. Dass dieses Vorhaben in jenen Gesellschaften, in die sie auswandern oder flüchten mussten, nur schwer in die Tat umzusetzen war, offenbarte sich erst im Laufe der Jahre und führte zu Minderwertigkeitskomplexen und Depressionen. Davon können die meisten geflüchteten und emigrierten Afghanen noch heute ein Lied singen. «Niedere Tätigkeiten» kamen für meinen Vater und seine Brüder, die wegen der sowjetischen Invasion Afghanistan in der Zwischenzeit ebenfalls hatten verlassen müssen, keinesfalls in Frage. Schichtarbeit in einer heimischen Tiroler Fabrik oder Tellerwäscherei in einer der zahlreichen Gaststätten der Stadt konnten sie mit ihrem Standesdünkel nicht vereinbaren. Solche Arbeiten wären einem Gesichtsverlust vor meinem Großvater gleichgekommen, der vermeintlich alles erreicht und seine Kinder auch schon mal als «Nichtsnutze» und «Heufresser» beschimpft hatte, während er in die Tasten seiner Schreibmaschine haute, um einen neuen Artikel zu verfassen oder irgendein bekanntes literarisches Werk zu übersetzen. Die Angst vor dem gesellschaftlichen Abstieg und dem damit verbundenen Verlust gewohnter Privilegien war stets präsent.

Nach ein paar Jahren Studium landete mein Vater am Ende doch in der Gastronomie, wo er als Rezeptionist tätig war. Was das bedeutete, wusste ich lange nicht. Mir wurde lediglich eingebläut, diese Tätigkeitsbezeichnung vorzutragen, falls ich in der Schule nach dem Beruf meines Vaters gefragt werden würde. Kaka Wahed, der im Gegensatz zu meinem Vater tatsächlich nach Innsbruck hatte flüchten müssen, um der Zwangsrekrutierung durch die afghanische Militärjunta zu entgehen, schrieb sich ebenfalls in der Universität ein, doch schon bald war er mehr mit dem Taxifahren beschäftigt. Kaka Hamed, der später nach Deutschland übersiedelte, landete in der damals lukrativsten Branche. Wie viele andere afghanische Väter in Deutschland verkaufte er Autos. Anfangs spazierte er auf der Suche nach Gebrauchtwagen meist mit meinem Cousin Jahangir durch Frankfurter Vororte. Irgendwann hatte er seinen eigenen Parkplatz und verdiente sich ein goldenes Näschen.

Rezeptionist, Taxifahrer, Gebrauchtwagenhändler – allesamt ehrenhafte Berufe, für die sich niemand genieren muss. Doch die Gebrüder Feroz tickten anders und eiferten weiter der Illusion nach, etwas «Großes» werden zu müssen. Innerhalb der afghanischen Gesellschaft genießen Ärzte und Ingenieure bis heute einen hohen Stellenwert. In unserer Familie wollte man hingegen Diplomat, Politiker oder Publizist werden, um in die Fußstapfen meines Großvaters zu treten. Doch Krieg und Flucht hatten viele Pläne zunichte gemacht. Mein Vater fand sich plötzlich in einer fremden Gesellschaft wieder, die ihm mit Ablehnung begegnete. Damals wurden Afghanen zwar noch nicht per se als «Terroristen» diffamiert, doch es existierten vielfältige andere Ausdrucksformen des Rassismus. In einem bekannten Café in der Innsbrucker Altstadt wurde mein Vater bei seinem ersten Besuch zum Beispiel aufgefordert, das Lokal sofort wieder zu verlassen. Wegen seiner schwarzen Haare. In den Hotels, in denen er arbeitete, wurde er auf allen Ebenen traktiert – ob in der Küche, im Reisebus oder in der Chefetage. Als einziger Afghane fühlte er sich oftmals auch im Kreise anderer Menschen mit Migrationserfahrung allein. Während Türkeistämmige oder Menschen aus Ex-Jugoslawien ihre eigenen Gruppen bildeten, gab für *den* Afghanen keine Anlaufstelle.

Hinzu kamen die Probleme in der Heimat. Mein Großvater wurde plötzlich krank und starb, als er in Kabul unter Hausarrest stand. Unterdessen war die halbe Familie bereits über den Globus zerstreut. Zwar endete in Europa der Kalte Krieg, und die Deutsche Mauer fiel, aber in Afghanistan herrschte weiterhin kein Frieden. Nachdem der letzte sowjetische Soldat das Land verlassen hatte, begann eine neue Phase des Krieges. Die 1990er-Jahre standen im Zeichen der Gräueltaten der Mudschaheddin-Rebellen, die einst die Rote Armee und ihre afghanischen Verbündeten bekämpft hatten, sich nun aber gegenseitig bekriegten. Warlords wie Ahmad Shah Massoud oder Gulbuddin Hekmatyar, die einst vom Westen mit Millionen unterstützt worden waren, zerstörten mit ihren Raketen ganze Städte, während ihre Milizen plünderten und vergewaltigten. «Du konntest nicht durch die Straßen gehen, ohne dem Tod zu begegnen», sagte mir einmal ein greiser Afghane in Kabul, als ich ihn auf dem großen Basar interviewte.

Mein Vater hatte diese Abgründe zum Glück nie hautnah miterleben müssen. Er kannte sie nur aus den Nachrichten und aus Erzählungen von Verwandten. Ein festes Fundament für sein und das Leben seiner Familie hatte er in Innsbruck dennoch nie errichten können. Stets ließ er verlautbaren, dass wir bald zurückkehren würden. Unser Leben in Österreich sei nur auf Zeit. Die Leute seien gemein und abstoßend, die Rückkehr in die Heimat eines Tages unumgänglich. Dieser Gedanke stand selbst dann noch im Raum, als wir im Innsbrucker Rathaus die österreichische Staatsbürgerschaft erhielten. Der damalige Landeshauptmann Tirols, Herwig van Staa, überreichte uns die Dokumente persönlich. Was mein siebenjähriges Ich dabei empfand, lässt sich schwer zusammenfassen. Letztlich verstand ich damals gar nicht, was vor sich ging und warum ein Stück Papier unser Leben verändern würde. Auch mein Vater hat jenen Tag nicht vergessen. Immer wenn er ein mentales Tief hat, etwa weil er gerade rassistisch angegriffen wurde oder ihn die aktuellen politischen Entwicklungen aufregen, bereut er es, den österreichischen Pass überhaupt angenommen zu haben. Aber wenn er mit seinen Kindern streitet, reibt er uns regelmäßig in der Hitze des Gefechts unter die Nase, dass wir lediglich aufgrund seiner Barmherzigkeit und seines Engagements zu Österreichern geworden seien. Manchmal hatte bzw. habe ich noch immer das Gefühl, dass mein Vater den Bus, in den er damals in Kabul eingestiegen ist, nie verlassen hat und nicht ankommen wollte.

Großbaba

Viele Menschen im Westen assoziieren mit afghanischen Großvätern Vollbart, Turban und einen Peran Tumban. Sie bewundern womöglich gleichzeitig ihren Exotismus und ihre «europäischen Gesichtszüge», wie einst die britischen Kolonialisten, als sie Afghanistan erobern wollten. Sie sehen «edle Wilde», die in einer verlorenen, konservierten Welt zu leben scheinen, weit weg vom Zentrum der westlichen Aufklärung. Eines der ersten Fotos, das ich von meinem Großvater sah, zerstört all diese Vorurteile, Rassismen und Mythen auf einen Schlag. Es zeigt ihn mit Anzug, getönter Brille und einem Whiskyglas in der Hand. Neben ihm steht ein weiterer schicker Mann, den eine Aura der Wichtigkeit umgibt. Da Alkohol in unserer Familie ein Tabu war und von niemandem konsumiert wurde, sah sich mein Vater genötigt, uns die Szene auf dem Foto zu erklären. *Großbaba*, wie er seinen Vater vor uns nannte, habe das Glas nur aus «diplomatischen Gründen» in der Hand gehalten. Er selbst habe als frommer und gottesfürchtiger Muslim natürlich keinen Alkohol getrunken.

Niemand von uns kannte Großvater Mohsen Feroz persönlich. Er starb einige Jahre vor meiner Geburt. Ich habe keine Vorstellung von seinem Naturell, das ich nur aus Geschichten kenne und aus Fotoalben erahnen kann. Deshalb wird wahrscheinlich nichts, was ich über ihn schreibe, seiner Person gerecht. Dennoch möchte ich versuchen, mich ihm an dieser Stelle nicht nur aus einer biographischen, sondern auch aus einer professionellen Perspektive anzunähern. Immerhin bin ich – ob gewollt oder nicht – durch meine eigene Berufsauswahl der erste Feroz, der in die Fußstapfen des Familienpatriarchen getreten ist. *Großbaba* oder *Sher Agha* («Herr Löwe»), wie meine Mutter ihn nannte, hatte einst die große Hoffnung, dass seine Söhne ihrem Land dienen würden, indem sie sich journalistisch und schriftstellerisch betätigten. Doch daraus wurde nichts. Aus potenziellen Publizisten, Literaturwissenschaftlern, Menschenrechtsaktivisten oder Linguisten wurden verzweifelte und traumatisierte Kriegsflüchtlinge, die sich in einer neuen, ihnen fremden Welt zurechtfinden mussten. Sie landeten nicht in noblen Büros, in denen sie mit ihren feinen Anzügen ein- und ausspazierten und wo sie von allen respektiert wurden, sondern an der Rezeption Tiroler Hotels, in Innsbrucker Taxibetrieben oder in schottischen Bars und deutschen Autowerkstätten. Ich hatte bessere Möglichkeiten, also will ich zumindest versuchen, im Geiste meines Großvaters etwas Licht ins Dunkel der afghanischen Zeitgeschichte zu bringen.

Beseelt vom Fortschrittspathos der Zeit, gehörte mein Großvater in den 1960er- und 1970er-Jahren zu jenen Afghanen, die sich die Modernisierung ihres Landes auf die Fahnen schrieben. Meist trugen diese Männer Schnurrbärte und schicke Hemden. Sie rauchten, konnten sich in mehreren Sprachen geistreich artikulieren und sahen aus wie die Filmstars der Zeit, etwa Clark Gable. Zu ihnen gehörten bekannte Persönlichkeiten wie Musa Shafiq, der als Premierminister unter dem letzten Monarchen Zahir Shah das «Zeitalter der Demokratie» eingeläutet hatte, oder Abdul Rahman Pazhwak, der einzige afghanische Diplomat, der je zum Präsidenten der UN-Generalversammlung ernannt wurde. Umso weniger überraschend war, dass sich all diese Männer persönlich kannten und schätzten, obwohl sie gleichzeitig ihre Rivalitäten auslebten. Dennoch zogen sie gemeinsam an einem Strang: Zwischen Tradition und Moderne galt es endlich eine Brücke zu schlagen, um die afghanische Gesellschaft voranzubringen.

Eine Gruppe, die sich dieser Sache ernsthaft annahm, war die sozialdemokratische Weekh-Zalmiyan-Jugendbewegung, die 1947 im südlichen Kandahar – die Stadt sollte Jahrzehnte später als Hochburg der militant-islamistischen Taliban bekannt werden – gegründet wurde. «Weekh Zalmiyan» ist Paschto und bedeutet «erwachte Jugend». Innerhalb der Bewegung fanden sich viele – damals natürlich noch unbekannte – Gesichter der jüngeren afghanischen Geschichte. Die Weekh Zalmiyan verstanden sich als radikale Revolutionäre mit progressiven Ideen. Hinzu kamen eine gehörige Portion Nationalismus und das Streben nach einer gemeinsamen, afghanischen Identität. Auch der Zweite Weltkrieg, der kurz vor ihrer Gründung endete, beeinflusste die Bewegung. Für die erwachte Jugend Afghanistans war deshalb klar, dass Staat und Gesellschaft ohne Technologie und Wissenschaft auf Dauer nicht überleben konnten. Beides fehlte im rückschrittlichen Afghanistan, in dem vor allem Stammesführer, Kleriker und die Aristokratie das Sagen hatten. Die Ideale der Weekh Zalmiyan fanden bei jungen Männern wie meinem Großvater besonders großen Anklang. Sie hatten die zuweilen regressiven Traditionen der afghanischen Gesellschaft satt.

Großbaba war im urbanen Kabul in schwierigen Verhältnissen aufgewachsen. Nachdem sein Vater seine Mutter zugunsten einer zweiten Ehefrau verlassen hatte, wurde der junge Mohsen als einzige männliche Person im Haushalt über Nacht zum Familienoberhaupt und musste sich fortan um seine Mutter und seine Schwester kümmern. Dennoch schloss er die Schule mit Auszeichnung ab, woraufhin ihm Shah Hashem, der Onkel des damaligen Königs Zahir Shah, der gemeinsam mit seinem Bruder Shah Mahmoud de facto das Land führte, erst seinen eigentümlichen Nachnamen verlieh (streng genommen gibt es Nachnamen in Afghanistan bis heute nicht wirklich). Seitdem ist unsere Familie als «Feroz» bekannt, was übersetzt «erfolgreich» oder «siegreich» bedeutet. Ein Foto aus der damaligen Zeit zeigt meinen Großvater mit langem Wintermantel und einer Karakulmütze, die aus dem Fell des gleichnamigen Schafs gewonnen wird. Es ist das einzige Bild von ihm, auf dem er zumindest ansatzweise afghanische Kleidung trägt. Mahmoud und Hashem regierten Afghanistan nach der Ermordung ihres

Bruders Nader Shah in einer kongenialen Verbindung aus «good cop» und «bad cop», während ihr damals noch sehr junger Neffe Zahir Shah auf dem Thron saß. Der eine galt als sanft und zuvorkommend, der andere als brutal und diktatorisch. Mein junger Großvater bewunderte eher den raueren Hashem, zumal er von diesem als «Sieger» verewigt worden war. Er versuchte fortan alles, um diesem Namen auch gerecht zu werden.

Nach seinem Abschluss an der Kabuler Universität begann er in der afghanischen Hauptstadt mit einem Fernstudium an einer amerikanischen Universität, das er mit der Promotion abschloss. Wegen seiner guten Englischkenntnisse fand er schon bald darauf eine Anstellung in der US-Botschaft in Kabul. Afghanen, die nicht nur ihre Landessprachen, sondern auch Englisch in Wort und Schrift beherrschten, waren damals eine Seltenheit. Und noch während des NATO-Einsatzes in Afghanistan in den letzten zwanzig Jahren wurde der Mangel an Dolmetschern manchmal zu einem großen Problem. Die US-Truppen und ihre Verbündeten mussten sich oft auf Diaspora-Afghanen verlassen, die sie mit lukrativen Verträgen lockten. In vielen Fällen sprachen diese jedoch nur gebrochenes Englisch und konnten gar kein Paschto. Farsi bzw. Dari hatte als eine Art Lingua franca seit Jahrhunderten den königlichen Hof, Ämter, Gerichte und die Städte im Allgemeinen dominiert. Viele Stadtbewohner waren deshalb zu *Farsiwanan* geworden und hatten sich von ihren ethnischen Wurzeln und den dörflichen Strukturen, in die ihre Familien vormals eingebunden waren, gelöst. Dadurch hatte sich die Stadt-Land-Kluft in Afghanistan noch einmal stark vergrößert. Auch die mehrheitlich paschtunischen Vorfahren meines Großvaters waren aus dem Süden des Landes nach Kabul gezogen und hatten viele Generationen vor ihm Farsi als Erstsprache angenommen. Gleiches galt für weite Teile der Königsfamilie, die ihrer eigenen Paschto-Sprache bald nicht mehr mächtig waren. Andere Dialekte und Sprachen wurden von den stolzen Städtern mit der Zeit immer herablassender behandelt. «*Aadam az kudja mebashad? Az Kabul!*» – «Woher stammt ein Mensch? Aus Kabul», heißt es unter vielen Kabulis, wenn man sie nach ihrem Heimatort fragt. (Es hat große Ähnlichkeit mit dem tirolerischen «Bisch a Tirola, bisch a Mensch».) Dieser Spruch ist nicht nur in hohem Maße überheblich, sondern in ihm schwingt auch jene Entmenschlichung mit, die in den Kriegen der letzten Jahre und Jahrzehnte viele Opfer unsichtbar gemacht hat. Das US-Militär oder die CIA haben davon allerdings erst viel zu spät Notiz genommen. Kolonialistische Vorurteile, wie die Annahme, dass alle Sprachen, die im Land gesprochen werden, ohnehin gleich seien, dominierten hingegen die Besatzungsjahre. Eine Folge dieser katastrophalen Missachtung der sprachlich-kulturellen Vielfalt des Landes war, dass viele unschuldige Bauern oder Taxifahrer in den Foltergefängnissen in Bagram im Norden Kabuls oder in Guantanamo landeten. Hätte mein Großvater dieses Treiben seiner Landsleute noch miterlebt, hätte er sich in Grund und Boden geschämt, einst in Kabul als «der Dolmetscher» bekannt gewesen zu sein. Mohsen Feroz hatte einst nicht für ausländische Soldaten übersetzt, die sein Land besetzten und willkürlich Geiseln nahmen, sondern war auf diplomatischen Konferenzen präsent gewesen, hatte diese protokolliert oder sich den Klassikern der angelsächsischen Literatur gewidmet. Doch der Großteil seiner Arbeit ging in den Feuern der darauffolgenden Kriege, die so manchen Shakespeare-Dramen, die er einst übersetzt hatte, ähnelten, verloren.

Meist saß mein Großvater bis spätabends mit der Pfeife im Mund vor seiner ratternden Schreibmaschine und widmete sich dem politischen Weltgeschehen. Der Einzige, der ihm dabei ab und zu Gesellschaft leistete, war Fritz, der Deutsche Schäferhund der Familie. Großbaba schrieb regelmäßig für die Wochenzeitschrift «Anees», die er eine Zeit lang auch als Chefredakteur führte. Sein Sozialleben bestand aus der Arbeit in der Botschaft und den damit verbundenen Banketten, Partys und Empfängen sowie dem publizistischen Treiben in den Redaktionsräumen und dem Debattiersalon im eigenen Haus. Natürlich zeigt ihn das bereits erwähnte Foto in unserem Wohnzimmer auf irgendeiner elitären Veranstaltung, wo – zumindest laut meinem Onkel Wahed – Henry Kissinger höchstpersönlich anwesend gewesen sei. Eigentlich ist das nichts, worauf man stolz sein sollte, doch für meinen Onkel und viele andere Afghanen zählen meist einfach nur große Namen. Tatsächlich besuchte Kissinger Afghanistan ein einziges Mal, und zwar im Jahr 1976. Es kann also sein, dass sich die beiden auf der Veranstaltung getroffen haben und mein Großbaba übersetzen musste. Dass man hier aus «diplomatischen Gründen» ein Glas Whisky trank oder zumindest in der Hand hielt, sollte wohl heißen, gesellig, liberal und westlich wirken zu wollen und sich dumme Kommentare seitens der weltläufigen Gäste zu ersparen.

Mein Großvater trug seine Kämpfe meist auf der Schreibmaschine aus. Doch spätestens mit dem blutigen Putsch der Kommunisten im Jahr 1978 war mit der regen afghanischen Diskussionskultur über Nacht Schluss. Der verbale Schlagabtausch, der zuvor im schlimmsten Fall mit ein paar fliegenden Fäusten endete, wurde nun von politischer Gefangenschaft, Folter und Massenmord abgelöst. Ironischerweise waren Noor Mohammad Taraki und Hafizullah Amin, die Anführer der moskautreuen Putschisten, im Hause Feroz keine Unbekannten. Der junge Taraki stammte aus ärmlichen Verhältnissen und hatte am eigenen Leib erlebt, wie seine Familie von den mächtigen Feudalherren im Dienst des Königs ausgebeutet wurde. Taraki gehörte einst der Weekh-Zalmiyan-Bewegung an, wandte sich jedoch früh dem Marxismus zu und versuchte sich als Journalist und Literat. Er pflegte in Kabul lange Zeit weiterhin Kontakte zu seinen ehemaligen Kameraden, auch zu meinem Großvater. Der deutlich jüngere Amin kam hingegen auf andere Weise mit meiner Familie in Kontakt. Meine Großmutter Bibi Jaan vermietete ihm eines ihrer Häuser, in dem er fortan seine Revolutionspläne schmiedete. Amins Ziel bestand in erster Linie in der Indoktrination jener jungen Afghanen und Afghaninnen, zu denen er als Pädagogikdozent direkten Zugang hatte. Die radikalen linken Theorien hatte er nicht in Kabul aufgesogen, sondern in New York, wo er mehrere Jahre an der Columbia-Universität studiert hatte.

Zum ersten Mal sah ich Hafizullah Amin und Noor Mohammad Taraki auf Wikipedia-Fotos, kurz nachdem wir in unserer Wohnung in Hötting-West einen Internetanschluss bekommen hatten. Fortan verbrachte ich viel Zeit damit, in meinem Zimmer die Geschichte Afghanistans zu studieren – vor den Augen Frau Hitts, die von der Nordkette auf mich herabblickte. Als ich meinen Vater einmal ins Zimmer rief, um ihn nach den beiden Krawattenträgern zu fragen, die Afghanistan ins Chaos gestürzt hatten, wurde er wütend. «Diese Mörder!», schrie er, als er ihre Schwarz-Weiß-Porträts sah. Er hatte ihre Gesichter jahrzehntelang nicht mehr gesehen. Wenige Augenblicke später beschrieb er mir schon Szenen, in denen Taraki und Amin rauchend mit meinem Großvater in dessen Kabuler Wohnzimmer saßen. Und sie waren nicht die Einzigen. Tatsächlich gab es in Afghanistan diese Zeit, in der sich stalinistische Fanatiker mit sozialdemokratischen Traditionalisten, konservativen Demokraten, hartgesottenen Islamisten, Klerikern jeglicher Couleur und Würdenträgern religiöser Minderheiten in einem verrauchten Salon mit westlichen Möbeln aufhalten und miteinander friedlich diskutieren konnten. Ein Zeugnis davon ist ein Foto, das meinen

Großvater mit einem mir unbekannten, älteren Sikh zeigt, der Wasserpfeife raucht. «Damals war das normal», resümierte mein Vater. Diese Praxis endete erst, als auf beiden Seiten die Radikalsten der Radikalen das Ruder übernahmen. Amin und Taraki versteiften sich zunehmend auf ihren fanatischen Revolutionskult, von dem sich selbst ihre sowjetischen Unterstützer distanziert hatten, und schickten nach ihrem Putsch viele bedeutende Angehörige der afghanischen Intelligenzija, einschließlich großer Männer wie Musa Shafiq, in den Tod; gleichzeitig formierten sich auf der anderen Seite die islamistischen Mudschaheddin-Rebellen. Die Gräueltaten der Kommunisten führten dazu, dass sich den traditionalistischen religiösen Gegenkräften selbst viele *Roshanfikraan*, d.h. Anhänger der Aufklärung, anschlossen, die sonst keinen Hang zum Extremismus hatten. Auf meinen Großvater wartete nach dem Putsch zwar keine Folterzelle, aber seine eigenen vier Wände waren zu seinem Gefängnis geworden. Die Putschisten hatten ihn unter Hausarrest gestellt, woraufhin er wenige Jahre später verstarb, nachdem sich viele seine Kinder bereits ins Ausland abgesetzt hatten. Dass Amin, Taraki und deren Nachfolger nicht härter gegen ihn vorgegangen waren, sorgte noch Jahre nach seinem Tod für das Gerücht, mein Großvater sei ein sowjetischer Spion gewesen. Dagegen sprechen allerdings die vielen amerikanischen Schecks mit der Freiheitsstatue, die regelmäßig in unserem Innsbrucker Postfach lagen und an meine Großmutter adressiert waren. Erst Jahre später erfuhr ich, dass es sich dabei um die Pension meines Großvaters handelte, die er seiner Ehefrau übertragen hatte.

Jene, die sich keiner Seite anschließen, haben es in Afghanistan bis heute schwer. Im Gegensatz zu einigen österreichischen Großvätern meiner Klassenkameraden hatte Mohsen Feroz in keinem Schützengraben gelegen oder sich der SS angeschlossen.

Während in Europa der Holocaust stattfand, saßen im Wohnzimmer meines Großvaters sunnitische Traditionalisten, schiitische Kleriker, Vertreter von Sikhs, Hindus und Juden sowie Liberale, Kommunisten und Konservative und diskutierten als gleichwertige Afghanen über die Zukunft ihrer Heimat. Doch im Schatten der beiden Weltkriege erfuhr mein Großvater sehr wohl, wie schwierig es manchmal war, eigenständig zu bleiben. Gerade für Afghanistan wäre eine solche Eigenständigkeit wichtig gewesen, um nicht ins Chaos zu stürzen.

Der Mann auf der Briefmarke

Als Kind sammelte ich Briefmarken. Darauf hatte mich mein Freund Leonhard aus der Volksschule gebracht. Er war in vielerlei Hinsicht ein klassisches österreichisches Akademikerkind. Seine Eltern waren Lehrer mit Magistertitel. Sein Vater gab mir einige Zeit lang Nachhilfe in Mathematik. Leonhard war schon als Kind belesen. Wir beschäftigten uns meist mit Geschichte, Fantasieromanen oder japanischen Mangas. Und während andere Kinder die lokalen Sportvereine aufsuchten, gingen wir zum Briefmarkenclub im Kolpinghaus, der sich dort wöchentlich traf und sich bis auf uns ausschließlich aus älteren Männern zusammensetzte. Unter diesen Herrschaften waren wir eine Art Kuriosität. Dass sich zwei Burschen in unserem Alter für Briefmarken interessierten, wussten die Alten zu schätzen, weshalb wir mit Geschenken, meist in Form voller Alben mit schönen, seltenen Marken, überhäuft wurden. Gleichzeitig war ich mit meiner eigenen Sammlung beschäftigt und durchsuchte unsere Wohnung nach alten Briefumschlägen, die ich in lauwarmes Wasser tunkte, damit die Marken sich von den Umschlägen lösten. Die meisten Briefe, die ich fand, stammten aus Pakistan, dem einzigen Land der Welt, das ich – neben Deutschland – schon einmal besucht hatte. Sobald die Kinder auf dem Hof oder in der Schule von den Ländern anfingen, die sie gemeinsam mit ihren Eltern bereist hatten, erzählte ich ihnen voller Stolz, dass ich schon einmal ein Pakistan gewesen bin. Es war praktisch das Einzige, was ich ihnen voraushatte. Pakistan klang spannender als jene Länder, die sie in den Ferien bereisten, während ich den Sommer allein in Innsbruck verbringen musste. Das Haupturlaubsziel meiner österreichischen Freunde und ihrer Eltern war Italien, meist der Gardasee oder die Toskana, wohingegen viele migrantische Familien ihre Heimat besuchten und oft für ganze zwei Monate verschwunden waren. Doch für mich und meine Familie gab es kein Zurück. Die geringen Ersparnisse wurden bei uns nicht für Urlaub verwendet, sondern den Verwandten in Not gesendet. Wir konnten nicht wie die türkische Familie von nebenan unser Auto mit Süßigkeiten und allerlei anderen Geschenken vollpacken und einfach losfahren, weil in Afghanistan immer noch Krieg herrschte. Stattdessen erwarteten uns lange Sommer, in denen ich «Räuber und Gendarm» im Wald spielte, mit meinem Fahrrad die Natur erkundete, Nintendo zockte oder in die Welt der Animes auf RTL2 versank.

In den 1990er-Jahren wurde Afghanistan zuerst von den Warlords der Mudschaheddin und später von den extremistischen Taliban regiert. Die sowjetische Armee und ihre afghanischen Verbündeten, die meine Familie ins Exil gejagt hatten, waren da schon längst abgezogen bzw. entmachtet. Doch kurz bevor das kommunistische Regime von Mohammed Najibullah in Kabul endgültig kollabierte, war ich noch in jenem Pakistan, von dem ich meinen Freunden stets vollmundig berichtete, an das ich mich aber gar nicht mehr erinnern konnte. Ich war damals nämlich erst zwei Monate alt. Gemeinsam mit meiner Mutter, meiner Tante und meiner Großmutter flogen wir nach Peschawar, wo einige unserer Verwandten als Geflüchtete lebten. Dies betraf sowohl die Familie meines Vaters als auch jene meiner Mutter. Peschawar lag nahe der afghanischen Grenze und gehörte zu den größten Flüchtlingsstädten der Region. Hunderttausende von Afghanen waren in den Jahren zuvor vor dem Krieg und der sowjetischen Besatzung dorthin geflüchtet. Die Familie meiner Mutter, die teils unter der Flagge der Mudschaheddin-Rebellen kämpfte, war ebenso hier anzutreffen wie die unpolitischen Geschwister meines Vaters – jene, die es nicht nach Europa geschafft hatten. Sie fristeten nun ein kärgliches Dasein und waren von ihren Verwandten im Westen finanziell abhängig.

Die große Zahl an Verwandten in Peschawar erklärt rückblickend die viele Post, die uns in Innsbruck aus Pakistan erreichte. Obwohl mir meine Mutter von klein auf die persische Schrift beigebracht hatte, konnte ich die meisten Briefe kaum entziffern. Auf dünnem Papier und mit geschwungener Schrift schrieben meine Onkel und Tanten von ihren Sorgen und Wünschen. Oft ging es um Geld, Krankheiten oder mögliche Verlobungen, die Briefe handelten vom Leben und vom Tod, von gemeinsamen Freuden oder geteilter Trauer. Doch die Inhalte interessierten mich als Kind nicht. Mir ging es nur um die Briefmarken – und auf diesen war meist das Porträt ein und desselben Mannes abgebildet. Er hatte ein glatt rasiertes Gesicht, einen ernsten Blick und trug eine Karakulmütze Mohammad Ali Jinnah, der Gründer des pakistanischen Nationalstaats. Ich hatte damals keine Ahnung, wer er war. Ich wusste nur, dass ich viel zu viele Marken mit seinem Antlitz besaß und dass sie wahrscheinlich nichts wert waren. Lange dachte ich, dass es sich bei Jinnah um einen Afghanen handeln würde. Ich wusste nicht, dass der Großteil meiner Familie im Exil lebte, sondern dachte, dass die Briefe aus Afghanistan kämen. Irgendwann klärte mich meine Mutter auf und meinte, Afghanistan und Pakistan seien Nachbarstaaten. Und sie erklärte mir auch, wer Jinnah war, dass er Pakistan gegründet hatte, nachdem Britisch-Indien zerfallen war. Die Geschichte beider Länder war eng miteinander verwoben. Das beste Beispiel hierfür war etwa meine Großmutter Bibi Jaan. Als sie mit uns nach Peschawar reiste, war es für sie in vielerlei Hinsicht auch eine Rückkehr. Sie war in dieser Region aufgewachsen, bevor sie nach Kabul kam, um meinen Großvater zu heiraten. Meiner Mutter fiel es bereits am Flughafen schwer, in Pakistan zurechtzukommen, aber Bibi Jaan unterhielt sich mit den Grenzpolizisten sofort auf Urdu und Paschto. Sie stammte aus einer namhaften paschtunischen Familie. Die Paschtunen waren die Gründer des modernen Afghanistans und verteilen sich bis heute auf verschiedene Stämme. Meine Großmutter gehörte dem Stamm der Momand an. Außerdem führte eine direkte Verwandtschaftslinie von ihrer Mutter zum afghanischen König Amanullah Khan. Doch in Afghanistan ist die väterliche Linie entscheidend, weshalb ihr «blaues Blut» keine Rolle spielte.

Die Momand leben im Gebiet des heutigen Afghanistans und Pakistans. Bibi Jaans Vater hieß Jahangir, was so viel bedeutet wie «jemand, der nach der Welt greift». Doch Jahangir Khan Momand war ein lokaler Stammesführer, der zunächst einmal nur nach der Unabhängigkeit seines Landes strebte. Afghanistan wurde im kolonialen Zeitalter zum Schauplatz des sogenannten «Great Game» zwischen Großbritannien und dem russischen Zarenreich; letzteres war vor allem in Zentralasien aktiv. Am Hindukusch unternahmen die Briten mehrere kriegerische Kolonialisierungsversuche. 1893 hatte die Krone einen ihr freundlich gesinnten Herrscher in Kabul eingesetzt, Emir Abdur Rahman Khan. Als Dank ließ dieser die sogenannte Durand-Linie ziehen, eine Grenze, die zwischen den paschtunischen Stammesgebieten verlief und nach dem britischen Diplomaten Sir Mortimer Durand benannt war. Sie sollte Britisch-Indien von Afghanistan trennen. Während der Emir Genozide verübte, Vertreibungen durchführen ließ und die eigene Bevölkerung unterdrückte, wurde die afghanische Außenpolitik ausschließlich von den Briten bestimmt. Nach Ende des Ersten Weltkriegs nutzte König Amanullah, der Enkel von Abdur Rahman, die Gunst der Stunde, griff Britisch-Indien an und löste damit den Dritten Anglo-Afghanischen Krieg aus, auch um von eigenen innenpolitischen Versäumnissen abzulenken. Er ließ hauptsächlich Stammeskrieger wie Jahangir Khan Momand, den Vater meiner Großmutter, für sich in den Krieg ziehen. Am Ende konnten die Afghanen ein erschöpftes Großbritannien abwehren und ihre außenpolitische Unabhängigkeit erkämpfen. Doch der Preis war hoch. Hunderte Stammeskrieger wurden getötet, und König Amanullah war gezwungen, die britische Durand-Linie dauerhaft anzuerkennen.

Unter den Kriegsopfern war auch Jahangir Khan Momand. Bibi Jaan und ihre Familie konnten sich damit schmücken, dass ihr Vater auf hohem Ross und mit dem Schwert in der Hand zum Märtyrer geworden war, doch der Verlust stellte eine Zäsur dar. Meine Großmutter wuchs ohne ihren Vater auf. Als im September 2022 die britische Queen im Alter von 96 Jahren verstarb, schwappte eine Welle der Trauer durch die westliche Welt. Mir fiel es schwer, daran anzuschließen. Mit ihrem britischen Königreich assoziiere ich in erster Linie die letzten Züge eines unmenschlichen Kolonialismus und die Traumata meiner Großmutter. Ähnlich ging es vielen Menschen im Globalen Süden. Selbst der Koh-i-Noor-Diamant, das Kronjuwel der Queen, schmückte einst den Kopf indischer Herrscher und afghanischer Könige, bis sie vom Empire gestohlen wurden.

Der letzte Anglo-Afghanische Krieg bedeutete jedoch längst nicht das Ende der Geschichte in der Region. Mitte des 20. Jahrhunderts erklärte sich Indien von Großbritannien unabhängig. Gleichzeitig wurde Pakistan von einer Gruppe indischer Muslime gegründet. An der Spitze dieser Bewegung stand der Mann auf der Briefmarke, Mohammad Ali Jinnah. Die paschtunischen Stammesgebiete, die Emir Abdur Rahman Khan zur Sicherung der eigenen Macht einst den Briten geschenkt hatte, wurden ein Teil des neuen pakistanischen Nationalstaats. Millionen einander zugehörige Menschen, die durch eine willkürliche Grenzziehung auseinandergerissen worden waren, blieben nun dauerhaft voneinander entfremdet. Dieses Schicksal traf auch die Familie meiner Großmutter. Zu den meisten ihrer Verwandten pflegen wir heute keinen Kontakt, weil wir sie schlichtweg nicht kennen. Sie wurden aus unserer Familiengeografie getilgt – oder wir aus ihrer. Viele Menschen aus Afghanistan fanden in Pakistan eine neue Heimat, in der sie glücklich wurden. Doch für afghanische Nationalisten ist das Land weiterhin der Erzfeind. Vor einigen Jahren machte in den sozialen Medien eine ungewöhnliche Weltkarte die Runde. Sie zeigte auf, welche Staaten in den unterschiedlichen nationalen Gesellschaften als besonders große Bedrohung wahrgenommen werden. Im Fall der USA oder Israels dominierte die iranische Flagge, während in Iran und Russland «Stars and Stripes» am feindseligsten eingeschätzt wurden. Pakistan war nur in zwei Ländern der Welt verhasst: in Indien und Afghanistan. Für viele Pakistani sind die afghanischen Ressentiments nicht nachvollziehbar, weshalb sie ihre Nachbarn oft als «namak haram» bezeichnen, ein Schimpfwort für Menschen, die Gastfreundschaft missbrauchen. Immerhin habe Pakistan Millionen von ihnen aufgenommen, als diese Schutz suchten. Das ist allerdings nur die halbe Wahrheit. Gleichzeitig hat die pakistanische Machtpolitik der letzten Jahrzehnte enorm dazu beigetragen, dass Afghanistan im Chaos versank. Topterrorist Osama bin Laden wurde im Jahr 2011 bekanntlich nicht in Afghanistan, sondern in der pakistanischen Garnisonsstadt Abbottabad – benannt nach dem britischen Kolonialisten James Abbott – aufgespürt und liquidiert. Wegen ihm und der Anschläge vom 11. September marschierten die USA und ihre Verbündeten überhaupt erst in Afghanistan ein und führten dort zwei Jahrzehnte lang einen Krieg, der ins Nirgendwo und am Ende zur Rückkehr der Taliban geführt hat. Rückblickend machen viele Afghanen Pakistan dafür mitverantwortlich. Dass Mohammad Ali Jinnah, der Gründer des pakistanischen Nationalstaats, all diese Konflikte bis heute symbolisiert, wusste ich als Kind noch nicht. Für mich war er nur der Mann auf einer wertlosen Briefmarke.

Der Gesang des Unbekannten

Im Sommer 2023 saß ich mit meinem Freund Bezhan Karimi in einer Rikscha nahe der Kabuler Altstadt. Plötzlich fiel mir ein, dass Kharabat, das alte Musikerviertel der afghanischen Hauptstadt, nur wenige Meter entfernt lag. «Lass uns dort hingehen», sagte ich zu Bezhan voller Elan. Er nickte, bestand in gewohnt afghanischer Manier darauf, den Fahrer zu bezahlen (was ich natürlich nicht zuließ), und wir stiegen aus. Bezhan ist nicht irgendein Freund. Seit Generationen sind wir miteinander verbunden, denn unsere Familien waren in der Vergangenheit Nachbarn. Sein Vater gehörte zu den engsten Freunden meines

Onkels, Kaka Hamed. Sie wuchsen miteinander auf und erlebten die Anfänge des Krieges gemeinsam. Irgendwann trennten sich die Wege der Familien Feroz und Karimi. Meine Cousins und ich wuchsen in Europa auf, während Bezhan und seine Geschwister gezwungen waren zu bleiben. So «attraktiv» die Flucht in den Westen für viele Afghanen ist, so gibt es auch viele, die den schwierigen Umständen trotzen. Bezhans Vater etwa. Deshalb lebt seine Familie weiterhin in Kabul. «Vielleicht hätte ich mein ganzes Geld nicht für Bildung, sondern für einen Schlepper aufwenden sollen», sagte mir Bezhan im letzten Sommer, als wir in einem Café saßen und Cappuccino tranken. Seit einigen Jahren studiert er abends an der Kabuler Universität; tagsüber schuftet er in einer Fabrik am Stadtrand. Sein monatlicher Lohn inklusive Fahrtkostenersatz: rund hundert Euro. Die Route nach Europa hätte ihn mehrere Tausend Euro gekostet – ihm aber womöglich eine bessere Zukunft gebracht als im Afghanistan der Taliban.

Bezhan ist einer der gläubigsten Afghanen, die ich kenne. Er kennt sich gut aus mit der Scharia, dem islamischen Rechtssystem, oder den Hadithen, den Überlieferungen über den Propheten Mohammad. Das alles spielte allerdings keine Rolle, als er sich jüngst in einer Diskussion mit seinem neuen Taliban-Professor, der an der Kabuler Universität mittlerweile das Sagen hat, wiederfand. Bezhan und einer seiner Kommilitonen wollten vom Talib wissen, warum Haibatullah Akhundzada, der Führer der Taliban, der aktuell den höchsten islamischen Titel «Führer der Gläubigen» trägt, im Verborgenen lebt und sich nicht zeigen will. Tatsächlich gibt es keine Videoaufnahme von Akhundzada und nur ein einziges Foto aus vergangenen Jahren. Die Antwort des Professors hatte es in sich: «Ihr habt keine Fragen zu stellen. Er könnte doch auch Gott nicht sehen. Glaubt einfach an unseren und euren Führer, und es ist gut.» Bezhan war schockiert.

Die Taliban werden nicht nur im Westen, sondern auch in Afghanistan für religiösen Extremismus gefürchtet. Sie verteufeln im Vorlesungssaal heute den Säkularismus und jede weltliche Bildung, betreiben damit aber selbst Ketzerei gegen den Islam. Bezhan, der gewöhnlich die traditionelle afghanische Herrenbekleidung Peran Tumban liebt, trug noch im vorherigen Jahr Jeans und Hemd. «Das ist meine persönliche Form des Protests», meinte er damals noch und spielte auf den Dresscode an, den die Taliban der afghanischen Gesellschaft auferlegten. Mittlerweile hatte er seinen Widerstand aufgegeben und trug neben dem Peran Tumban auch einen deutlich längeren Bart. Tatsächlich hatte ich ihn noch nie so vollbärtig gesehen. Er musste sich unterwerfen, andernfalls hätte man ihn an der Universität nicht länger geduldet. Überall im Land patrouilliert die Sittenpolizei der Taliban. Am Arbeitsplatz heißt das: Männer haben Peran Tumban, Bart und ein Gebetskäppchen zu tragen, die Frauen müssen sich strikter als zuvor verdecken. Es gibt zwar keine «Burka-Pflicht», doch die meisten Afghaninnen, die ich in den Städten angetroffen habe, trugen schwarze Schleier, während sie ihr Gesicht mit einer medizinischen Maske verdeckten, obwohl die Corona-Pandemie auch in Afghanistan keine große Bedrohung mehr ist.

Die letzten Jahrzehnte haben das Leben in den Gassen Kabuls verändert. Die einstigen Bewohner sind vor Krieg und Terror geflüchtet, und andere, meist deutlich ärmere, Afghanen aus anderen Provinzen haben sich in der afghanischen Hauptstadt angesiedelt. Eine Entwicklung, die unter anderem zu einem rasanten Anstieg der Einwohnerzahl geführt hat. Ähnliches ist auch in Kharabat der Fall. Einst lebten hier viele Sikhs und Hindus. Mittlerweile haben die meisten Mitglieder dieser religiösen Minderheiten wegen der Verfolgung und Unterdrückung das Land verlassen. Der nahegelegene Sikh-Tempel steht mittlerweile leer und ist verriegelt. «Die sind schon längst in Indien oder in Kanada», sagte ein Händler, der neben dem Tempel arbeitete. Wer durch die Gassen von Kharabat läuft, bemerkt viele neue Gesichter. Einige von ihnen sprechen Paschto, andere Farsi-Dialekte aus den nördlichen Regionen des Landes. Das originale Kabuli, der persische Dialekt der afghanischen Hauptstadt, ist zwar noch vorhanden. Allerdings trifft man ihn nun seltener an.

«Hier hat sich vieles verändert, doch solange wir hier sind, wird vieles auch gleichbleiben», sagte Asadullah Cheshti lächelnd. Er trug einen sauberen, weißen Peran Tumban, eine grünschimmernde Weste und hatte seine langen, weißen Haare elegant zurückgekämmt. Seine etwas dunklere Hautfarbe ließ erahnen, dass Cheshtis Vorfahren, ähnlich wie die meisten «echten» Kharabatis, vor Jahrhunderten von Indien nach Afghanistan kamen – und ihre traditionelle Musik hierherbrachten. Bis heute ist Kharabat bekannt als das ehemalige Musikerviertel Kabuls. Praktisch alle Meister der klassischen afghanischen Musik, Männer wie Mohammad Hossain Sarahang, Abdul Mohammad Hamahang oder Rahim Bakhsch, stammten von hier. Den 60-Jährigen Cheshti, der Kharabat wie seine Westentasche kennt, traf ich durch Zufall. Seit fast einem halben Jahrhundert spielte Cheshti Tabla. Er war mit den beiden Trommeln sprichwörtlich aufgewachsen und gehörte zu den Schülern einer weiteren Legende aus Kharabat, Mohammad Haschem Cheshti, dessen Beinamen er aus Respekt vor seinem Meister angenommen hat.

Heute sollte Assadullah Cheshti eigentlich die nächste Generation der Tablaspieler Kharabats ausbilden. Doch seit die Taliban abermals die Macht im Land übernommen haben, werden weder Instrumente gespielt noch Lieder gesungen. Bereits während des ersten Taliban-Regimes der 1990er-Jahre erließen die

Extremisten ein Musikverbot. Fernsehgeräte oder Kassetten wurden beschlagnahmt und zerstört, Musiker verbannt. Fünf Jahre lang herrschte in Afghanistan Totenstille. Mittlerweile erscheint zumindest nicht alles so schlimm wie damals. Doch in einigen Regionen des Landes wurden Instrumente zerstört und Musiker gefoltert. Wer im Auto mit Musik erwischt wird, bekommt häufig Probleme oder muss zumindest mit abfälligen Sprüchen der Taliban-Fußsoldaten rechnen. Radiosender spielen nur noch Koranverse. Auf Hochzeiten darf keine Livemusik mehr gespielt werden, weshalb die eigenen YouTube-Playlisten herhalten müssen. Hierfür muss man sich im Vorfeld meist mit den lokalen Taliban-Kämpfern arrangieren und sie gegebenenfalls mit warmen Mahlzeiten vom Hochzeitsbuffet und Bargeld schmieren.

Alle Musiker, auch Asadullah Cheshti und seine Söhne in Kharabat, sind arbeitslos geworden und müssen sich anderweitig über Wasser halten. «Wir haben nichts anderes gelernt. Wir können nicht plötzlich einen Laden führen oder Essen verkaufen», beschwerte sich Cheshti und erklärte, dass er praktisch zum Scheitern verurteilt sei. Viele aus seiner Zunft hätten das Land verlassen, doch er wollte diesmal bleiben. Wie viele Afghanen lebte einst auch Cheshti jahrelang als Geflüchteter im Nachbarland Pakistan. Er musizierte in den Flüchtlingslagern Peschawars oder in den Gasthäusern Waziristans. Sein Handwerk wurde geschätzt. Selbst die Taliban wissen, dass die Musiker Kharabats keine billigen Hochzeitssänger sind, sondern echte Meister, deren Gesänge und Musik meist mit vielen Aspekten des spirituellen Islams und des Sufismus zusammenfließen. «Sie kamen hierher, sahen unsere Instrumente und meinten etwas ehrfürchtig, dass von nun an nicht mehr gespielt werden dürfe», sagte Asadullah Cheshti, während einer seiner Söhne in einem kleinen Kiosk saß und einem Kunden Energy-

Drinks und Zigaretten verkaufte. Den Kiosk hatte Cheshti mit seinem letzten Ersparten gekauft, um die Existenz seiner Familie zu sichern. Früher war der Tabla-Meister ausgebucht, und seine Söhne studierten die Musik, um irgendwann in die Fußstapfen des Vaters zu treten.

Afghanistan und Musik waren für mich stets untrennbar. Viele Afghanen und Afghaninnen in der Diaspora lernen ihre Heimat zuallererst über Musik kennen. Früher mittels Ton- und Bildträgern, die heute kaum noch existieren: Kassetten und Videobänder. Meist legten sie einen langen Weg zurück, um in die Wohnzimmer des Westens zu gelangen. Sie wurden per Post versendet oder über Tausende von Kilometern auf einer mühseligen und gefährlichen Fluchtroute mitgetragen. Auch meine Eltern hatten ihre Lieblingskassetten, die sie auf unserem roten Grundig-Rekorder rauf- und runterspielen ließen. Es waren die Alben von Ahmad Zahir, dem «afghanischen Elvis», der früher die Kabuler Jugend verzauberte – bis er höchstwahrscheinlich auf Geheiß von Diktator Hafizullah Amin ermordet wurde –, von Hangama und Ahmad Wali, die oft als Duett auftraten und deren Kinder mittlerweile in die Fußstapfen ihrer Eltern getreten sind, oder Haidar Salim, der bis heute als lebende Legende gilt. Dann gab es natürliche die Größen aus Kharabat, die ich dank der Videokassetten, die Bibi Jaan aus Peschawar mitgenommen hatte, schon früh kennenlernen durfte: Rahim Bakhsh mit dem dünnen Schnurrbart und den etwas fülligeren Ustad Sarahang. Während sie sangen, waren sie meist von einer ganzen Truppe von Musikern mit Instrumenten umgeben. Neben Tabla und Harmonium gab es meist noch die Rubab, ein Saiteninstrument. Ähnlich wie Assadullah Cheshti war jeder dieser Männer ein Großmeister. Nur die Besten der Besten durften mit Bakhsh oder Sarahang auf der Bühne sitzen.

Traditionelle afghanische Musik wird nicht stehend gespielt.

Das lernte ich früh, denn auch mein Vater war und ist ein begabter Musiker. Er beherrschte das Harmonium und kannte die Stücke von Nashenas alias Sediq Fitrat. «Nashenas» bedeutet «der Unbekannte». In den 1970er-Jahren sang er für den afghanischen Staatsrundfunk. Da er allerdings aus einer konservativen Familie stammte, aus der üblicherweise Kleriker, Theologen und Richter hervorgingen, wagte er es nicht, unter seinem echten Namen aufzutreten. Deshalb erlangte er als «der Unbekannte» Berühmtheit, bevor ihm sein Vater nach vier Jahren auf die Schliche kam. «Ich muss von einem Fremden erfahren, was in meinem eigenen Haus passiert. Das, was du tust, ist eine große Schande.» Er untersagte seinem Sohn fortan das Musizieren. So sehr die meisten Afghanen ihre Musik und ihren Gesang lieben, werden Musiker als vermeintliche Taugenichtse bis heute mit diversen Schimpfwörtern verunglimpft. Man darf Nashenas, Ahmad Zahir, Hangama und Co. großartig finden, aber ihnen ja nicht nacheifern. Das würde Schande über die Familie bringen – eine Einstellung, die noch mein Großvater teilte. Er erlaubte meinen Vater zwar, klassischen Musikunterricht bei einem indischen Meister zu nehmen. Allerdings machte er ihm auch klar, dass er sich über eine künftige Karriere als Musiker besser keine Illusionen machen sollte. Der Beruf sei unanständig, und wer vor einem Publikum singe, habe weder Anstand noch Scham. Außerdem könne man mit Harmonium und Tabla kein Land aufbauen. Dazu bedürfe es Ärzten, Ingenieuren, vielleicht noch Journalisten und Politikern. Ich glaube, dass mein Vater meinem Großvater diese Engstirnigkeit nie verziehen hat. Meist sang er auch in unserer Wohnung allein die melancholischsten Lieder des «Unbekannten». Dabei klang seine Stimme jener Nashenas unheimlich ähnlich, weshalb man wohl zurecht sagen kann, dass hier viel Potential ungenutzt blieb. Auch Sediq Fitrat schmerzt trotz seiner Berühmtheit noch heute, dass sein mittlerweile verstorbener Vater ihn nie als Musiker anerkannt hat.

Es gibt viele Gefühle, die ich mit afghanischer Musik in Verbindung bringe. Eine Reise durch Afghanistan ist ohne diese Klänge für mich und viele Afghanen undenkbar. Man lauscht den Gesängen von Heimat, Liebe oder Krieg, während man durch atemberaubende Landschaften fährt oder eine Tasse grünen Pausentee trinkt. Es hat eine traurige und bittere Ironie, dass viele Musiker aus der Diaspora heraus ebenjene Berge, Wälder und Flüsse besingen, obwohl sie sie mit ihren eigenen Augen noch nie gesehen haben. Dass selbst diese einfache Art der Lebenslust im kriegsversehrten Afghanistan nicht mehr möglich ist, mussten meine Freunde und ich am eigenen Leib erfahren. Aber dazu später mehr.

Lange bevor ich Afghanistan bereiste, war ich mit afghanischer Musik bereits bestens vertraut. Die Kassetten von Nashenas sind mir auch deshalb besonders in Erinnerung geblieben, weil mein Vater sie abspielte, wenn wir im Sommer in unserem alten Mercedes nach Deutschland fuhren. Die Fahrt dauerte meist acht bis zehn Stunden, weil sich mein Vater andauernd verfuhr, während Nashenas aus dem Radio krächzte. «Komm, es ist die Nacht des Mondes. Komm, es ist die Nacht des Mondes.» «Unser Kandahar ist die Heimat der Löwen.» Es waren Zeilen wie diese, die so gar nicht zu unserem Ziel passen mochten. Seit einigen Jahren lebte meine Tante, Ama Laila, gemeinsam mit der Familie meines Onkels, Kaka Hamed, im hessischen Hanau. Für mich und meine Geschwister war es meist besonders deprimierend, in diese karge Industriestadt, die einst von den Alliierten plattgebombt wurde, zu fahren, während unsere Freunde und Schulkameraden die Ferien irgendwo am Meer verbrachten und in unseren Augen «richtig» verreisten. Ama Lailas enge Sozialwohnung, die in einer kleinen Betonsiedlung nahe der Dunlop-Fabrik lag, machte das Ganze nicht besser. Wir schliefen auf Matratzen am Boden, besuchten Verwandte, aßen Döner und Eis auf der Einkaufsstraße oder saßen mit Ama Laila im McDonald's. Meine Cousins und Cousin bemühten sich, unsere Stimmung aufzulockern. Sie zeigten uns Orte, die wir noch nicht kannten, luden uns zum Essen ein oder kauften uns kleine Geschenke. Besonders viel Humor bewies mein Onkel, Kaka Hamed. Er «entführte» uns manchmal auf eine Spritztour. Im Anschluss gab es dann Kebab bei seinem Lieblingsimbiss, und sein falsch geparktes Auto versperrte die halbe Straße. «Lasst uns in Ruhe. Wir genießen gerade den Moment», rief er Autofahrern hinterher, die sich beschwerten oder ihm den Vogel zeigten. Am 19. Februar 2020 ermordete der 43-jährige Tobias Rathjen in jenem Hanau neun Menschen mit Flucht- und Migrationserfahrung. Unter den Opfern befanden sich auch die beiden aus Afghanistan stammenden Brüder Sayed Nesar und Sayed Edris Hashemi. Sayed Nesar verstarb, während Sayed Edris schwerverletzt überlebte. Die beiden Jungs waren mit meinen Cousins aufgewachsen. Einer von ihnen war Azubi in ihrer Versicherungsfirma. Sie waren aus Afghanistan vor Krieg und Terror geflüchtet, um in Deutschland dem rechten Terror zum Opfer zu fallen. Rathjen ging besonders perfide vor und griff seine Opfer an Orten an, an denen sie sich sicher fühlten: in Kiosken und Shisha-Bars.

Als mich die Nachrichten aus Hanau erreichten, sorgte ich mich sofort um meine eigene Familie. Meine Cousine Ghezal, die aufgrund ihres Kopftuchs eindeutig als Muslima zu erkennen ist, betrieb damals ein kleines Café in der Innenstadt. Die migrantische Community in Hanau ist groß, aber überschaubar. Geflüchtetenkinder, Gastarbeiterfamilien der ersten und zweiten Generation. Jeder kennt jeden. Das fiel uns auch auf, als wir noch unsere Sommerwochen dort verbrachten. Vor allem meinem Vater, der in solchen Communitys in Innsbruck nie Anschluss finden konnte, gefiel das damals. Hier könnte man vielleicht einen echten Neustart wagen und Akzeptanz finden, war sein aus heutiger Sicht naiver Gedanke. Unsere Rückfahrten aus Hanau waren meist ebenso ermüdend wie die Hinfahrten. Hinzu kamen die Launen meines Vaters, der sich während unseres «Urlaubs» wieder einmal mit seinen Geschwistern gestritten hatte. Am Ende wurden sie doch alle von ihren Problemen, Existenzängsten und Kriegstraumata eingeholt. Das Einzige, was uns dann aufheiterte, waren die Stimme und Musik des Unbekannten.

Heiliges Land

Nach unserem Flug stand ich im Frühling 2014 vor einem Haustor im Westen Kabuls. Die Sonne und der allgegenwärtige Staub der Hauptstadt schlugen mir ins Gesicht, während ich etwas nervös umherblickte. Dann haute ich mehrmals fest gegen das Tor. Der metallische Klang des Blechs war unüberhörbar. Einer der vielen Straßenhunde der afghanischen Hauptstadt horchte auf und begrüßte mich mit einem Jaulen. Ich hatte den Eindruck, dass die Reise, die mein Vater vor mehr als drei Jahrzehnten begonnen hatte, in gewisser Weise erst jetzt ihr Ende fand. Ich stand vor seinem Haus, das ich mit der Hilfe meiner Mutter ausfindig gemacht hatte: in Mirwais Maidan im Kabuler Stadtteil Deburi. Eine Adresse zu finden, ist in Afghanistan nicht immer einfach. Oft fehlen Straßennummern. Stattdessen muss man sich an anderen Kennzeichen wie «letztes Haus an der Hauptstraße» oder «neben dem Haus von Soundso» oder «gegenüber der Hajji-Yaqoub-Moschee» orientieren. Deburi gehört zu den älteren und besseren Gegenden Kabuls. Die Straßen sind sauber und ordentlich gepflastert. Die meisten Einwohner des Stadtteils sind multiethnisch und haben die unterschiedlichsten Hautfarben und Gesichtszüge. Doch wie die Familie meines Vaters betrachten sie sich als «echte Kabulis», die sich hier im Gegensatz zu den Hunderttausenden von Menschen, die in den letzten Jahren in die Hauptstadt gezogen sind, tatsächlich zuhause fühlen.

Ganz richtig ist das allerdings auch nicht. Viele Menschen in Deburi sind Nachfahren von Paschtunen aus dem Süden oder Osten Afghanistans, die erst im Laufe der Zeit zu Kabulis geworden sind. Dies betraf auch die Vorfahren meines Vaters, die von weither kamen und sich vor mehr als einem Jahrhundert in Kabul ansiedelten. Bevor sie nach Deburi zogen, lebten sie in einer Gegend namens Bagh-e Ali Mardan, was übersetzt «Garten des Ali Mardan» bedeutet. Ali Mardan war, wie sein Zweitname verdeutlichte, kurdischer Herkunft und wurde einst vom Mogulherrscher Shah Jahan, der in Agra bei Delhi den berühmten Taj-Mahal-Palast für seine Frau errichten ließ, nach Kabul und Kandahar entsandt. Damals, im 17. Jahrhundert, waren diese beiden Provinzen ein Teil des Mogul-Reichs, und Ali Mardan war ihr Verwalter. Die Frage, wie viele Afghanen – einschließlich meiner eigenen Familie – neben ihren paschtunischen, tadschikischen, usbekischen oder arabischen auch noch kurdische Wurzeln haben, lässt sich heute schwer sagen. Fest steht aber, dass sich der Kurde Ali Mardan und seine Sippschaft in Afghanistan mit der lokalen und damals bereits sehr heterogenen Bevölkerung vermischten. Ähnlich verhielt es sich mit anderen Herrscherfamilien, die im Laufe der Jahrhunderte durch das Land zogen. Das heutige Afghanistan war schon immer ein Schmelztiegel verschiedener Völker, die auf je eigene

Art ihre Spuren in Kultur und Geschichte des Landes hinterlassen haben.

Mit diesen kulturellen Feinheiten beschäftigt sich im heutigen Afghanistan jedoch kaum jemand. Vielmehr geht es hier seit Jahren tagtäglich um das blanke Überleben. Ein Umstand, der mir während meiner ersten Reise nach Kabul auch in Deburi auffiel. Eisverkäufer und Gemüsehändler fuhren mit ihren Karren auf und ab und boten ihre Waren an. «EIN KILO OKRA FÜR ZEHN AFGHANI! EIN KILO OKRA FÜR ZEHN AFGHANI!», tönte aus den Lautsprechern eines Mannes. Wie die meisten anderen Straßenhändler hatte er seine Stimme selbst aufgezeichnet und ließ sie nun pausenlos abspielen. Ein kleiner Junge kam mir entgegen und fragte mich neugierig, was mein Anliegen sei. «Suchst du jemanden?», fragte er. Anfangs dachte er, ich würde einen Nachbarn suchen. «Das ist das Grundstück meiner Familie», antwortete ich ihm in der Vorahnung, dass gleich einer oder mehrere Erwachsene dazustoßen würden. Ich wusste, wie schwer dieser Satz in Afghanistan wiegt. Wahrscheinlich hätte ich sensibler sein müssen. Für afghanische Verhältnisse war ich etwas zu direkt.

Wenige Momente später begrüßte mich tatsächlich ein junger Mann und führte mich in den Hof. Der Boden war karg und voller Unkraut, die Bäume trocken und trist. Hier war einst ein prächtiger Garten erblüht, den ich von alten Fotos kannte. Eines dieser Fotos zeigt die ganze Familie Feroz Ende der 1950er-Jahre: meinen Vater, den ich vor allem an seiner Stirn, die meiner ähnelt, erkannte, meine Ama Laila, die sechs Geschwister des Hauses, eine deutlich jüngere Bibi Jaan ohne Kopftuch und meinen Großvater, den schick angezogenen Patriarchen mit dem Clark-Gable-Schnurrbart, der mit übergeschlagenen Beinen auf einem Stuhl in der Mitte Platz genommen hatte und eine Pfeife in der Hand hielt. Das Bild stammt aus einer Zeit, die es zum Zeitpunkt meiner Reise längst nicht mehr gab und die auch nie wieder zurückkehren würde.

Das Haus, das hier früher gestanden hatte, existierte schon lange nicht mehr. Der Krieg hatte es zerstört und weitgehend in Schutt und Asche gelegt. Seinen Platz hatte eine Lehmhütte eingenommen, die auf den Überresten des alten Hauses errichtet worden war. Sie hatte mit den Geschichten, die ich aus meiner Kindheit kannte, nichts mehr zu tun. Der Mann, der hier nun mitsamt seiner Familie lebte, hieß Rashid und war eine Art Aufpasser. Er hatte vor Jahrzehnten von meiner Großmutter den Auftrag erhalten, das Familiengrundstück zu hüten. Nun stand ich auf einmal da, ohne mich angekündigt zu haben, und er war nicht zuhause. Stattdessen machte ich Bekanntschaft mit seinem Sohn. Dass ausgerechnet ein Enkel des verstorbenen Patriarchen aus Europa angereist war, überraschte und verunsicherte ihn. Ich bemerkte, dass ich auf ihn nicht gerade den Eindruck eines typischen Exilafghanen machte. Er war nicht der Erste, der so reagierte. Ich passte mich in Kabul schnell an, aß alles, was man mir servierte (glücklicherweise ohne davon krank zu werden) und merkte zum ersten Mal, dass die Sprachkenntnisse, über die ich dank meiner Eltern verfügte, deutlich besser waren als jene der durchschnittlichen Diaspora-Jugend. Auch Rashids Sohn hatte wohl etwas anderes erwartet, wahrscheinlich gebrochenes Dari und schicke europäische Kleidung. Doch ich stand da in meinem Peran Tumban, vollbärtig und mit einem Tuch um den Hals, wie es gerne in Kabul und anderswo in Afghanistan getragen wird. War der fremde Afghane etwa angereist, um sie, die seit Jahren hier lebten und das Haus meines Vaters als ihr neues Zuhause betrachteten, in die Obdachlosigkeit zu schicken?

Natürlich hatte ich nichts Derartiges im Sinn. Und selbst wenn ich es darauf angelegt hätte, wären mir die Hände gebunden gewesen. Erbangelegenheiten sind überall auf der Welt kompliziert. Sie offenbaren meist die schlechtesten Seiten am Menschen. Ich habe Freunde und Bekannte in Tirol, deren Eltern, Onkel und Tanten wegen eines vererbten Hofes den Kontakt zueinander abgebrochen haben, weil sich eine Seite benachteiligt oder hintergangen fühlte. Ich habe von Fällen gehört, in denen der befreundete Notar besonders wichtige Schriftstücke zugunsten des einen Bruders verschwinden ließ, während die anderen Geschwister den Tod der Mutter kaum abwarten konnten. Gleichzeitig schien mir das Erben auch ein fernes Privileg zu sein. Meine Familie konnte sich im teuren Innsbruck keine Eigentumswohnung leisten, was für viele meiner Freunde aus dem Gymnasium unvorstellbar war. Sie hatten reiche Eltern bzw. Großeltern oder «Gotis», wie im Tirolerischen die Taufpatinnen genannt werden. In Innsbruck galt außerdem die Regel: Je höher eine Familie wohnte, desto wohlhabender war sie. Der Kontrast zu den schicken Häusern in Sadrach, Arzl oder auf der Hungerburg waren die Plattenbauten im Olympischen Dorf oder in der Reichenau. Sie lagen am Rand der Stadt in der Nähe von Industriegebieten und wurden hauptsächlich von Arbeitern oder Migrantenfamilien bewohnt.

Allerdings verdeutlichten mir die afghanischen Erbangelegenheiten meiner Familie nun auf einen Schlag, dass ich mich in Kabul nicht sonderlich von einigen meiner Innsbrucker Freude unterscheiden würde. Ich hätte hier ebenfalls Anspruch auf ein fettes Erbe. Während ein großer Teil der Bevölkerung hungern würde, wären meine Familie und ich hier de facto Millionäre. Allerdings habe ich auch gelernt, dass Erbstreitigkeiten in Afghanistan völlig andere Ausmaße annehmen können. Immerhin handelt es sich um ein Land, das seit Jahrzehnten von Krieg und Vertreibung heimgesucht wird und in dem es keinen funktionierenden Rechtsstaat gibt. Auch in Tirol oder anderswo galt einst das Recht des Stärkeren und Grausameren. In Afghanistan gilt es bis heute. In Österreich oder Deutschland rissen sich früher Raubritter oder Kriegsfürsten ganze Landstriche unter den Nagel. Es ist ungerecht, dass deren Nachfahren oft bis heute reich und wohlhabend sind und nicht selten zur politischen oder wirtschaftlichen Elite des Landes gehören. Hinzu kommen die Enteignungen während der NS-Zeit, die bis heute einen beträchtlichen Anteil des Reichtums gewisser Familien ausmachen. Der tamilische Essayist Sinthujan Varatharajah und die afghanische Künstlerin Moshtari Hilal, die beide in Deutschland aufgewachsen sind, sprechen in diesem Kontext völlig zu Recht von «Menschen mit Nazihintergrund». Dass dieses Erbe in vielen Fällen bis heute nicht sichtbar gemacht wird, ist ein großer Skandal. Auch die jüngere Geschichte Tirols kennt in dieser Hinsicht Grausamkeiten, die in der öffentlichen Debatte selten zur Sprache kommen. Der bürgerliche Stadtteil Saggen wurde einst von vielen Innsbrucker Juden bewohnt, bis diese von den Nationalsozialisten enteignet und in den Tod deportiert wurden.

Obwohl viele Aspekte dieser Geschichte noch nicht vollständig aufgearbeitet worden sind, gehören sie mittlerweile doch der Vergangenheit an. Demgegenüber treiben in Afghanistan noch heute Warlords mitsamt Privatarmeen ihr Unwesen und bereichern sich mittels roher Gewalt. Sie vertreiben Menschen und holen sich, was sie wollen. Im Prinzip trat diese Praxis wieder in Erscheinung, als die Mudschaheddin-Rebellen in den 1990er-Jahren Kabul eroberten und die Hauptstadt zum Schlachtfeld eines neuen Bürgerkriegs machten. Während der Schreckensherrschaft der Milizionäre verloren viele Afghanen ihr Hab und Gut. Plünderungen, Vergewaltigungen, Mord und andere Gräueltaten waren an der Tagesordnung. Der ausgreifende Landdiebstahl betraf vor allem religiöse Minderheiten wie die afghanischen Sikhs und Hindus, aber auch Geflüchtete, die ihre Heimat bereits Jahre zuvor verlassen hatten. Dasselbe Szenario wiederholte sich Ende 2001, als die NATO unter der Führung der Vereinigten Staaten ins Land einmarschierte und sich ausgerechnet mit jenen Warlords verbündete, die einige Jahre zuvor von den Taliban entmachtet worden waren. Mit der Besatzungsmacht im Rücken höhlten sie jegliche staatliche Institution aus, bedienten sich an den Hilfsgeldern in Milliardenhöhe und beschlagnahmten abermals willkürlich Ländereien. Ein Beispiel hierfür ist etwa ein anderes Grundstück meines Großvaters in der östlichen afghanischen Stadt Jalalabad. Da er bereits vor Jahren verstorben war, schien es ohne Besitzer zu sein. Die *Qawala* (afghanisch für «Grundbuchauszug») lag bei einem meiner Onkel in Pakistan. Doch dieser hatte weder Macht noch Einfluss, weshalb die lukrativ gelegene Immobilie bald von der Familie eines lokalen Kriegsfürsten bebaut wurde.

Mein Vater und seine Brüder konnten dagegen nichts ausrichten, zumal sie im Ausland lebten und mit ihrer Heimat nicht mehr viel am Hut hatten. Die Herrschaften, die im «neuen» Afghanistan das Sagen hatten, waren keine Männer mit Schreibfedern, sondern mit Kalaschnikows. Zum Glück hatten sie sich jenen Garten, in dem ich mich bei meiner ersten Afghanistanreise 2014 wiederfand, noch nicht unter den Nagel gerissen. Hier regierte weiter der von Bibi Jaan, meiner Großmutter, auserwählte Aufpasser, der sich dem Feroz'schen Grundstück verbunden fühlte und es nun nur äußerst ungern wieder hätte verlassen wollen. Immerhin lebte er seit Jahren immer noch dort, nachdem alle anderen längst geflüchtet waren. Er harrte in den kalten Wintern des Krieges aus, während meine Familie in Innsbruck, Frankfurt, Aberdeen oder anderswo in

Sicherheit lebte. Wie viele andere Menschen, die in einer ähnlichen Situation waren, war er der Meinung, dass ihm aufgrund seiner Loyalität und Treue ein gewisses Recht an dem Stück Land zugefallen sei. Ich hätte wahrscheinlich genauso gedacht und gefühlt. Einige meiner Onkel schlugen sich auf die Seite des Aufpassers, aber die anderen, so auch mein Vater, vertraten die entgegengesetzte Position. Wie so oft bei Erbangelegenheiten zerstritten sich auch in meiner Familie die Geschwister, und zwar aufs Heftigste. Sie schmiedeten Intrigen und schwadronierten von den Hunderttausenden von Dollar, die ihnen vermeintlich zustehen würden. Vor allem während der Präsidentschaft von Hamid Karzai schossen durch die zahlreichen ausländischen Investitionen und das internationale Engagement im Land die Bodenpreise in die Höhe. Der Höchstpreis unseres Grundstücks in Kabul lag zu Bestzeiten bei rund zwei Millionen Dollar. Die Gegend gehörte zu den besten der Stadt.

Entgegen afghanischen Gepflogenheiten trank ich keine einzige Tasse Tee mit der Familie unseres Aufpassers und verließ unser Grundstück nach wenigen Minuten abrupt. Mit meinem Smartphone schoss ich einige Fotos und schickte sie meinem Vater über WhatsApp. Während ich gedankenverloren durch Deburi spazierte, fragte ich mich, ob auch ich hier hätte aufwachsen können, wenn in Afghanistan einiges anders gekommen wäre. Wahrscheinlich wären mir die Gesichter der Kinder, die auf den Straßen tollten, und der Handwerker und Bäcker, die fleißig ihren Tätigkeiten nachgingen, dann vertraut gewesen. Ich würde alle Nachbarn beim Namen kennen und sie zu besonderen Feiertagen besuchen, um mit ihnen gemeinsam das Brot zu brechen. Zum islamischen Opferfest hätten wir ein Lamm oder eine Kuh geschlachtet und das Fleisch unter den ärmeren Menschen in der Nachbarschaft verteilt. Nachts wäre ich mit den anderen Kindern und Jugendlichen aus dem Viertel an meiner Teetasse nippend vor einer Gasflamme gesessen und hätte ihren Alltagsgeschichten gelauscht. Im Sommer hätte ich gemeinsam mit meinen Geschwistern auf dem Dach unseres Hauses unter dem freien Kabuler Sternenhimmel genächtigt. Das Gefühl der Heimatlosigkeit wäre mir fremd geblieben.

«Wo liegt dein *Watan*, deine Heimat?», wird in Afghanistan heute gerne gefragt, wenn man wissen will, aus welcher Provinz, welcher Stadt oder manchmal auch aus welchem Dorf der oder die Gegenüber stammt. *Watan* ist eigentlich ein arabisches Wort, das im letzten Jahrhundert vor allem von säkularen Nationalisten im Nahen Osten politisiert wurde. In der Türkei oder in Afghanistan ist der Begriff heute ebenfalls geläufig. In vielen patriotischen Liedern wird von der Schönheit und Einzigartigkeit der Heimat gesungen. *«Da zemung zeba watan»* – «Das ist unsere schöne Heimat», heißt es etwa in dem bekannten Lied des afghanischen Sängers Ustad Awal Meer. Doch *Watan* kann auch zum Problem werden – vor allem, wenn man es anderen Völkern aufzwingen will. In Ländern wie Afghanistan, Iran oder der Türkei hat sich die politische Elite irgendwann gedacht, ein *Watan* nach Vorbild westlicher Nationalstaaten aus dem Boden stampfen zu müssen, um souverän handeln zu können. Man verkaufte das Narrativ von der einigen Nation als antikolonialen Überlebenskampf, doch de facto hatte die politische Elite die Ideen des Kolonialismus längst in sich aufgesogen, um sie nun mittels Gewalt auf die eigene Bevölkerung anzuwenden.

Auch Emir Abdur Rahman Khan hatte viel Zeit mit Briten und Russen, die in seiner Heimat um die Vorherrschaft kämpften, verbracht und sich deren Ideen und Vorstellungen abgeschaut. Seine Schlussfolgerung war, das multiethnische Afghanistan könne nur mittels roher Gewalt und Unterdrückung «befriedet» werden. Erst dadurch ließe sich ein einheitlicher

Staat formen. Dabei verhielt sich der Emir ähnlich kulturrelativistisch wie seine britischen Unterstützer, die mit ihren Kolonialisierungsversuchen Ende des 19. Jahrhunderts bereits zwei Mal gescheitert waren. Während der Herrschaft Abdur Rahmans gehörten Massaker und Vertreibungen zum Alltag. Der Emir ließ seine Untertanen durch ein ausgetüfteltes Spitzelnetzwerk massenhaft überwachen und wiegelte einzelne Volksgruppen und Stämme gezielt gegeneinander auf. Dabei machte er auch vor seiner eigenen Volksgruppe, den Paschtunen, nicht Halt. Zahlreiche paschtunische Stämme wurden von ihm massakriert, zwangsdeportiert und entmachtet, sodass sie seinen Herrschaftsanspruch nicht gefährden konnten. Besonders grausam ging der «eiserne Emir» allerdings gegen die Minderheit der Hazara vor. Die meisten Hazara unterscheiden sich durch ihren schiitischen Glauben bis heute von der sunnitischen Mehrheitsgesellschaft. Das Übrige tat ihre besondere phänotypische Erscheinung. Als britische Kolonialisten erstmals Afghanistan betraten, lobten sie unter anderem die «europäischen» Gesichtszüge der Einheimischen. Gemeint waren damit Paschtunen oder Tadschiken, die nicht selten hellhäutig und blau- und grünäugig waren. Doch Menschen wie die Hazara, die aufgrund ihrer Gesichtszüge bis heute als «mongolisch» bezeichnet werden, wurden systematisch ausgegrenzt. Diese Form des Rassismus kam nicht nur von außen, sondern auch aus der afghanischen Gesellschaft von innen und war mit innermuslimischem Sektierertum gepaart. Verschiedenen Angaben zufolge wurden Zehntausende von Hazara von den Truppen des Emirs getötet. Weitere Tausende wurden zu Vertriebenen, deren Flucht und Deportation sich bis heute nachzeichnen lässt.

Zu den ersten afghanischen Geflüchteten, die ich als Jugendlicher in Innsbruck kennenlernte, gehörten Hazara. Traurigerweise hatte ich von ihnen zuvor meist nur aus abschätzigen Erzählungen gehört, was damit zusammenhing, dass die Hazara seit Jahrhunderten einen der untersten Plätze in der Hierarchie der afghanischen Gesellschaft einnahmen. In ihren Jugendjahren war auch meinen Eltern die Ausbeutung dieser Bevölkerungsgruppe sowie ihr «niederer Stand» aufgefallen. Die Misere konnte man meist schon innerhalb der eigenen vier Wände beobachten. Die Arbeit von Bediensteten oder Hebammen wurde in der Regel von Hazara übernommen. Die Jüngeren im Haus behandelten sie zwar oft wie gleichwertige Familienmitglieder; dennoch waren die Verhältnisse natürlich alles andere als egalitär. Obwohl König Amanullah Khan den Sklavenstatus der Hazara im Zuge seiner modernistischen Reformen später offiziell abschaffen ließ, blieb ihre niedere Stellung innerhalb der Gesellschaft weiterhin erhalten. In vielerlei Hinsicht wurden ihnen Bildung und Aufstiegsmöglichkeiten verwehrt. Als viele Afghanen, einschließlich meiner Eltern, selbst zu Geflüchteten wurden, verdrängten sie dieses dunkle Kapitel der afghanischen Geschichte. Erst viele Jahrzehnte später wurden sie auch im Ausland von der Vergangenheit eingeholt. Bakir, einer meiner Hazara-Freunde aus Innsbruck, sprach etwa nicht nur ein Farsi, das damals in meinen Ohren merkwürdig klang. Er kam auch gar nicht aus Afghanistan, sondern aus Quetta, das in der heutigen pakistanischen Provinz Belutschistan liegt. Bakirs Familie war vor über hundert Jahren von Abdur Rahmans Deportationen betroffen gewesen. Damals lag Quetta noch in Britisch-Indien und galt als Niemandsland. Ein Ort, der eher zum Sterben als zum Leben gedacht war. Wie die meisten anderen Hazara aus Quetta betrachtete sich Bakir allerdings nicht als Pakistaner, sondern fühlte sich eher mit Afghanistan verbunden. Obwohl ebenjener Staat und seine Führer für das grausame Schicksal seiner Familie verantwortlich waren, lag das Herz der Hazara weiterhin im Bamiyan-Tal, in den Steppen Ghaznis oder anderen

Regionen Afghanistans, die zusammenfassend als *Hazarajat* bezeichnet werden.

In den USA wehren sich die Natives gegen Megakonzerne, die ihre Gebiete weiterhin ausbeuten wollen – Reservate, die ihnen nach Vertreibung und Genozid von den weißen Siedlerkolonialisten überlassen wurden, um dort in Armut, dafür aber mit Alkohol und Drogen vor sich hin zu vegetieren. In den südamerikanischen Amazonasgebieten arbeiten mafiöse Abholzungsnetzwerke seit Jahren mit rechten Politikern zusammen, um die indigene Bevölkerung des Regenwalds zu verjagen. In den israelischen Siedlungsgebieten in Ostjerusalem oder dem Westjordanland werden tagtäglich Palästinenser und Palästinenserinnen ihrer Rechte und ihres Wohnraums beraubt. Der Gazastreifen wurde während der jüngsten israelischen Angriffe praktisch unbewohbar gemacht. Die Einwohner der Sahelzone wehren sich bis heute gegen den Kolonialismus des marokkanischen Staates. Die Liste dieser Konfliktherde lässt sich beliebig erweitern. Es gibt sie auf der ganzen Welt – auch in Europa, ja selbst in Tirol. Zugegebenermaßen hat man dort mittlerweile die eine oder andere Lösung für den Kampf um die heiligen Ländereien gefunden. Anfang des 20. Jahrhunderts teilte eine Art Durand-Linie auch Tirol, weil Österreich nach Ende des Ersten Weltkriegs Südtirol an Italien abtreten musste. Hunderttausende von Tiroler befanden sich von einem Tag auf den anderen plötzlich in einem fremden Land und unter fremder Herrschaft. Wer postkoloniale und antiimperialistische Literatur liest, wird feststellen, dass die Annexion Südtirols hier keine Rolle spielt. Dafür mag es verschiedene Gründe geben: Das heutige Südtirol lebt in Wohlstand, es gibt weder Gewalt noch irgendeinen Konflikt. Die Dolomiten werden von Touristen aus aller Welt besucht, und auf den Berghütten werden Tiroler Bauernspeck und italienischer Espresso gleichermaßen serviert. Wie eine japanische Vase, die ihre Bruchstellen stolz präsentiert.

Wie traumatisierend die Ereignisse in Südtirol nach dem Ersten Weltkrieg waren, wird dennoch meist verdrängt und vergessen. Der Tiroler Dramatiker Felix Mitterer hat das damalige Geschehen in seinem Zweiteiler «Verkaufte Heimat» besonders anschaulich dargestellt. Das Stück handelt von verschiedenen Aspekten des südtirolerischen Alltags unter italienischer Herrschaft. Es geht um Familien, die italianisiert werden, Liebesbeziehungen zwischen Tirolern und «Walschn», wie die von Rom eigens angesiedelten Italiener von den Einheimischen genannt wurden, und den Faschismus auf beiden Seiten. So wurden die Südtiroler etwa zum Ziel der repressiven Politik Mussolinis, der ihnen unter anderem die deutsche Sprache verbot. Als Reaktion darauf sympathisierte ein Teil der Bevölkerung mit Hitlerdeutschland und zog ins Nazireich, um dort wiederum auf dem Land vertriebener polnischer Bauern ein neues Leben zu beginnen. Diese «Option» hinterließ jahrzehntelang einen tiefen Riss in der Gesellschaft, da viele der «Optanten» nach dem Zweiten Weltkrieg zurückkehrten und sich dem Konflikt mit den «Dableibern» stellen mussten. Ein anderes Stück des gesellschaftskritischen Mitterer trägt den Titel «Verlorene Heimat» und befasst sich mit den Zillertaler Inklinanten, einer Gruppe von Protestanten aus dem Zillertal, die Mitte des 19. Jahrhunderts von den Katholiken vertrieben wurden und sich deshalb im tschechisch-polnischen Riesengebirge ansiedelten. Eine kleine Gruppe der Inklinanten verschlug es sogar nach Chile, wo ihre Nachfahren bis heute leben. Tatsächlich lassen sich in Südamerika noch weitere Tiroler Gemeinden finden. Meist stammen deren Bewohnerinnen und Bewohner aus dem einst wirtschaftlich prekären Oberinntal. In der Colonia Tirol im brasilianischen Bundesstaat Espírito Santo wird etwa bis heute noch

Tirolerisch gesprochen. Das Leben im Dorf wirkt konserviert und hat sich teils seit über einhundert Jahren nicht verändert. Die neue Heimat wirkt so nah und doch so fern von der alten. Derartige Gemeinden werden bis heute vom Land Tirol subventioniert. So interessant und skurril die Überseedörfer erscheinen mögen, verdeutlichen sie doch nur die Doppelmoral geläufiger Stammtischdebatten. Während man sich über die vermeintlich misslungene Integration von Afghanen, Türken oder Ex-Jugoslawen und deren fortlebendes Heimweh auslässt, ist man gleichzeitig stolz, in Südamerika koloniale Siedlungsprojekte mit Tiroler Einschlag vorangetrieben zu haben. Dass hierfür höchstwahrscheinlich indigene Völker zwangsmissioniert, vertrieben, versklavt oder sogar ermordet wurden, wurde bis heute in keiner Weise aufgearbeitet. Die Suche nach einer neuen Heimat war aus europäischer Sicht stets mit Kolonialisierung und Genozid verbunden.

Es gab Zeiten, in denen man sich in London vor den Anschlägen der IRA fürchtete und in Madrid vor jenen der ETA. Abgesehen von den Südtiroler Bumsern («Befreiungsausschuss Südtirol»), die in den 1950er- und 1960er-Jahren hauptsächlich Strommasten in die Luft jagten, gab es nördlich von Mailand und südlich von Innsbruck nichts dergleichen. In Afghanistan und Pakistan wüten dagegen seit Jahrzehnten auf beiden Seiten der Durand-Linie Terrororganisationen, die Abertausende von Menschen ermordet haben. Vielleicht lässt sich die Lösung für diese Region in Europa finden. Nationalstaatliche Grenzen spielen zumindest für die meisten weißen EU-Staatsbürger keine Rolle mehr. Dank des Schengener Abkommens existieren die Grenzen nur noch auf dem Papier. In vielen Ländern des globalen Südens ist der Übertritt einer Grenze hingegen stets mit zahlreichen Gefahren verbunden. Am afghanisch-pakistanischen Grenzübertritt bei Torkham an der Durand-Linie herrschen dystopische Zustände. Reisende Menschenmassen werden schikaniert, drangsaliert und ausgebeutet, zuletzt im November 2023, als Pakistan Hunderttausende Afghanen zwangsdeportierte. Der Grenzzaun wirkt mitsamt den Grenzpolizisten, die sich gerne schmieren lassen, feindlich und bedrohlich. Der Gedanke, dass er eines Tages irrelevant sein könnte, liegt in weiter Ferne. Doch vielleicht ist die Überwindung dieses Zaunes das utopische Ziel, das die Menschen der Region brauchen: Freiheit, Frieden und eine Heimat für alle.

Bibi Jaan

Mit rund 1,80 Metern war meine Großmutter die größte Person in unserem Haushalt. Sie überragte nicht nur mich, meine Geschwister und meine Mutter, sondern auch all ihre Söhne – wie einst auch ihren Ehemann. Im Afghanischen existieren viele Namen für Mütter oder Großmütter. Hauptsache, sie werden nicht bei ihrem echten Namen genannt, bis dieser tatsächlich von manchen vergessen wird. Lange dachte ich deshalb, dass meine Großmutter «Bibi Jaan» heißt, was so viel bedeutet wie «liebe Großmutter», oder «Shah Bobo», übersetzt «Königin Mutter», wie meine Eltern sie nannten. Solche heroischen Bezeichnungen sind in Afghanistan keine Seltenheit. Meine Mutter nannte ihren Schwiegervater «Sher Agha», also «Herr Löwe», was besonders männlich klingt. Tatsächlich klärte mich erst die Post über den echten Namen meiner Großmutter auf. Auf einem Brief, der vor unserer Haustür lag, war von einer «Shahzada Begum», die angeblich bei uns wohnen würde, die Rede. Meine Mutter nahm mir den Brief ab und meinte, dass er an

Bibi Jaan adressiert sei. Doch auch «Shahzada Begum» hat eine besondere Bedeutung, nämlich «Königsspross» und «Fürstin». Er verwies auf das «blaue Blut» meiner Großmutter.

Bibi Jaan war eine ruhige Frau, die sich langsam und vornehm durch unsere Wohnung bewegte, und das auch nur, wenn sie musste. Sie verbrachte viel Zeit vor dem Fernseher mit verschiedenen Italowestern. Besonders mochte sie die Filme mit dem «Bulligen» und dem «Grünäugigen». So hatte sie Bud Spencer und Terence Hill getauft. «Die rechte und die linke Hand des Teufels», «Vier Fäuste für ein Halleluja» oder «Sie nannten ihn Mücke». Dank Bibi Jaan waren wir mit all diesen Klassikern der Populärkultur vertraut, und obwohl sie fast kein Wort von dem verstand, was die Synchronsprecher sagten, konnte sie stets herzhaft über die Filme lachen. Wie viele andere Afghanen in der Diaspora war Bibi Jaan eine *Musafeera*, eine Reisende. Begriffe wie «Flucht» oder «Migration» werden im Afghanischen eher selten gebraucht. Stattdessen ist meist von «der Reise» die Rede – einer Reise, die begonnen hatte, als man Afghanistan verließ und zum Heimatlosen wurde. Für jüngere Menschen war diese Reise meist einfacher. Sie konnten sich an die neuen Gegebenheiten in den Ankunftsgesellschaften anpassen. Doch für Afghanen und Afghaninnen wie Bibi Jaan, die im hohen Alter ihre Heimat verlassen mussten, war die Reise sowie die damit verbundene neue Umgebung in vielerlei Hinsicht eine Hürde, die sie nie richtig überwanden. Bibi Jaan konnte sich mit niemandem in unserer Umgebung unterhalten. Sie konnte kein Deutsch – und auch andere Sprachen wie Englisch hätten ihr im provinziellen Tirol gewiss nicht weitergeholfen. Wahrscheinlich hätte sich meine konservative muslimische Großmutter mit den erzkatholischen Großmüttern meiner Freunde gut verstanden. Sie hätten sich mit ihnen über ähnliche Erfahrungen ausgetauscht, und wahrscheinlich hätten sie trotz konfessioneller

Unterschiede ähnliche Weltanschauungen. Doch ein Austausch war nicht möglich. Bibi Jaan hatte nur uns – und Ama Laila, meine Tante.

Als *Ama* bezeichnet man im Afghanischen eine Tante väterlicherseits. Ama Laila, eine kleine Frau mit einem bubenhaften Haarschnitt, war Bibi Jaans Anhängsel und saß stets neben ihr. Meine Großmutter hörte sich pausenlos die Klagen ihrer Tochter an und versorgte sie mit Geld. Als Gegenleistung betätigte Ama Laila für Bibi Jaan die Fernbedienung. Omar, mein älterer Bruder, meinte immer, dass mit Ama Laila etwas nicht stimmte. Sie war trotz ihres fortgeschrittenen Alters unverheiratet – ein Makel in der afghanischen Kultur, der jedoch verbreiteter ist, als man denkt. Das Dasein als ewige Junggesellin wirkte sich auf die Psyche meiner Tante aus. Sie führte sich meist wie eine pubertierende Teenagerin auf und machte sich in vielerlei Hinsicht von Bibi Jaan abhängig. Ama Laila gab es nur ohne meine Großmutter, wenn sie ab und zu durch Innsbruck spazierte. Dann war sie meist mit mir unterwegs. Ich, ein kleiner Bursche, der noch nicht einmal die Volksschule besuchte, wurde zu ihrem Begleiter und Beschützer. Ironischerweise hielten wir uns dadurch auch ungewollt an jene gesellschaftlichen Konventionen, die Afghanistan bis heute dominieren.

Kurz nachdem die militant-islamistischen Taliban im August 2021 in Kabul an die Macht zurückkehrten, befürchteten viele Menschen, dass die «alte Ordnung» der Extremisten aus den späten 1990er-Jahren wiedereingeführt werden würde. Teil dieser Ordnung war, dass Frauen das Haus nur in männlicher Begleitung – im islamischen Vokabular spricht man von einem *Mahram* – verlassen durften. Zwar hatten die Taliban die Pflicht zu einem *Mahram* gesetzlich festgeschrieben, damit aber nur eine patriarchale Norm kodifiziert, die innerhalb der afghanischen Gesellschaft sowieso existierte. Auch vor der Machtübernahme der Taliban konnte man in den letzten Jahren in einigen Gegenden Afghanistans durch die Straßen spazieren, ohne eine einzige Frau zu erblicken, obwohl noch die von den USA und ihren Verbündeten gestützte Regierung herrschte. In Kabul sah es jedoch anders aus. Frauen konnten sich dort immer schon freier und unabhängiger bewegen. Die afghanische Metropole ist bis heute eine Ausnahme geblieben. Die Taliban haben hier gegenwärtig große Probleme, die Mahram-Pflicht durchzusetzen. Allerdings war Kabul noch nie repräsentativ für ganz Afghanistan, und selbst dort findet man Haushalte, die mit den Taliban nichts am Hut haben und dennoch der Meinung sind, dass eine Frau ohne männliche Begleitung auf der Straße nichts zu suchen hat. Selbst wenn es sich bei dem «Mann» noch um ein Kind handelt.

Für Ama Laila war ich weder ein *Mahram* noch irgendein Beschützer. Sie betrachtete sich als unabhängige Frau, die keinen Ehemann nötig hatte und sich auch von ihren Brüdern, die allesamt jünger waren als sie, nichts sagen ließ. «Du bist mein Kumpel», sagte sie meist zu mir, während wir durch die Innsbrucker Altstadt flanierten oder im McDonald's saßen. Manchmal lud sie mich auf eine Pizzaschnitte oder einen Hamburger ein. Doch manchmal musste ich auch dabei zusehen, wie sie sich eine Cola oder einen Kaffee gönnte, während ich leer ausging. Wie einige ihrer Brüder hatte auch Ama Laila einen Hang zu Zigaretten. Auch eine rauchende Frau war ein Tabubruch, doch ihrer ältesten Schwester konnten die Brüder nur schwer etwas verbieten. Meine Großmutter scherte das alles wenig. Sie hasste lediglich Kippen-Gestank und verbat sich, dass in ihrer Nähe geraucht wurde. Ama Laila ging ihrem Laster deshalb meist an der Inn-Promenade nach, die nur wenige Gehminuten von unserer Wohnung entfernt lag. Auch meine Tante konnte kein Deutsch, weshalb ich oft als ihr Dolmetscher fungieren musste.

Trotzdem hatte sie Freundinnen, mit denen sie sich in äußerst gebrochenem Deutsch und Englisch stundenlang unterhalten konnte. Unter diesen Frauen befanden sich auch einige Inderinnen, die sich in Innsbruck niedergelassen hatten. Einige von ihnen besuchten auch Bibi Jaan, die sich aufgrund ihrer Hindi-Kenntnisse prächtig mit ihnen unterhalten konnte. Kein Wunder, war sie doch in Britisch-Indien aufgewachsen und nicht im heutigen Afghanistan, wo man neben Usbekisch, Turkmenisch und zahlreichen anderen Sprachen hauptsächlich die beiden Amtssprachen Persisch und Paschto spricht, jedoch kein Hindi bzw. Urdu, wie es vor allem auf dem nördlichen Teil des indischen Subkontinents verbreitet ist. Ironischerweise hat die Bollywoodisierung der regionalen Popkultur in den letzten Jahren und Jahrzehnten dazu geführt, dass viele Afghaninnen und Afghanen in ihrer Heimat sowie im Ausland mit diesen Sprachen bestens vertraut sind, sie zumindest verstehen können und im besten Fall sogar sprechen. Gleichzeitig wurde das indische Kino in den letzten Jahrzehnten maßgeblich von Afghanen und Afghaninnen beeinflusst und verbreitet. Die bekanntesten Schauspieler des Landes, etwa Shahrukh Khan, Salman Khan und Aamir Khan, auch bekannt als die großen «drei Khans», haben allesamt afghanische Wurzeln. Shahrukh Khan, der wohl berühmteste von ihnen, hat mehrmals betont, dass seine Familie aus Peschawar stammt und sein Großvater aus dem heutigen Afghanistan dorthin gezogen sei. Khan ordnet sich dem paschtunischen Stamm der Niazi zu und hat in mehreren Interviews betont, neben Indien und Pakistan auch Afghanistan als seine Heimat zu betrachten. Die Geschichte Indiens ist in vielerlei Hinsicht mit Afghanistan verwoben. In den letzten Jahrhunderten zog es vor allem viele Paschtunen in das Land, wo sie hauptsächlich als «Pathanen» bekannt sind und sich in vielerlei Hinsicht vollkommen assimiliert haben. Viele dieser Menschen haben sich als regionale Fürsten und Herrscher ihren Platz in der lokalen Geschichte gesichert. Die Spuren ihres Einflusses lassen sich bis heute finden, wenn man durch Delhi, Patna oder andere Städte schlendert. Die allererste indische Rupie wurde etwa im 16. Jahrhundert von König Sher Shah Suri geprägt. Die Wurzeln des Paschtunen lagen im Süden des heutigen Afghanistans, weshalb «Sher Shah» bis heute ein beliebter Vorname ist. Jene Afghanen, die während der jüngsten Kriege als Geflüchtete einige Jahre in Pakistan verbracht haben, sprechen meist dezentes bis fließendes Urdu und beherrschen die Sprache zum Teil sogar besser als ihre eigenen Muttersprachen. Bei Bibi Jaan war das anders. Sie beherrschte ihre Heimatsprachen perfekt, obwohl sie eigentlich eine Analphabetin war. Meine Großmutter war in vielerlei Hinsicht das beste Beispiel für die komplexe und facettenreiche afghanische Identität, die stets in Bewegung ist und sich aus einer Vielzahl von Sprachen, Religionen und kulturellen Besonderheiten zusammensetzt – oder anders ausgedrückt: für die vielzähligen afghanischen *Identitäten*. Bibi Jaan war vieles: eine Paschtunin, die in Britisch-Indien auf die Welt kam, eine Afghanin und auch eine Pakistanerin, eine Frau aus Peschawar, die zu einer Kabuli wurde und im Laufe der Zeit auch eine Portion Tirol in sich aufnahm.

Meiner Großmutter war ihre Herkunft immer wichtig. Sie war nicht nur die Tochter eines bekannten paschtunischen Stammesführers, sondern über ihre Mutter auch mit dem afghanischen Herrscherhaus der Mohammadzai blutsverwandt. Die Mohammadzai gelten als Gründer des modernen, afghanischen Nationalstaats und regierten das Land über 150 Jahre lang fast durchgehend. Sie kamen an die Macht, indem sie Anfang des 19. Jahrhunderts den von der britischen East India Company installierten Shah Shuja Durrani stürzten. Shah Shuja war wiederum der Enkel von Ahmad Shah Durrani, der bis heute als eine Art afghanischer George Washington gilt, weil er die Fundamente des zukünftigen Afghanistans gelegt hatte. Wie in anderen Teilen der Welt war auch das afghanische «Game of Thrones» durch Blutfehden und Brudermorde gekennzeichnet. Ein Beispiel dafür lieferte etwa Shah Mahmoud, der seinen Bruder Shah Zaman blenden ließ, ein anderes ist Emir Sher Ali Khan, der seinen Sohn Yaqub Khan, nach dem mein Vater benannt wurde, jahrelang in einen dunklen Kerker einsperren ließ. Der bereits erwähnte Shah Shuja soll vierzig Cousins in die Luft gejagt haben, nachdem er sie unter einem Vorwand zum Essen eingeladen hatte. Demgegenüber soll der Mann, der ihn später stürzte, Emir Dost Mohammad Khan, seinen eigenen Sohn, den legendären Wazir Akbar Khan, der zu einer Ikone im Kampf gegen die britischen Kolonialisten wurde, vergiftet haben. Heute gilt dieser Vorwurf als besonders umstritten. Wahrscheinlich handelte es sich eher um britische Propaganda, um die Menschen in Afghanistan als besonders blutrünstig darzustellen. Und dann gab es da noch den Modernisierer Amanullah Khan, der die Briten im dritten Anglo-Afghanischen Krieg bezwang und dadurch Afghanistans Unabhängigkeit erkämpfte. Doch gleichzeitig wurde ihm nachgesagt, den eigentlichen Thronfolger, seinen eigenen Onkel, ermordet zu haben. Außerdem verbannte er unerklärlicherweise eine seiner Cousinen, Bibi Jaans Mutter, ins Exil nach Peschawar. Die Mohammadzai und die Durrani, die beide dem Volk der Paschtunen entstammen, waren über zahlreiche Ecken miteinander verwandt und verschwägert. Ähnlich verhielt es sich mit den anderen Volksgruppen des heutigen Afghanistans.

«Ihre Großmutter ist adelig!», rief mir einst unser Innsbrucker Kardiologe begeistert entgegen. Meine ganze Familie war bei ihm in Behandlung. Ich hatte den Eindruck, dass wir mit unserem exotischen Touch etwas Besonderes für ihn waren.

Dass Bibi Jaan von ihren Kindern meist «Shah Bobo», «Königin Mutter», genannt wurde, passte umso mehr ins Bild. Doch sie sprach selten über ihre Herkunft. Dafür spielten sich ihre Söhne meist umso mehr auf, etwa wenn sie, was selten vorkam, bei anderen Menschen aus Afghanistan zu Gast waren und sich weigerten, ihre Schuhe auszuziehen – ein Affront in klassischen afghanischen Haushalten, in denen üblicherweise feine und teure Teppiche ausgelegt sind. Irgendwann wurde mir klar, wie privilegiert mein Vater und seine Geschwister in Kabul aufgewachsen waren. Ihnen hatte es an nichts gefehlt, und durch die herausgehobene Stellung meiner Großeltern erhielten sie oft jene Sonderbehandlung, die sie nun in Österreich weiterhin erwarteten. Dadurch wurde das Leben im Exil für sie um einiges beschwerlicher. Die Karrieren, die für Bibi Jaans Söhne in der Heimat vorgesehen waren, existierten hier nicht. Stattdessen gab es Streitereien, Depressionen und Geldprobleme. Meine Großmutter verließ Innsbruck Ende der 1990er-Jahre gemeinsam mit Ama Laila. Sie verstarb an ihrem Geburtsort in Peschawar im Jahr 2004 und sah Afghanistan nie wieder.

Mami Jaan

Manche Menschen verbindet man in seiner Erinnerung mit bestimmten Alltagssituationen. Ich sitze an unserem großen Esstisch und bin mit meinen Hausaufgaben beschäftigt. Langsam schreibe ich mit meiner hölzernen Lamy-Feder die Sätze einer Erörterung. «Du hast so eine schöne Schrift, mein Junge», sagt meine Großmutter. Sie hält sich an meinem Stuhl fest und schaut mir über die Schultern. Ich schaue sie verlegen an. Ihr seidenes Kopftuch schlingt sich sanft um ihren Kopf und berührt leicht mein Gesicht. Sie wirkt etwas müde, doch ihr Blick ist voller Stolz. Dann schaut sie sich konzentriert die Zeilen in meinem Hausaufgabenheft an. Es ist vollgeschrieben mit Sätzen in einer Sprache, die sie nicht versteht. Im Hintergrund hört man die Glocken der nahegelegenen Kirche. Meine Großmutter lässt sich nichts anmerken, doch sie mag keine Kirchenglocken.

Mami Jaan, wie wir unsere Großmutter mütterlicherseits nannten, hatte kein Problem mit dem Christentum. Tatsächlich fand sie den deutschen Papst Benedikt sogar großartig, obwohl sie auch ihn mit keinem Wort verstehen konnte. Mich selbst erinnerte die Erscheinung des ehemaligen Kardinals Ratzinger eher an den Imperator aus «Star Wars», weshalb ich mich vor ihm fürchtete. Doch für meine Großmutter war er einfach ein frommer Mann, der die Menschen inmitten der westlichen Dekadenz an ihren Schöpfer gemahnte und zum Gebet aufrief. Die Kirchenglocken erinnerten sie aber daran, wie weit sie von ihrer Heimat entfernt war. Als wir meiner Großmutter erzählten, dass es keine einzige richtige Moschee in der Stadt gab, sondern nur kleine, enge Gebetsräume in Hinterhöfen oder Kellern, war sie schockiert.

Den Großteil ihres Lebens hatte sie in Afghanistan verbracht. In den 1960er-Jahren leitete sie in Baghlan, dem rund vier Stunden von Kabul entfernten Geburtsort meiner Mutter, eine Schule. Mami Jaan war eine gebildete und strenge Frau mit dominanter Persönlichkeit, die von allen in der «Fabrik» respektiert wurde – auch von ihren männlichen Kollegen, die unter ihr lehrten. Ihr Wohnbezirk trug den Namen «Fabrik», weil sich hier eine Zuckerfabrik befand, die mit Hilfe deutscher Ingenieure in den 1940er-Jahren errichtet worden war – damals ein großer Schub für die Industrialisierung des ruralen Baghlans. Was die meisten Menschen in Afghanistan wohl nicht wussten:

Zeitgleich wurde in Deutschland der Massenmord industrialisiert, und Millionen von Menschen vor allem jüdischer Herkunft fanden in den Konzentrationslagern einen grausamen Tod. Die Zuckerfabrik zog damals viele Afghanen aus verschiedenen Schichten, Ethnien und Konfessionen in die Region. Unter ihnen befanden sich etwa Paschtunen, die mit dem Königshaus verwandt waren, Tadschiken aus dem damals unbekannten Panjsher-Tal, schiitische Hazara oder Usbeken und Turkmenen aus Takhar, die in ihrer Freizeit Buzkashi – eine raue Sportart, die im Westen mit Polo verglichen wird und in den 1980er-Jahren durch den Film «Rambo III» bekannt wurde – spielten.

Wie viele andere Afghanen entstammte auch Mami Jaan einer ethnisch und sprachlich gemischten Familie mit einer umso komplizierteren Geschichte, die bis heute nicht wirklich rekonstruiert wurde. Mami Jaans Vater war ein prominenter Paschtune mit Rang und Namen. Er diente König Amanullah Khan, der sich in den 1920er-Jahren als radikaler Modernisierer versuchte, bis er vom eigenen Volk verjagt wurde. Amanullah schickte seine Gesandten regelmäßig zu verschiedenen Stämmen und Gemeinschaften, um neue Blutsbündnisse einzugehen. Ähnlich wie seine Vorväter war der König davon überzeugt, in einem Vielvölkerstaat wie Afghanistan die *eine* Nation bzw. einen Nationalstaat nach westlichem Vorbild schaffen zu können. Folglich reiste der Vater meiner Großmutter auf Anordnung des Königs auch in das abgelegene Panjsher-Tal, das vom Leben in der royalistischen Kabuler Blase völlig abgeschottet war. Meist tauchten Männer wie er nur auf, um auf Geheiß des Königs oder lokaler Fürsten heiratsfähige Frauen einzusammeln. Bei einer seiner Reisen saß plötzlich eine junge Frau vor ihm, die ausgerechnet auf den Namen «Paadshah» («König») hörte. Ihr Schicksal war schnell besiegelt: Sie musste nach Kabul mitkommen, um ein Teil des königlichen Harems zu werden.

Gleichzeitig wäre die Ehe auch einem Bündnis zwischen dem paschtunischen Herrscher und den persischsprachigen Stämmen des «Löwentals», wie Panjsher meist übersetzt wird, gleichgekommen. In Kabul wurde Paadshah vom echten König Amanullah kritisch beäugt. «Du heißt Paadshah? Dann sind wir wohl beide Könige. Sag, willst du meine Frau werden?», fragte Amanullah das Mädchen nach langem Überlegen. «Nein, will ich nicht!», antwortete Paadshah trotzig. Amanullah respektierte ihre ehrliche Antwort. «Dann soll es so sein», erwiderte der für damalige Verhältnisse liberale König. Doch die Geschichte der jungen Frau aus Panjsher war damit nicht zu Ende. Der königliche Gesandte dachte sich: Wenn Amanullah sie nicht will, gehört sie eben mir. Und machte Paadshah gegen ihren Willen kurzerhand zu seiner Frau. Aus ihrer Verbindung ging Mami Jaan hervor. Paadshahs Bewunderung galt künftig jedoch eher dem König als ihrem Ehemann. «Er hat mich nicht wie du zur Hochzeit gezwungen, sondern war Manns genug, um meine Entscheidung zu respektieren», soll sie einmal zu meinem Urgroßvater gesagt haben.

Mami Jaan wuchs mit mehreren Geschwistern und Halbgeschwistern in einem Haushalt auf. So wie es sich damals für Patriarchen mit Rang und Namen gehörte, hatte mein Urgroßvater im Laufe seines Lebens mehrere – insgesamt drei – Ehefrauen. Zuhause wurden Paschto und Dari gesprochen. Meine Großmutter hatte ein ambivalentes Verhältnis zu ihrem Vater; ihr war früh aufgefallen, dass ihre Mutter ihn nicht aus Liebe geheiratet hatte. Sie galt früh als aufmüpfig, aber auch als besonders aufgeweckt. Aufgrund ihres Kleidungsstils und ihrer kurzen Haare wurde Mami Jaan manchmal mit einem Jungen verwechselt. Im Afghanischen gibt es für dieses Phänomen einen Begriff: *Bacha posh*. Bis heute treten viele afghanische Frauen als Männer in Erscheinung, um normal arbeiten und ihre Familien unterstützen zu können. Medial bekannt wurde in den letzten Jahren etwa eine ältere Frau aus der südostafghanischen Provinz Khost namens Bibi Hakmeena. In ihrer Familie gab es kein männliches Oberhaupt, weshalb sie über die Jahre in diese Stellung hineingewachsen war, Turban trug und klassische männliche Tätigkeiten ausübte. In ihrer Nachbarschaft gilt Hakmeena bis heute als Respektsperson, die Männern zur Begrüßung die Hand reicht, bei Rechtsstreitigkeiten vermittelt und selbst den Taliban Paroli bietet.

Auch in Mami Jaan spiegelte sich die für Afghanistan typische ethnische Vielfalt. Sie war paschtunisch und tadschikisch zugleich. Da im afghanischen Patriarchat die Linie des Vaters zählt, galt sie wohl eher als Paschtunin – allerdings brachte sie ihren Vater regelmäßig auf die Palme, indem sie sich weigerte, zuhause Paschto zu sprechen. «Was sind wir eigentlich?», fragte ich meine Eltern erst im jugendlichen Alter, nachdem ich einige Wikipedia-Recherchen über meine Herkunft angestellt hatte. Vorher hatte ich Wörter wie «Paschtune» oder auch «Tadschike» noch nie gehört. Ethnisches Schubladendenken war in meinem Elternhaus stets verpönt gewesen – eine noble Haltung, die sich viele Hazara in Afghanistan auch gerne geleistet hätten, wenn sie nicht versklavt und zum Teil auch ausgerottet worden wären. In der «Fabrik» in Baghlan, der Wirkstätte meiner Großmutter, herrschte jedoch ein weitgehend harmonisches Zusammenleben der verschiedenen Ethnien – und auch die im Westen dominierenden Vorurteile über das rückständige afghanische Patriarchat wurden von Mami Jaan und anderen Frauen hier Lügen gestraft. Meine Großmutter brach praktisch mit allen orientalistischen Klischees, die viele Menschen im Westen heute über Afghanistan haben. Sie ging nicht nur zur Schule, sondern leitete sogar eine. Sie war eine sehr fromme Frau, vertrat aber die Ansicht, dass der Islam und Bildung untrennbar miteinander verbunden seien. In dieser Hinsicht folgte sie dem Beispiel von Fatima al-Fihri, jener muslimischen Frau, die bereits im 9. Jahrhundert die erste Universität der Welt im marokkanischen Fes gründete. All ihre Überzeugungen gab Mami Jaan an die folgenden Generationen in ihrer Familie weiter. Ihre Kinder haben allesamt einen Hochschulabschluss – wie auch ihre Enkel, die gegenwärtig über den gesamten Globus verstreut leben.

Der Glaube meiner Großmutter spielte besonders in den späten 1970er- und 1980er-Jahren eine wichtige Rolle, als Afghanistan nach Jahrzehnten des Friedens wieder von Krieg und Zerstörung heimgesucht wurde. Die Schreckensherrschaft Noor Mohammad Tarakis und seiner stalinistischen Demokratischen Volkspartei Afghanistans (DVPA), die sich im April 1978 an die Macht geputscht und den ersten und letzten Präsidenten der afghanischen Republik, Mohammad Daoud Khan, mitsamt seiner Familie ermordet hatte, erreichte bald auch Baghlan. Dort gab es etwa einen Mann, der als «Schlächter» Berühmtheit erlangte. Jahrelang war er der nette Nachbar von nebenan gewesen, doch nachdem er sich der DVPA angeschlossen hatte, wurde er zum Massenmörder, der Jagd auf seine ehemaligen Freunde und Bekannten machte. Nach Massenerschießungen ging der «Schlächter» noch einmal mit einem großen Messer durch die am Boden liegenden Leichenberge, um sicherzugehen, dass auch wirklich niemand überlebte. Einige wenige Personen blieben dennoch unentdeckt, sodass sie im Anschluss von den Gräueltaten des Mannes berichten konnten. Im ganzen Land wurden Zehntausende Menschen vom neuen Regime bombardiert, verschleppt, gefoltert und ermordet. Taraki und sein Jünger, Hafizullah Amin, inszenierten sich als linke Revolutionäre, die den Klassenkampf gegen feudale Fürsten, Kleriker und Monarchisten forcieren würden. Sie gaben sich dabei auch den Anstrich von Feministen. Allerdings bestand die Trägerschicht ihres vermeintlichen Befreiungskampfs hauptsächlich aus bärtigen Bauern und Arbeitern, die fünf Mal am Tag beteten; viele von ihnen befreiten sich deshalb auch nicht etwa aus den Ketten ihrer Unterdrücker, sondern verschwanden irgendwann selbst in den Folterkellern des Regimes.

Wenige Monate nach dem Putsch schaffte Amin auch seinen einstigen politischen Förderer Taraki aus dem Weg. Er trieb den Roten Terror auf die Spitze und vergraulte damit selbst die Verbündeten in Moskau. Daraufhin marschierte die Sowjetunion an Weihnachten 1979 in Afghanistan ein. Amin wurde von den Eliteeinheiten der Roten Armee, den Speznaz, ermordet. Sein Nachfolger wurde Babrak Karmal, ein Marionettendiktator von Moskaus Gnaden. Zeitgleich formierte sich ein heterogener, lokaler Widerstand gegen die sowjetische Besatzung und ihre afghanischen Verbündeten in Kabul: die Mudschaheddin. Unter ihnen befanden sich sowohl militant-islamistische Hardliner als auch moderatere Traditionalisten. In Baghlan hatten viele ihrer Kämpfer in jungen Jahren Mami Jaans Schule in der «Fabrik» besucht. Auch der örtliche Mudschaheddin-Kommandant, der durch seine hohe Kampfmoral später zu einer lokalen Legende wurde, gehörte einst zu Mami Jaans Schülern. Sie selbst war stolz auf ihre Schüler und auch auf ihre beiden Söhne, die sie zu frommen Muslimen erzogen hatte und die nun ebenfalls auf Seiten des Widerstands kämpften. Mami Jaan sah die beiden fortan nur noch selten, da sie vom KhAD, dem brutalen Geheimdienst des stalinistischen Kabuler Regimes, gesucht wurden und deshalb dauerhaft auf der Flucht waren.

In meiner Kindheit wuchs ich mit den Geschichten über den KhAD auf. Meine Eltern erzählten, wie sich ihre Verwandten früher vor dem Geheimdienst verstecken oder dessen Mitglieder schmieren mussten. Ich versuchte mir vorzustellen, wie die

Agenten wohl ausgesehen hatten, und begann, sie vor meinem geistigen Auge mit jenen Schergen zu vergleichen, die ich aus Nazi-Dokumentationen oder Spielfilmen aus der Schule kannte. Auf der Flucht vor dem KhAD landeten meine Onkel unter anderem im Iran und in Pakistan. Für Mami Jaan war ihr Widerstand eine natürliche Reaktion auf das Unrecht, das alle gläubigen Afghanen – Hindus, Sikhs und Juden eingeschlossen – durch die «gottlosen» Kommunisten erfuhren. Nachdem der letzte sowjetische Soldat Afghanistan 1989 verlassen hatte, waren rund zwei Millionen Menschen im Land ums Leben gekommen. Mami Jaans Ehemann, also mein Großvater mütterlicherseits, und einer der beiden Söhne hatten die kommunistische Folterhölle überlebt und hofften, dass ihr Kampf für Gott und Vaterland nun endlich ein gutes Ende gefunden hatte. Doch nachdem die Mudschaheddin Anfang der 1990er-Jahre Kabul erobert und den letzten kommunistischen Diktator des Landes, Mohammad Najibullah, abgesetzt hatten, setzte ein blutiger Bürgerkrieg zwischen den verschiedenen Mudschaheddin-Fraktionen ein, und das Land versank abermals im Chaos. Wenige Jahre später machten sich die reaktionären Taliban-Extremisten binnen kürzester Zeit das gesamte Land untertan. Während ihrer Schreckensherrschaft isolierte sich Afghanistan zunehmend. Ähnlich wie heute setzten die Taliban Bildungs- und Arbeitsverbote gegen Mädchen und Frauen durch – ein Akt, der meiner Großmutter, der ehemaligen Schuldirektorin, das Herz brach.

In unserer warmen Wohnung in Innsbruck erinnerte sich Mami Jaan noch oft an jene eiskalten Tage in der zweiten Hälfte der 1990er-Jahre, an denen entweder gekämpft oder gehungert wurde – oder beides gleichzeitig. Damals verlor sie auch ihren Ehemann, meinen Großvater Baba Mozhdah. Er war erkrankt und starb, als auf den Straßen des zerstörten Kabuls der Schnee lag. Ich kann mich noch gut an den Tag erinnern, als uns die Nachricht erreichte und ich gerade mit einem kroatischen Freund, dessen Familie vor dem Krieg im Balkan geflüchtet war, im Hof spielte. Meine Mutter weinte zuhause bitterlich. Die letzten Jahre ihres Lebens verbrachte Mami Jaan in Kabul und Baghlan. In Innsbruck fand sie nie ein Zuhause. Heute liegt sie auf einem hohen Hügel nahe der «Fabrik» begraben – und ist von vielen jener Menschen umgeben, die sie einst unterrichtet hat. Ich besuchte Jahre später nicht nur ihr Grab, sondern schrieb meine ersten Afghanistan-Reportagen in ihrem einstigen Zimmer in unserem Haus in Kabul. Während mich das Feuer das Ofens wärmte und ich in die Tasten meines Laptops haute, fühlte ich mich – wieder einmal – von ihr beobachtet.

«A Afghane war des!»

Als ich im Sommer 2013 vor einem Innsbrucker Lokal saß, die angenehme Abendluft und meine Pasta genoss, rissen mich zwei ältere Ehepaare am Nebentisch unsanft aus meiner Idylle. Sie hatten begonnen, sich über den jüngsten Mord zu unterhalten. «*A Afghane war des!*», stellte eine der Frauen fest. Daraufhin ergänzte ihr Mann, dass alle Afghanen dieses «Blutrachedings» mit sich herumtragen würden. «Auch wenn sie hier in der Zivilisation ankommen», fügte er hinzu. Die Zivilisation. Ich dachte, ich hatte nicht richtig gehört. Was meinte der Mann damit? Der Afghane, um den es ging, hatte vor einigen Tagen mitten auf der Maria-Theresien-Straße in Innsbruck seine Frau umgebracht. Diese saß auf einer Bank und plauderte mit einer Bekannten, als der Mann plötzlich an sie herantrat und wahllos auf sie einstach. Das gemeinsame Kind, das sich im Kinderwagen aufhielt, musste die Bluttat mitansehen. Obwohl viele Menschen in der Nähe waren, konnte der jungen Mutter – sie war zwanzig Jahre jung – nicht geholfen werden. Der 22-jährige Mann ergriff die Flucht, und die Frau verstarb noch im Krankenhaus. Auf Drängen einiger Freunde stellte sich der Täter später der Polizei.

Nachdem ich die abschätzigen Worte des Mannes gehört hatte, hätte ich ihm am liebsten einen verbalen Einlauf verpasst. Ich hätte ihm gerne gesagt, dass das heutige Afghanistan schon vor zweitausend Jahren eine Kultur hervorgebracht hat, die in Wissenschaft, Kunst oder Architektur den Europäern weit voraus war. Ich hätte ihm gerne gesagt, dass «wir» schon Toiletten und Abwassersysteme hatten, als man hierzulande noch nicht einmal wusste, wie man sich den Allerwertesten putzt. Meine Tischnachbarn wussten wahrscheinlich auch nicht, wer der legendäre Dichter Jalaluddin Rumi war, und genauso wenig, dass er aus dem heutigen Afghanistan stammte oder dass der erste Herrscher des Landes, Ahmad Schah Durrani, nicht nur ein begnadeter Krieger war, sondern auch ein großer Poet, während viele absolutistische Herrscher in Europa Trinkorgien feierten und regelrechte Kunstbanausen waren. Hätte ich ihnen erklärt, dass zur damaligen Zeit sogar Frauen wie die bekannte Dichterin Nazo Tokhi, die heute von vielen Afghanen als «Mutter der afghanischen Nation» betrachtet wird, nicht nur die Feder schwangen, sondern auf dem Schlachtfeld auch das Schwert, hätte man mich womöglich für verrückt erklärt. Dichterin und Kriegerin gleichzeitig? Und das im Afghanistan des 17. Jahrhunderts, als Frauen auf dem europäischen Kontinent zu Hexen erklärt und verbrannt wurden? Für viele Menschen in Europa ist das unvorstellbar. Dabei müssten sie nur ein Geschichtsbuch aufschlagen, um festzustellen, dass die letzte «Hexe» in Deutschland im 18. Jahrhundert, 1751, um genau zu sein, auf dem Scheiterhaufen ihr Leben lassen musste, während sich das andere Geschlecht im Orient verschiedentlich entfalten konnte.

Der andere Mann am Tisch sprach nun von Ehrenmorden. *«Des verlangt die Religion vo ihnen! Denen sein die Menschen, die des mitansehen miasn, völlig wurscht!»*, polterte er. Dann bemerkte er mich, sah mich etwas verlegen an und nahm einen Schluck von seinem Wein. «Ihnen», «denen» – ich fragte mich, was ich mit diesen Begriffen anfangen sollte, und warum manche Menschen immer alles in einem Topf werfen mussten. Mittlerweile ging es ja nicht mehr «nur» um die Afghanen, sondern um alle Muslime, um über eine Milliarde Menschen, die über diesen Erdball verteilt sind, mit ihren unterschiedlichen Kulturen, verschiedenen Traditionen und Sprachen. Die beiden älteren Ehepaare am Nebentisch wussten sicher nicht, wie viele verschiedene Völker am Hindukusch leben. Sie interessierte auch nicht, dass das junge Paar, das, wie ich später erfuhr, der usbekischen Minderheit in Afghanistan angehörte, über einen längeren Zeitraum hinweg im Iran gelebt und dort viel Leid erfahren hatte. So wie die meisten afghanischen Geflüchteten dort wurden auch sie Opfer von Diskriminierung und Ausbeutung. Der junge Mann gehörte wahrscheinlich auch zu jenen Geflüchteten, die ihr Geld als Schwarzarbeiter auf Baustellen in Teheran, Maschhad oder Shiraz verdienen. Für einen Hungerlohn werden sie zu Tausenden ausgebeutet, damit die Hochhäuser und Wolkenkratzer iranischer Großstädte durch ihren Schweiß wachsen. Wie man sich als ausgebeuteter Sklavenarbeiter fühlt, können im Westen nicht viele nachvollziehen. Genauso wenig, wie die Flucht aus einem Land, in dem seit mittlerweile vier Jahrzehnten Krieg herrscht, einen jungen Menschen deformieren kann. Der junge Mann war schon seit Längerem depressiv und gewalttätig, seine Frau hatte sich zum Zeitpunkt der Tat schon mehrere Male in psychotherapeutischer Behandlung befunden. Ich will die grausame Tat des Mörders damit gewiss nicht rechtfertigen. Allerdings fällt mir auf, dass solche Details bei manchen, in der Regel «einheimischen» Tätern gerne hervorgehoben werden, was automatisch zu ihrer «Vermenschlichung» führt, während afghanische, syrische oder somalische Täter oft schnell entmenschlicht werden. Selbst im Falle der Berichterstattung über den US-Soldaten Robert Bales, der im März 2011 in zwei Dörfern im Süden Afghanistans mindestens neunzehn Menschen, in der Mehrzahl Frauen und Kinder, ermordete und im Anschluss ihre Leichen anzündete, um seine Spuren zu verwischen, wurde dessen psychische Labilität hervorgehoben. Das sogenannte «Massaker von Kandahar» gehört zu den schlimmsten Kriegsverbrechen des US-Einsatzes in Afghanistan. Das afghanische Paar in Innsbruck hatte zu allem Übel noch Beziehungsprobleme wie Tausende andere Menschen auch, die mit einer Religion in der Regel nichts zu tun haben, auch nicht mit dem Islam. Manchmal enden solche Streitereien sogar zwischen «Einheimischen» blutig und tödlich. Dafür verwendet man in der Presseberichterstattung dann meist den Begriff «Familiendrama» – in den letzten Jahren ist, etwas fortschrittlicher, oft auch von «Femizid» die Rede –, aber im Fall von Muslimen spricht man weiter vom «Ehrenmord».

Als ich einige Tage zuvor von dem Mord erfuhr, war ich zutiefst erschüttert und schockiert. Für mich war es damals neu, dass Afghanen in Österreich im Zentrum solcher Delikte standen. Umso trauriger machte mich die Einseitigkeit, mit der man auf den Vorfall blickte, gab es gleichzeitig doch unzählige Geflüchtete aus meiner Heimat, die als Beispiele gelungener Integration durchgingen. Auf sie wird man jedoch nicht plötzlich von Wildfremden auf der Straße aufmerksam gemacht, da niemand etwas von ihnen weiß. Niemand kennt Hasib, der innerhalb eines Jahres perfekt Deutsch gelernt und sein Abitur nachgeholt hat, oder Shekeb, der für einen Innsbrucker Kampfsportverein schon mehrere Medaillen gewann. Was ich damals noch nicht wissen konnte: Die Entmenschlichung und Kriminalisierung afghanischer Geflüchteter hat in Deutschland, Österreich und anderen europäischen Staaten spätestens seit dem Sommer 2015 enorm Auftrieb erhalten. Die vielen Menschen, die während des sogenannten «Flüchtlingssommers» aus Afghanistan, Syrien, Somalia und anderen asiatischen oder afrikanischen Staaten nach Europa kamen, sind nicht nur zur Zielscheibe des rechten Pöbels geworden. Sie werden vermehrt auch zum Sündenbock einer wachsenden Zahl von «Wutbürgern», die ausgerechnet die Festung Europa mit einem flüchtlingsfreundlichen Projekt verwechseln, durch das ihr «christliches Abendland» mithilfe von arabischen, asiatischen oder afrikanischen Massen und deren jüdische Geldgeber vermeintlich islamisiert oder «ausgetauscht» werden soll. Ein Beleg dafür sind die Wahlerfolge rechtsextremer Parteien wie der FPÖ oder der AfD, die ohne die Unterstützung eines regelmäßig mit altbekannten Verschwörungstheorien und Feindbildern kokettierenden politischen Mainstreams jedoch undenkbar gewesen wären.

Auch ich habe die demografischen Veränderungen in Innsbruck, Wien, München, Frankfurt oder Berlin zur Kenntnis genommen. In den frühen 2000er-Jahren waren Menschen afghanischer Herkunft in Innsbruck noch eine rare Kuriosität. Ich kann mich an eine Heimfahrt vom Gymnasium erinnern, in der mir im Bus ein junger Mann auffiel. Während er telefonierte, meinte ich, Dari zu verstehen. Handelte es sich vielleicht um einen Studenten, der vor Kurzem hierhergezogen war? Ich näherte mich ihm unauffällig, doch plötzlich stieg er bei der Universitätsbrücke aus. Wie ein Stalker, der einem Filmstar hinterherjagt, verließ auch ich den Bus, um ihm zu folgen. Zum damaligen Zeitpunkt war es für mich surreal, überhaupt irgendeinen anderen Afghanen, der nicht mit mir verwandt war, auf den Straßen Innsbrucks anzutreffen. Als der Unbekannte die Inn-Promenade entlangschlenderte und immer noch telefonierte, sah ich mich mehr und mehr darin bestätigt, es mit einem Afghanen zu tun zu haben. Ich bildete mir ein, dass der Mann weder türkisch noch arabisch aussehen würde. Er war allerdings modisch gekleidet, was eher dafürsprach, dass er wahrscheinlich hier aufgewachsen war, ähnlich wie ich. Daraufhin beschleunigte ich meinen Schritt, um ihm näher zu kommen, bis ich ihn deutlicher verstehen konnte. Meine Enttäuschung war groß, als ich bemerkte, dass er weder Dari noch Paschto sprach, sondern wohl Kurmandschi, einen kurdischen Dialekt, der mit den beiden afghanischen Sprachen verwandt war.

Rückblickend handelte es sich bei dieser schrägen Aktion wohl nur um einen weiteren Ausdruck meiner eigenen Identitätssuche. Ich wusste nicht, wo ich dazugehörte, und wollte unbedingt jemanden finden, mit dem ich meine afghanische Herkunft teilen konnte. Jemanden außerhalb meiner eigenen Familie. Auf dem Gymnasium war ich weiterhin der einzige Afghane weit und breit. Die überwältigende Mehrheit meiner Mitschüler waren autochthone Innsbrucker, meist etwa die Kinder bekannter Anwälte, Ärzte oder Unternehmer. Die ersten afghanischen Freunde fand ich in dieser Zeit in den ersten sozialen Netzwerken. Nasser lernte ich zum Beispiel über das Forum Uboot kennen. Er hatte einen stylishen Bart und trug ein Tanktop. Aus seiner afghanischen Herkunft machte er keinen Hehl. «Proud Afghan» oder «Watan Afghanistan» («Heimat Afghanistan») gehörten zu seinen Insignien. Nachdem ich Nasser angeschrieben hatte, tauschten wir unsere MSN-Adressen aus und begannen, miteinander zu chatten. Nach einem Video-Call fiel ihm allerdings auf, dass ich deutlich jünger war als er, weshalb er mich an seinen jüngeren Bruder Nader verwies. Einige Tage später traf ich Nader zum ersten Mal in der Innsbrucker Rathausgalerie im Zentrum der Stadt. Wir gingen Billard spielen tranken eine Cola und gönnten uns danach einen Döner. Obwohl wir beide Teenager waren und nicht viel Geld hatten, bestanden wir in typisch afghanischer Manier darauf, für den jeweils anderen zu bezahlen. Auch für Nader war es neu, einen afghanischen Freund in seinem Alter zu haben, obwohl er deutlich mehr Kontakte zu anderen Afghanen pflegte als ich.

Als ich an jenem Tag später nachhause kam, wollten meine Eltern wissen, wo ich mich herumgetrieben hatte. «Ich war mit einem afghanischen Jungen Billard spielen», antwortete ich. Bei meinem Vater läuteten plötzlich die Alarmglocken. Er wollte genau wissen, um wen es sich handelte. Billardspielen klang außerdem nach einer Bar, Zigaretten und Alkohol. Dass ich einen afghanischen Freund gefunden hatte, gefiel ihm anfangs nicht. Für mich hingegen war es eine große Sache, mich endlich mit einem Gleichgesinnten in meiner Muttersprache unterhalten zu können. Nader und ich redeten im Bus, in der Bahn oder auf der Straße laut miteinander, ohne dass uns jemand verstehen konnte. Wir brachten einander neue Schimpfwörter bei, zogen ohne Ziel durch die Straßen der Innenstadt und verbrachten Stunden im McDonald's. Im Laufe der Zeit erweiterte sich mein afghanischer Freundeskreis. Allerdings waren meine neuen Freunde mit ihren Familien alle erst vor wenigen Jahren nach Österreich gekommen. Sie kannten Krieg und Flucht aus eigener Erfahrung. Sie mussten sich in Kellern verstecken, als die Mudschaheddin Raketen auf Kabul regnen ließen. Auf ihrer langen Reise nach Europa hatten viele von ihnen längere Zwischenstopps einlegen müssen, etwa im Iran, in Pakistan, in Russland oder in der Ukraine. Dadurch beherrschten sie viele Sprachen. Doch gleichzeitig einte uns alle dasselbe Bedürfnis:

Wir suchten nach Menschen wie uns, die Afghanisch sprachen, kochten, aßen und lebten. Zumindest für wenige Stunden oder einen Abend. Unser Freundeskreis wurde immer größer und war bald sehr divers. Wir waren Tadschiken, Paschtunen, Usbeken und Hazara. Sunniten, Schiiten und sogar einige Konfessionslose. Letztere bekannten sich jedoch nur ungern dazu, weil der Glaube ein wichtiger Bestandteil der afghanischen Geschichte und Gesellschaft ist. Dennoch hätte sich niemand von uns erlaubt, unsere Freundschaft wegen einer solchen Lappalie in Frage zu stellen. Ethnie und Religion spielten für uns keine Rolle. Wir ehrten das, was wir als afghanische Tradition und Kultur kannten, doch auffällig fromm war niemand. Einige von uns feierten mit Bier und Whisky. Andere blieben bei Cola, Red Bull oder Wasser. Im Ramadan fasteten wir zusammen und brachen das Brot abends gemeinsam. Wir hatten unsere eigene, kleine afghanische Blase geschaffen, in der wir glücklich waren.

Als ich älter wurde, veränderte sich Innsbruck. Ich erinnere mich noch gut an eine Szene, die sich während meiner Studienzeit ereignete. Als ich nach einer fünfstündigen Fahrt aus Tübingen am Innsbrucker Hauptbahnhof ausstieg, kam mir ein mir unbekannter, afghanischer Geflüchteter mit einem Brief in der Hand entgegen. «Bist du mein Landsmann? Kannst du mir bei der Übersetzung kurz helfen?», fragte er mich ziemlich direkt. Ermüdet von der Reise, nahm ich den Brief genervt entgegen und erklärte ihm, was er damit bei seiner Bank tun müsse. Heute gibt es in Innsbruck mehrere afghanische Supermärkte, Imbissbuden und ein afghanisches Restaurant. In Bus und Bahn sind Dari und Paschto neben dem Tiroler Dialekt sehr präsent. Auf den Straßen sind die Gesichter afghanischer Männer und Frauen zur Gewohnheit geworden. Obwohl ich die meisten dieser Menschen nicht kenne, weiß ich, wie sehr sich ihre Erfahrungen von meinen unterscheiden. Ein kleiner Fleck wie Tirol reicht aus, um die Heterogenität der afghanischen Diaspora zu verstehen. Hier treffen verschiedene ethnische, konfessionelle und auch Klassenhintergründe aufeinander. Privilegierte Familien, die innerhalb der afghanischen Gesellschaft einen gewissen Status innehaben sowie über finanzielle Ressourcen verfügen, sind mit minderjährigen Burschen, die ihre Eltern und Geschwister hinter sich lassen und allein nach Europa reisen mussten, nicht vergleichbar. Familien aus ärmeren Schichten kommen auf dem Arbeitsmarkt oft einfacher zurecht oder bringen es schnell zu einer gewissen Geschäftstüchtigkeit, während Akademiker aus gehobenen Schichten – Männer wie mein Vater – über ihren Schatten springen müssen und manchmal viele Jahre brauchen, um einzusehen, dass die gewohnten Privilegien im Exil nicht mehr existieren. Viele von ihnen konnten sich nicht damit anfreunden, plötzlich Inhaber eines Kiosks oder als Reinigungskraft tätig zu sein. Gleichzeitig gibt es viele Menschen, die ihren afghanischen Stolz wegen der Liebe zu ihren Kindern unterdrückten und jedwede körperliche Arbeit annahmen, um über die Runden zu kommen. Ich kenne ehemalige Ärzte, die heute in Fabriken arbeiten, oder promovierte Wirtschaftswissenschaftler, die Klos putzen.

Die sozialen Unterschiede verursachen auch Reibungen. Das beste Beispiel hierfür sind wohl die afghanischen Moscheevereine: In jeder europäischen Stadt mit afghanischer Diaspora existieren aufgrund von Streitereien und Abspaltungen mehrere Gebetshäuser. Es gibt nicht nur schiitische und sunnitische, sondern auch dari- und paschtosprachige Moscheen. Auch die Klassenunterschiede werden deutlich. Durch die gestiegene Anzahl afghanischer Geflüchteter kam es in den letzten Jahren zu mehr Gewaltverbrechen, die von diesen ausgeübt werden. Dass diese meist von Boulevardmedien aufgebauscht werden, ändert in vielen Fällen nichts an ihrer Brutalität und führt auch innerhalb afghanischer Gemeinschaften zu heftigen Kontroversen, insbesondere mit Blick auf Morde und Sexualdelikte. Traurige Bekanntheit erlangte etwa der Fall der vierzehnjährigen Leonie aus Wien, die 2021 von vier afghanischen Geflüchteten in der österreichischen Hauptstadt betäubt, vergewaltigt und ermordet wurde. Während viele Menschen in linksliberalen Kreisen meist nicht wissen, wie sie auf solche Gewalttaten reagieren sollen, ohne rechte Ressentiments zu schüren, sieht das innerhalb der afghanischen Diaspora anders aus. Tatsächlich kenne ich fast keinen Afghanen, der harte Bestrafungen für derartige Täter ablehnen würde. Dazu gehören neben langjährigen Freiheitsstrafen auch die Forderung nach Abschiebungen oder gar nach drakonischen Strafen, die man eher aus Diktaturen wie jener der Taliban gewohnt ist. Nachdem die Ermordung Leonies bekannt wurde, reagierten auch die afghanischen Gemeinden in Wien. Mehrere ihrer Vertreter wollten die Familie des Mädchens aufsuchen, um persönlich ihr Beileid auszudrücken. Sie fühlten sich mitverantwortlich.

«Wir wollen solche Taten verhindern, doch die Behörden machen es uns nicht leicht», erzählte mir Hafizullah Khaled, kurz nachdem der Fall bekannt wurde. Khaled, Mitte sechzig, gehört einem von mehreren afghanischen Vereinen in Wien an und engagiert sich schon seit Jahren in der Geflüchtetenhilfe. In den 1990er-Jahren flüchtete der ehemalige Diplomat mit seiner Familie nach Wien. Dass es einen Unterschied macht, wenn Jugendliche oder junge Männer allein flüchten, ist ihm bewusst. «Wir wollen solche Jungen auffangen, um ihnen bei der Integration zu helfen. Meist fehlen ihnen auch unsere traditionell-afghanischen Werte», sagte Khaled. Der Zugang zu den Betroffenen ist allerdings nicht einfach. Die bestehenden Datenschutzgesetze verbieten es den Behörden, bestimmte Personalien mit Khaled zu teilen – egal wie gut er es meint. Um einiges strenger sind einige Freunde von mir. Juma und Noorullah kamen vor rund fünfzehn Jahren nach Innsbruck. Sie gehören beide der mehrheitlich schiitischen Hazara-Minderheit Afghanistans an und lebten einige Jahre im Iran – sie sind als Minderjährige allein und unbegleitet nach Europa geflüchtet. Damit haben sie gleich mehrere biografische Schnittpunkte mit den gängigen Täterprofilen der letzten Jahre. «Ich kam auch allein hierher und wusste, wie man sich als Mensch verhält. Mit solchen Kriminellen will ich niemals in einen Topf geworfen werden», wiederholt Juma gebetsmühlenhaft. Ähnliche Töne hörte ich von Noorullah, der einst allein in Igls, einem Dorf nahe Innsbruck, gelebt hat und bei einem Freund von mir zum ersten Mal in seinem Leben an einem christlichen Osterfest teilnahm. «Wer sich so verhält, hat eine Strafe verdient. Das ist überall so. In Afghanistan würde man solche Jungs aufhängen», meinte er zornig. Im Grunde genommen ist das ein afghanisches Echo auf die Stimmungsmache rechter Politiker, die in Abwesenheit eines härteren Strafrechts, das für Vergewaltigung und Mord die Todesstrafe vorsehen würde, für die Abschiebung straftätiger Geflüchteter plädieren. Die allermeisten der in den letzten Jahren nach Afghanistan abgeschobenen Geflüchteten waren jedoch in keiner Weise straffällig geworden. Viele von ihnen fanden dort den Tod, ob durch einen Bombenangriff oder ein Attentat der Taliban. Diese Tatsache wird von jenen, die öffentlich mit Rechtsstaatlichkeit und Demokratie hausieren gehen, gerne ignoriert.

Auch mein Freund Noorullah hat in den letzten Jahren versucht, einige verlorene junge Männer aus seiner Heimat aufzufangen, allerdings nur mit mäßigem Erfolg. Dass viele Afghanen in Österreich, Deutschland und anderswo sich verantwortlich fühlen, ist dennoch ein gutes Zeichen. Dasselbe Verantwortungsgefühl wünschte ich mir auch von anderen, mächtigeren Akteuren. Dass in Afghanistan seit Jahrzehnten Krieg herrscht, hat ja vor allem auch externe Gründe. Praktisch jede Welt- oder Regionalmacht hatte ihre Finger im Spiel. Als die Sowjetunion ins Land einmarschierte, dachte man im Westen weniger an die afghanischen Kriegsopfer als vielmehr an die eigenen machtpolitischen Interessen im Kontext des Kalten Krieges. Deshalb rüstete man die extremen und radikalsten Kräfte innerhalb der Mudschaheddin-Rebellen auf, die wenige Jahre nach dem Abzug der Sowjets Kabul und andere afghanische Städte in Schutt und Asche legten. Hunderttausende von Afghanen mussten flüchten oder wurden getötet; als Resultat dieser Politik kamen die Taliban an die Macht. Der NATO-Krieg, durch den wiederum die Taliban gestürzt wurden, generierte weitere Fluchtwellen innerhalb und außerhalb Afghanistans. Im Laufe des «Krieges gegen den Terror» wurde Afghanistan zu einem Waffentestgelände von Drohnen, Laserkanonen und anderen neuartigen Todesmaschinen, während in Kabul eine korrupte Kleptokratie das Sagen hatte. An den milliardenhohen Hilfsgeldern, die ins Land flossen, bereicherten sich nicht nur lokale Eliten, sondern auch internationale Akteure, die mit dem vielbeschworenen militärisch-industriellen Komplex der Vereinigten Staaten eng verwoben waren und den Krieg vor allem als große Gelddruckmaschine betrachteten. In vielen Fällen floss das Geld nicht in afghanische Dörfer, sondern zurück in den Westen.

Seit August 2021 ist der westliche Afghanistan-Einsatz offiziell beendet, und das Land wird abermals von den Taliban regiert. Unter ihnen befinden sich zahlreiche prominente Männer, die in den letzten Jahren nach vermeintlich präzisen Antiterroroperationen regelmäßig für «tot» erklärt wurden – bis sie quicklebendig wieder auftauchten. Wer an deren Stelle durch all die Luftangriffe, die das gesamte Land verseucht haben, getötet wurde, fragt heute niemand. Stattdessen wird die afghanische Bevölkerung abermals, ähnlich wie nach den Anschlägen des 11. Septembers 2001, kollektiv bestraft und sanktioniert. Während ich diese Zeilen schreibe, sehe ich die Gesichter jener Menschen, denen für nichts und wieder nichts großes Leid widerfahren ist. Abdul Hadi, der seinen Vater durch einen US-Drohnenangriff in der Provinz Khost verlor. Jamshed, der sich das Leben nahm, nachdem ihn die deutschen Behörden zurück in den Krieg in seiner Heimat abgeschoben hatten. Sahra, die gemeinsam mit ihrem Bruder vor dem Kugelhagel vom Universitätscampus flüchten musste, nachdem dieser von den Taliban angegriffen wurde. Die Liste ist lang und würde mehr als ein ganzes Buch füllen. Dass bis heute niemand für all dieses Leid geradestehen muss, ist eine Schande, die ihresgleichen sucht.

Von Innsbruck in den Dschihad

Eine der ersten Geschichten, die ich aufgeschrieben habe, handelte von einem jungen Tschetschenen, der seine Familie in Innsbruck verließ, um am Krieg in Syrien teilzunehmen. Ibrahim, der eigentlich anders hieß, zog gegen den syrischen Diktator Bashar al-Assad und dessen wichtigsten Verbündeten, Wladimir Putin, in den Dschihad und schloss sich einer der vielen islamistischen Milizen an, die damals in der Region operierten. Er wurde im Gefecht getötet. Es waren die 2010er-Jahre, als viele junge Männer aus Europa nach Syrien zogen, um Dschihadisten zu werden. Das war damals gar nicht so schwierig. Man musste nur in die Türkei reisen, wo man vor dem «Dschihad-Tourismus» beide Augen zudrückte. In Deutschland sorgte damals der Rapper Dennis Cuspert alias Deso Dogg für Schlagzeilen. Auch er lebt heute vermutlich nicht mehr. Die brutalsten Gruppierungen, denen sich Ibrahim, Cuspert und andere anschlossen, waren die Al-Nusra-Front, der lokale Ableger von al-Qaida, sowie der IS, der sogenannte Islamische Staat. Viele *Muhajirun*, wie sich die Auswanderer im islamischen Kontext nannten, waren verlorene Seelen. Sie fühlten sich weder in Europa zuhause noch in den Heimatländern ihrer Eltern. Ein großer Teil der Rekruten aus Österreich waren Menschen mit tschetschenischen Wurzeln. Viele von ihnen verloren aufgrund der brutalen Kriege, die der Kreml in Tschetschenien führte, ihre Heimat. Putin hatte während des zweiten Tschetschenien-Kriegs Hunderttausende Menschen bombardieren, massakrieren und in Kerkern foltern lassen. Die Bilder aus Grozny hätten schon damals verdeutlichen sollen, was auf Europa zukommen konnte. Das Leid in der Ukraine hat in westlichen Staaten die nötige Massensolidarität hervorgerufen, und Russlands illegaler Angriffskrieg wurde als solcher verurteilt. Im Falle Tschetscheniens war das noch ganz anders. Die Tschetschenen sind zwar phänotypisch «Weiße», doch ihr muslimischer Hintergrund erleichterte ihr Othering im Westen. Putin rechtfertigte seinen genozidalen Krieg folglich als «Feldzug gegen den Terror», lange bevor George W. Bush und seine westlichen Verbündeten in Afghanistan und Irak einmarschierten.

Im Laufe der Kriegsjahre verschlug es zahlreiche tschetschenische Geflüchtete nach Österreich, wo sich eine ihrer größten Diaspora-Gemeinschaften herausbildete. Auch ich lernte in meinen Jugendjahren viele Tschetschenen kennen. Meine Freunde Nader und Nasser wuchsen in einem Geflüchtetenheim mit ihnen auf. Sie konnten sich aufgrund ihrer eigenen Fluchtjahre in Moskau und Kiew mit ihnen auf Russisch unterhalten, was für eine stärkere Bindung sorgte. Natürlich gab es auch in meinem Boxverein Tschetschenen, die für ihre Kampfsportaffinität bekannt sind. Unser Verein zog sowieso so ziemlich alles an, was von Krieg, Leid, Armut und Rassismus heimgesucht wurde. Unser Trainer, Mohammad Naderi, stammte aus dem Iran und hasste das Mullah-Regime. Neben Tschetschenen und Afghanen gab es Armenier, Jesiden, Kurden, Türken, Russen, Bosniaken, Serben und Kroaten. Ein ganzer Haufen von Menschen, die sich in den jeweiligen Regionen teils auch gegenseitig bekriegt hatten. Doch beim Sport zählte in erster Linie der Zusammenhalt. Egal, woher man kam oder woran man glaubte. Früh fiel mir auf, wie viel Afghanen und Tschetschenen gemeinsam hatten. Sie hatten nicht nur viel Krieg und Leid durch die russischen Invasoren erlebt, sondern mussten auch mit verschiedenen Stereotypen kämpfen: überkommenes Ehrgefühl, Extremismus, Kriminalität. Hinzu kam ihr Ruf als isolierte, rückständige Bergvölker. Viele Burschen aus anderen migrantischen Communitys in Innsbruck hatten Angst vor den Tschetschenen. Es hieß, man dürfe sich mit ihnen bloß nicht anlegen, aber dass sie auch eine gute Verstärkung seien, falls es einmal brenzlig werden würde. Meine tschetschenischen Freunde waren vor allem gottesfürchtige Muslime mit reinem Herzen. Keiner von ihnen war kriminell, aber sie ließen sich in Situationen, in denen andere zurückhaltend reagieren würden, auch nichts gefallen. Ich wusste, dass ich auf sie zählen konnte, auch weil ihre Sitten und Bräuche unseren afghanischen in vielerlei Hinsicht ähnelten. Und ich verstand auch, dass viele von ihnen, ähnlich wie meine afghanischen Freunde und Verwandten, an posttraumatischen Belastungsstörungen und generationenübergreifenden Traumata litten. Darum kümmert sich in Österreich und Deutschland bis heute niemand.

«Du kommst aus dem Land der Mudschaheddin», sagte mir

einmal Waheed, ein älterer Tschetschene, der regelmäßig unseren Boxverein besuchte. Er hatte meist einen ernsten Gesichtsausdruck und lächelte so gut wie nie. Tatsächlich sah ich sein Lachen zum ersten Mal, als ich ihm erklärte, dass meine Familie aus Afghanistan stammen würde. Später erfuhr ich, dass viele Verwandte von Waheed vor Jahren von russischen Soldaten getötet worden waren. Der Krieg holte die Tschetschenen in der Diaspora stets ein, und der Hass auf Russland war immer präsent. Bereits im Zarenreich wurden sie systematisch unterdrückt. Später wurden sie von Stalin deportiert, im Kalten Krieg als Kanonenfutter verheizt, nach dem Zusammenbruch der Sowjetunion von Jelzin und Putin bombardiert und durch ein Klientelregime wie das von Ramzan Kadyrow gefügig gemacht. Dort, wo Russen kämpfen, sind meist auch Tschetschenen nicht weit – aber meist auf der Gegenseite, sowohl in Syrien als auch gegenwärtig in der Ukraine, wo tschetschenische Bataillone auf Seiten der ukrainischen Armee kämpfen. Obwohl sie in der Regel für Allah und Mohammad kämpfen und zumindest militant-islamistisch angehaucht sind, drücken westliche Medien in diesem Fall ein Auge zu.

Mein Freund Rostam hatte mir damals geholfen, den Innsbrucker Dschihadisten Ibrahim ausfindig zu machen. Obwohl er den Namen eines Helden aus dem Shahnamah («Königsbuch») – dem Nationalepos der persischsprachigen Welt, aus dem mir einst auch meine Mutter erzählte – trug, war Rostam Tschetschene. Wir gingen gemeinsam boxen, besuchten die arabische Hinterhofmoschee zum Freitagsgebet oder trafen uns manchmal in der Stadt. Rostam war ein kluger junger Mann, der viel von Wirtschaft, Marketing und IT verstand. Er gehörte zu den ersten Studenten in Innsbruck mit tschetschenischer Herkunft. Rostam arbeitete, studierte und kümmerte sich um Frau und Kind. Als wir eines Abends über den Krieg in Syrien sprachen, ermahnte er mich, keineswegs russischen Narrativen Glauben zu schenken. Diese würden in europäischen Debatten immer stärker Einzug halten. Rostam hatte viel Sympathie für jene, die die beiden Kriegsverbrecher Assad und Putin in Syrien bekämpften. Ich konnte das gut verstehen. Doch ich erinnerte Rostam auch daran, dass die afghanischen Mudschaheddin das ganze Land ins Chaos stürzten, nachdem die Rote Armee abgezogen war. Dennoch: Als der Adhan, der islamische Gebetsruf, aus seinem Handy ertönte, beteten wir gemeinsam in seiner Wohnung. Anschließend meinte Rostam, dass ich schon wissen würde, wie Recht und Unrecht zu unterscheiden seien. Egal ob in Syrien, Afghanistan oder anderswo. Es war mein letztes Treffen mit ihm. Die Ferien gingen zu Ende, und mein zweites Unisemester begann in Tübingen. Rostam und ich verloren uns aus den Augen. Erst Jahre später erreichte mich die Nachricht, dass er sich eines Tages dazu entschlossen hatte, sein Studium abzubrechen und seine Arbeit an den Nagel zu hängen. Er verkaufte seinen Audi, seine Computerausrüstung und sein Snowboard, das er in den Jahren zuvor lieben gelernt hatte – und ging nach Syrien in den Dschihad, wo er den Tod fand.

Ich, der Terrorist

Das Wetter war schwül an jenem Tag im Mai 2017 in Khogyani, einem Distrikt in der ostafghanischen Provinz Nangarhar. Die Hitze des subtropischen Klimas raubte uns langsam die Kraft. Am Tag zuvor hatte ich zusammen mit meinen beiden Freunden, den Reporterkollegen Mohsen Zaman und Ali Latifi, noch von dem berühmten Eis im nahegelegenen Kama gekostet. Ein Kontrast zu diesem anderen «Termin» heute. Als wir einigen Bekannten in der Provinzhauptstadt Jalalabad erklärten, wohin wir fahren würden, zeigten sie uns den Vogel. «Nach Khogyani? Ihr seid verrückt», hieß es immer wieder. Bereits damals, vier Jahre vor der Rückkehr der Taliban nach Kabul, wurde der Distrikt von den Aufständischen kontrolliert. Und zu denen oder zu den Menschen, die unter ihnen lebten, wollte niemand.

Auf der dreißigminütigen Fahrt nach Khogyani sahen wir Überreste von Panzern, löchrige Straßen, die wahrscheinlich durch Taliban-Minen oder US-Luftangriffe verursacht worden waren, und weite Felder mit Schlafmohn, dem ertragreichsten Exportprodukt Afghanistans. Im Dorf angekommen, empfing uns der lokale Taliban-Kommandeur Esmatullah Bashari, ein graubärtiger Mann mit Kalaschnikow. Jeden von uns umarmte er fest, bevor er uns seine starken, rauen Hände reichte – die typische Begrüßungsform unter Männern in Afghanistan. Kurz darauf saßen wir in seiner Lehmhütte. «Hoffentlich seid ihr hungrig. Es gibt gleich Essen», sagte er, als wir Platz nahmen. Seine Söhne servierten uns Tee, Trockenobst und Kuchen. Dann kamen Bohnen, Joghurt und Brot. Eine Kakerlake starrte von der Decke herab, verzog sich aber schnell in einen Schlitz in der Wand. Die Grillen zirpten. Es roch nach Vieh.

Bashari lebte, wie die meisten Afghanen auf dem Land, in ärmlichen Verhältnissen, was seiner afghanischen Gastfreundschaft jedoch keinen Abbruch tat. Der Kommandant begann, von seinem Leben zu erzählen. Bereits in den 1980er-Jahren kämpfte er als Mujahed gegen die Rote Armee und ihre Verbündeten. Den Taliban, die damals noch nicht existierten, schloss er sich während der US-Besatzung an. Als wir bei ihm zu Gast waren, klagte Bashari, dass die amerikanischen Soldaten und die von ihnen geschaffene afghanische Nationalarmee in der

Provinz Nangarhar und anderswo viel Leid verursachten. Er machte einen offenen und geselligen Eindruck, deshalb wollte auch ich mit ihm ehrlich sein. Dass ich Journalist war, wusste er bereits. Darüber hinaus berichtete ich ihm von meinem Leben im Westen und meinen Recherchen für ein damaliges Buch. «Ich schreibe auch gerade ein neues Buch», war seine überraschende Antwort. Kommandant Bashari verstand sich nämlich nicht nur als Kämpfer, sondern zuvorderst als Literat und Poet. Noch bis vor geraumer Zeit war er regelmäßig auf kulturellen Veranstaltungen in Nangarhar aufgetreten, die von der Kabuler Regierung organisiert wurden. Dort hatte er auch den Mann getroffen, der zur damaligen Zeit in Afghanistan offiziell das Sagen hatte: Präsident Ashraf Ghani. «Ich verabscheue diesen Bastard», wütete Bashari. Ghani sei eine Marionette der Amerikaner und nur an der Fortführung des Krieges interessiert. Außerdem habe er sich vom Islam und der afghanischen Kultur entfremdet. Er verstünde sein eigenes Land nicht mehr.

Während der Himmel über Khogyani dunkler wurde und sich ein Gewitter anbahnte, näherten sich die Motorgeräusche mehrerer Autos. Wenige Augenblicke später standen zwei Humvees vor Basharis Hütte. Aus ihnen stiegen mehrere schwerbewaffnete Taliban-Kämpfer verschiedener Altersgruppen aus. Der Kommandant begrüßte sie und ließ sie neben uns Platz nehmen. Ein großer beleibter Kämpfer namens Jahanbaaz saß mir gegenüber und starrte mich grimmig an. *«Kho, pa khair raghley? Lag jame waka.»* «Na, bist du gut angekommen? Erzähl mal etwas», forderte ich ihn grinsend auf Paschto auf. Sein Gesichtsausdruck änderte sich schlagartig. Auch er musste lächeln. Kurz darauf bot er uns Journalisten eine Tour durch sein Gebiet an. Wir lehnten dankend ab und lauschten den Worten Basharis, der nun jeden seiner Kämpfer nacheinander ausholend vorstellte. Während mein Aufnahmegerät lief, musste ich immer wieder daran denken, in was für einer surrealen Situation ich mich gerade wieder befand. Noch eine Woche zuvor flanierte ich durch den Schloßplatz in meiner neuen Stuttgarter Heimat und trank Kaffee in einem der Hipster-Lokale im Westen der Stadt. Und nun saß ich mit zehn Taliban-Kämpfern und ihren Kalaschnikows in der Peripherie Nangarhars.

Es war einer von vielen Orten, der auch meinen Eltern unbekannt war. Meine Mutter kannte Baghlan hauptsächlich aus ihrer Kindheit. Mein Vater war ein Stadtkind, das abgesehen von Jalalabad, Paghman oder dem Qargha-See bei Kabul nicht viel vom Rest des Landes gesehen hatte. Das ländliche Afghanistan war nur schwer zu erreichen. Meist dauerte eine Fahrt von wenigen Kilometern schon mehrere Stunden. Die Straßen, die errichtet und immer wieder zerstört wurden, waren meist für das militärische Gerät der jeweiligen Invasoren gedacht. Für die Menschen in diesen Regionen hatte man sich schon immer kaum interessiert – egal, wer gerade einmarschierte oder in Kabul das Sagen hatte. Nur kleine Details zeigten, dass auch sie tatsächlich im 21. Jahrhundert lebten. Etwa das chinesische Billighandy eines Dorfbewohners, der sich zu uns gesellt hatte. Es klingelte mehrmals, doch am anderen Ende der Leitung war niemand zu hören. Im Dorf fehlte jegliche Infrastruktur, und dazu gehörte auch ein funktionierendes Telefonnetzwerk.

Auch Esmatullah Bashari griff regelmäßig nach seinem Handy. Er besaß eine SIM-Karte eines anderen Anbieters und hatte besseren Empfang. Je länger wir uns mit den Taliban-Kämpfern und den anderen Dorfbewohnern unterhielten, desto nervöser schien Bashari zu werden. «Okay, wir sollten langsam aufbrechen. Wenn uns hier eine Drohne trifft, werdet auch ihr als Terroristen deklariert. Die Amerikaner machen da keinen Unterschied», sagte er. Mohsen, Ali und ich sahen einander an und wussten, dass der Kommandant einen Punkt hatte. Inmitten einer Reihe von Taliban-Kämpfern befanden wir uns tatsächlich in einer gefährlichen Situation. Unser Glück war vielleicht der wolkenbedeckte Himmel. Die Predator-Drohnen des US-Militärs und der CIA tauchten nämlich nur bei klarem Himmel auf. In Khogyani und anderswo im Land wusste das jeder, ob greiser Bauer oder spielendes Kind. Das ständige Summen der Killermaschinen, das man im warmen Nangarhar manchmal mit dem Fluggeräusch der ansässigen Moskitos verwechseln konnte, war hier ständiges Hintergrundrauschen.

Wir fackelten nicht lange, verabschiedeten uns und verließen das Dorf. Doch Basharis Worte verfolgten uns. Sie waren keine Hirngespinste oder Übertreibungen, sondern die nackte Realität, die im Laufe des «War on Terror» von den USA und ihren Verbündeten in Afghanistan geschaffen worden war. Noch während der Amtszeit Barack Obamas wurde enthüllt, dass das Pentagon alle «männlichen Personen im wehrfähigen Alter» («military-aged males») im Umfeld eines Drohnenangriffs per se als «feindliche Kombattanten» betrachtete, sofern nicht Gegenteiliges bewiesen werden konnte. Wer würde sich schon um den Hirtenjungen, den Bauern oder den Taxifahrer aus Khogyani kümmern? Niemand. Alle wurden pauschal als «Terroristen» abgestempelt und gingen in irgendeiner Statistik unter, gestützt von einigen Medienberichten, die das Narrativ der US-Regierung untermauerten. Reine Äußerlichkeiten wie lange Haare, ein Vollbart oder ein Turban reichten aus, um als Talib deklariert zu werden. Der afghanische Mann wurde nicht nur in Europa kriminalisiert, entmenschlicht und zur Zielscheibe gemacht, sondern allen voran in Afghanistan, in seiner eigenen Heimat. Hätte uns an jenem Tag in Khogyani tatsächlich eine Drohne getroffen, wären wir ohne Zweifel als «Terroristen», «Militante» oder Ähnliches durchgegangen. Das US-Militär machte sogar vor seinen eigenen Verbündeten nicht

Halt: In den letzten Tagen des NATO-Abzugs im August 2021 tötete eine Drohne in Kabul neun Zivilisten, die im Anschluss als «IS-Terroristen» bezeichnet wurden. Da sich das Massaker allerdings nicht in einem abgelegenen Dorf in Khogyani ereignete, sondern mitten in der Hauptstadt, konnte das Lügenkonstrukt des Pentagons binnen weniger Stunden durch herbeigeeilte Journalisten zerlegt werden. Der Mann, den das US-Militär für ein IS-Mastermind gehalten und deshalb mitsamt seinen Kindern ermordet hatte, hieß Emal Ahmadi und war für eine amerikanische NGO tätig. Seine beiden Brüder, die sich ebenfalls in unmittelbarer Nähe des Anschlagsorts befanden, waren als Ortskraft der US-Truppen bzw. als Soldat der afghanischen Armee tätig. Wenige Wochen nach dem Angriff sprach das Pentagon von einem «Fehler». Wie viele dieser «Fehler» sich in den zwanzig Jahren des US-Kriegs am Hindukusch ereignet haben, weiß niemand. Jahrelang war Afghanistan das am meisten von Drohnen bombardierte Land der Welt. Im Laufe meiner Recherchen stellte ich fest, dass selbst ein entfernterer Verwandter von mir durch einen Drohnenangriff nahe der Durand-Linie getötet worden war. Der Tod durch die ferngesteuerten «Todesengel», wie die Drohnen in einigen paschtunischen Regionen bezeichnet wurden, war nahezu alltäglich – und doch wurde er meist ignoriert oder als «sauberer» oder «präziser» Krieg verkauft. Wie falsch dieses Narrativ war, offenbarten nicht nur handfeste investigative Recherchen, sondern im August 2021 auch eine Auferstehung der Toten der besonderen Art. Als die USA Jahrzehnte nach dem Ende des Vietnamkriegs abermals einen «Saigon-Moment» in Kabul erlebten, zogen jene Taliban-Führer, die jahrelang «Geister» genannt wurden, weil sie nach mehreren Drohnenangriffen vor Jahren bereits für «tot» erklärt worden waren, in die Regierungsgebäude ein und proklamierten ihren Sieg über das amerikanische Imperium.

«Sie waren für mich wie Ameisen», erklärte ein Whistleblower und ehemaliger Drohnen-Pilot während eines Interviews. Er sprach über seine Einsätze und die Menschen, die er im Akkord per Knopfdruck tötete. Viele dieser Menschen sahen aus wie ich. Oder sie erinnerten mich an meinen Freund Jawed aus Linz, dessen Wurzeln eigentlich in Wardak nahe Kabul liegen. Während wir im Spätsommer im traditionellen Kaffeehaus Limonade tranken, erzählte mir Jawed von seinen Kindheitsfreunden aus Wardak, der afghanischen «Generation 9/11». 2017 reiste ich erstmals nach Wardak, um dort Drohnenopfer zu treffen. Schon damals wurden weite Teile der Provinz von den Taliban kontrolliert. Bevor ich mit meiner Arbeit beginnen konnte, musste ich mit zwei bewaffneten Kämpfern frühstücken. «Das ist deins», sagte ich dem Talib, mit dem ich aus einer Pfanne Spiegeleier aß. Nach typisch afghanischem Brauch bot ich ihm den letzten Bissen an. Er nahm dankend an und wollte wissen, warum die Kabulis denken würden, die Taliban seien grausame Menschenfresser. Ich erklärte ihm, dass viele Zivilisten durch Taliban-Anschläge getötet worden waren und dass Orte, die auch ich regelmäßig aufsuchte, zu Schauplätzen ihrer Massaker geworden seien. «Der Krieg ist kompliziert. Weißt du, wie viele unserer Kinder getötet wurden?», erwiderte er etwas reumütig. Mit Terroranschlägen, die unschuldigen Afghanen und Afghaninnen das Leben kosteten, habe er nichts zu tun. «Ich habe studiert. Währenddessen wurde mein Dorf bombardiert, und die korrupte Marionettenregierung in Kabul tat nichts dagegen», ergänzte sein Kompagnon, der nachdenklich in der Ecke saß und seine Kalaschnikow wie eine Katze in seinem Schoß streichelte. Seine Gesichtszüge erinnerten mich an jene des afghanischen Volkshelden Wazir Akbar Khan, der im 19. Jahrhundert die Briten bekämpfte. In den zwanzig Jahren des NATO-Kriegs wurde die sogenannte Wazir-Akbar-Khan-Medaille von afghanischen Präsidenten an amerikanische Generäle verliehen. «Ich denke, jeder von ihnen ist mittlerweile bei den Taliban», stellte Jawed bei unserem Linzer Kaffeehaus-Besuch nüchtern fest. Wir stellten uns beide die Frage, was aus uns wohl geworden wäre, wenn wir nicht in Österreich, sondern in Afghanistan aufgewachsen wären.

«Jakob, du bist auch ein Terrorist», lauteten einst die Worte des Innsbrucker Hoteliers. Mein Vater reagierte empört, sprach von Rechtsstaatlichkeit, Menschenrechten, der Demokratie und bezeichnete ihn als Rassisten. Dann schmiss er seinen Job hin. Ich versuchte, pragmatischer zu sein. «Guten Morgen, Mohammed, unser Hausterrorist», begrüßte mich der Büroleiter der Johanniter, bei denen ich nach meiner Matura den Zivildienst absolvierte. Am Tag zuvor hatte der Terrorist Mohammed Merah in Frankreich sieben Menschen ermordet. Mein Vorgesetzter meinte womöglich, dass er lustig sei. Ich sah ihn an und grinste meine Wut weg. Dass ich meist nur Verachtung für meine «Kollegen» empfand, wussten sie sowieso. Viele von ihnen wählten die FPÖ. Sie waren offen rassistisch und auch ableistisch, obwohl sie jeden Tag mit behinderten Menschen arbeiteten. «Irgendwann stumpft man ab und hasst diese Idioten», sagte mir einmal einer der Fahrer. Ein anderer Mitarbeiter, der sich gerne intellektuell und philosophisch gab, ein bekennender Nietzsche-Fan, hasste Türken und Muslime. Ein kleiner türkischstämmiger Knirps hatte ihn einst vorlaut darüber aufgeklärt, sein Lieblingsphilosoph sei dumm: Allah, also Gott, sei nicht tot. Als mir ein türkischer Opa im Rollstuhl zum Dank einen Apfel in die Hand drückte, schäumte der Nietzsche-Fan vor Wut. So eine Belohnung hätte er noch nie bekommen. Er würde den Apfel aber ohnehin nicht essen. Es gab auch ein paar Lichtblicke. Im Ramadan wurde mir ein schonender Arbeitsplan zugeteilt. Ich durfte nach Hause, bevor die Sonne unterging, und konnte mich ein paar Stunden vor dem Fastenbrechen ausruhen. Viele der älteren Menschen, mit denen ich täglich zu tun hatte, verhielten sich freundlich und zuvorkommend. «Sie sein so fesch und rassig», meinte eine ältere Dame, während ich sie in den Liegestuhl gleiten ließ. Mein Vollbart erinnere sie an André Hofer und ihren Großvater. Der Ausdruck «rassig» ist heute politisch inkorrekt, doch dass sie es nicht böse meinte, stand für mich außer Frage.

Muttersprache, Krieg und Checkpoints

«*Bas ast dega. Maa merem khaana.*» «Es reicht. Wir gehen jetzt nachhause», sagte mein Vater plötzlich in Farsi. Ich war überrascht und fühlte mich unwohl. Und ich wusste nicht, wie ich ihm antworten sollte. Nach fast sechs Jahren hatte er sich entschlossen, mit mir kein Deutsch mehr zu sprechen – von einem Moment auf den anderen. Bis dahin war ich es gewohnt, mit meinem Vater Hochdeutsch zu sprechen, während meine Mutter mit mir Farsi sprach. Tirolerisch, wie zum Beispiel den Innsbrucker Dialekt, hasste mein Vater. Er wetterte gegen diesen «Auswuchs» des Deutschen, wie er es oft bezeichnete. Die Sprache der Tiroler sei primitiv und klinge hässlich. Stattdessen sprach er so, wie er es einst als Jugendlicher am Amani-Gymnasium in Kabul von seinen Lehrern aus München oder Hamburg gelernt hatte. Das Deutsch meines Vaters klang oft hochgestochen. Er benutzte viele technische und juristische Begriffe, die im Alltag eher unüblich waren. Irgendwann fiel mir auf, dass er das auch mit Absicht tat – etwa vor meinen Lehrern, irgendwelchen Beamten oder beim Arzt. Er wollte den Menschen nicht nur zeigen, dass er Deutsch sprechen konnte, sondern dass er die Sprache auch besser beherrschte als sie. So auch, wenn mein Vater jemandem schrieb. Er benutzte keine Schreibmaschine und später auch keinen Computer mit Drucker, sondern griff meist nach einem Blatt Papier und einem Kugelschreiber oder einer Füllfeder. Das macht er bis heute. In geschwungener, nahezu kalligraphischer Schrift verfasste er so amtliche Schreiben oder Briefe an meine Lehrer. Sobald er einen Fehler bemerkte, zerriss er demonstrativ das Blatt und fing von vorne an. Auch ich begann früh mit dem Schreiben. Bereits vor meiner Einschulung brachte mir meine Mutter die persische Schrift bei. Sie erzählte mir Geschichten und Märchen, die sie kannte oder einfach erfunden hatte, und ich versuchte, sie in meiner eigenen Schrift und Sprache nachzuerzählen. Besonders mochte ich die humorvollen Anekdoten von Mullah Nasruddin, die von der Türkei bis nach Afghanistan bekannt sind. Geschichten wie die folgende, die ich aufgeschrieben und meiner Mutter zum Lesen gegeben hatte:

«Mullah Nasruddin angoshtar-e khud ra gum karda bud. Shab dar khaana angoshtar ra mepaalid. Khanomesh goft ke chura dar khaana mepaali chunke angoshtaresh dar birun gum shuda bud. Inja chiraagh ast, Nasruddin jawab dad.»

«Mullah Nasruddin hatte seinen Ring verloren. In der Nacht suchte er seinen Ring zuhause. Seine Frau fragte ihn, warum er seinen Ring hier im Haus suchen würde. Er habe ihn doch draußen verloren. Hier sei Licht, war die Antwort Nasruddins.»

Manchmal dachte ich Deutsch und sprach Farsi. Die Sätze klangen dann etwas merkwürdig, aber sie waren am Ende immer noch irgendwie verständlich. Außer meinem familiären Umfeld gab es lange Zeit niemanden, mit dem ich meine *Muttersprache* hätte sprechen, mit dem ich sie hätte vergleichen können. Manchmal fragte ich mich, was Deutsch für mich war.

Eine *Vatersprache*, weil sie zuhause ausschließlich von meinem Vater gesprochen wurde? Auf jeden Fall war die Sprache da und wurde mir von klein auf weitergegeben. Ich machte keinen Unterschied zwischen den Sprachen und konnte mich mit beiden identifizieren. Auch im Afghanischen sorgt der Begriff «Muttersprache» manchmal für Verwirrung, da von *zabaan-e maadari* oder in Paschto von *moranai zhaba* die Rede ist. Beides bedeutet wörtlich übersetzt «Muttersprache», oder noch genauer: «Mutterzunge», doch in vielen Fällen wachsen Kinder, ähnlich wie ich, bilingual auf, etwa wenn ein Elternteil Farsi spricht, der andere aber Paschto, Hazaragi oder Usbekisch. Es gibt noch andere afghanische Sprachen, die von Minderheiten gesprochen werden und eher unbekannt sind, etwa Wakhi, Pashai oder auch turkmenische Dialekte. Meist wird davon ausgegangen, dass die Sprache der Mutter dominiere. Immerhin verbringt sie laut traditionellem Rollenbild mehr Zeit mit den Kindern. Doch mit der Schule änderte sich alles, und Deutsch wurde die Sprache, die fortan mein Leben bestimmte. Ich sprach, schrieb und dachte fortwährend auf Deutsch, während ich die persische Schrift zwischenzeitlich vergaß und verlernte.

So etwas passierte auch anderen Afghaninnen und Afghanen immer wieder. Bibi Jaan war eine Paschtunin aus Khyber Pakhtunkhwa, einer Grenzprovinz im heutigen Pakistan. Als sie nach Kabul kam, konnte sie noch kein Farsi, sondern sprach Paschto, ihre Muttersprache, und Urdu, die Amtssprache Pakistans. In Kabul wurde sie allerdings mehr oder weniger dazu gezwungen, Farsi zu lernen. Viele Menschen in der Stadt, einschließlich ihrer eigenen Verwandten, konnten sie schlichtweg nicht verstehen. In der Folge vergaß sie ihre eigene Sprache zwar nicht, aber Farsi nahm einen derart großen Platz in ihrem Alltag ein, dass es wortwörtlich zur *Muttersprache* ihrer Kinder wurde. Ein Grund hierfür war sicher auch die Ausgrenzung, die Paschto im urbanen Afghanistan erfuhr. Bürgerliche Eliten brachten die Sprache meist mit rückständigem Dorf- oder Nomadenleben in Verbindung. Auch mit uns sprach Bibi Jaan meist Farsi. Mit den wenigen Fetzen Paschto, die ich manchmal hörte, konnte ich nur wenig anfangen. Als Kind dachte ich lange, dass ganz Afghanistan so reden würde wie ich. Als mir irgendwann im Jugendalter die Diversität des Landes und meiner eigenen Familie bewusstwurde, wollte ich unbedingt Paschto lernen. Ich wunderte mich darüber, dass es Afghanen gab, die ich kaum verstand. Das wollte ich ändern, doch es war gar nicht so einfach, denn auch die meisten afghanischen Geflüchteten in meiner Umgebung konnten kein Paschto, weder meine Verwandten noch meine Freunde – es war ein die verschiedenen Ethnien übergreifendes Problem. Auch die Paschtunen unter ihnen waren als Teil der städtischen Mittelschicht aufgewachsen und hatten ihre Sprache verlernt, ja teils vollständig verdrängt. Mein erster richtiger Paschto-Lehrer war Homayun, der Mitte der 2000er-Jahre nach Österreich geflüchtet war. Homayun stammte aus der nordöstlichen Provinz Laghman, hatte pechschwarze Haare und einen dunkleren Hauttyp. Er war schlank, drahtig und gehörte zu den wenigen Afghanen in meiner Umgebung, die ähnlich groß waren wie ich. Farsi hatte Homayun nicht in Afghanistan gelernt, sondern in seinem Geflüchteten-Heim in Götzens bei Innsbruck. Er sprach mit einem iranischen Einschlag, weil die Hazara, die mit ihm in einem Zimmer lebten, jahrelang auf den Baustellen Maschhads oder Teherans geschuftet hatten. Während Homayun mir Paschto-Grammatik beibrachte, machte ich mir Notizen und versuchte, einige Wörter, die er schrieb, zu entziffern. Sowohl für Persisch als auch für Paschto wird das arabische Alphabet mitsamt einiger spezifischer Zusatzbuchstaben verwendet. In Paschto wird ein «R» etwa zusätzlich mit Hilfe der Zunge gerollt, in Farsi existiert hingegen das lange «A». Meist merkt man anhand solcher Kleinigkeiten, wem welche Muttersprache zuzuordnen ist. Homayun klang manchmal wie meine Großmutter Bibi Jaan. Dann gab es wiederum Menschen wie meinen Onkel, Maamaa Zia, die beide Sprachen akzentfrei sprechen konnten, wie mir Jahre später in Afghanistan auffiel. Umso überraschter war er, als er an mir dasselbe feststellte. Doch der Weg dorthin war steinig gewesen und hatte mit Homayun begonnen, den ich mittlerweile aus den Augen verloren habe. Damals, vor fast fünfzehn Jahren, stellte er vom einen auf den anderen Tag den Unterricht mit mir ein. Er musste Extraschichten in der Fabrik schieben, um genug Geld für die Flucht seines jüngeren Bruders zu sparen. Als Ersatz für Homayun fand ich auf meinem (damals ersten!) Smartphone eine App, die ich fortan benutzte. Im Laufe der Zeit fiel mir allerdings auf, dass sie etwas merkwürdig war. Viele Sätze, die übersetzt wurden, klangen wie Befehle. Das Vokabular war sehr technisch und hatte oft einen militärischen Einschlag. «Fahr zurück!» «Halt an!» «Hast du einen Ausweis?» Warum sollte ich so mit jemandem sprechen, dachte ich mir. Irgendwann wurde mir bewusst, dass diese App nicht für Personen wie mich gemacht war, sondern für jene US-Soldaten, die damals Afghanistan besetzten.

Dass die Sprache ein Türöffner sein kann, versteht sich von selbst. Wer in Frankreich Französisch spricht, wird es einfacher haben als jemand, der es nicht tut. Gleiches gilt für Deutschland oder Österreich. Problematisch sind allerdings manche Hierarchien und Privilegien, die sich in diesem Kontext zeigen. Von weißen, angelsächsischen Expat-Communitys wird kaum gefordert, dass sie Deutsch zu lernen hätten, während Migranten und Geflüchtete aus Asien oder Afrika als «nicht integrierbar» gelten, wenn sie Probleme mit der deutschen Sprache haben. Als 2022 nach dem russischen Angriff auf die Ukraine zahlreiche neue Geflüchtete ins Land kamen, wurden sogar Ukrainisch-Sprachkurse angeboten – für Deutsche! Wer als Angehöriger einer migrantischen Diaspora in einer provinziellen Kleinstadt lebt, hat dann oft auch noch mit dem vorherrschenden Dialekt zu kämpfen. Allerdings ist es zu einfach, mit dem erhobenen Zeigefinger immer nur auf die sogenannte «Mehrheitsgesellschaft» zu zeigen. Mein Vater schloss sich permanent selbst aus, indem er den Tirolern sein kulturelles Überlegenheitsgefühl dadurch zu verstehen gab, dass er mit ihnen ausschließlich auf Hochdeutsch kommunizierte. Folglich wurde er wegen seiner mangelnden Assimilierung an die lokalen Sitten und Bräuche kritisch beäugt, kurzum: Er gehörte nicht dazu. Als er sich dessen bewusstwurde, fühlte er sich diskriminiert und ging noch mehr auf Konfrontationskurs. Auch wenn er auf diese Weise hin und wieder ein gutes Gespür für den Rassismus in seiner neuen Heimat hatte, hätte mein Vater diese Spirale der Ausschließung zumindest teilweise auch selbst durchbrechen können. Die meisten «Einheimischen» sprechen selbst kein Hochdeutsch und entwickeln Minderwertigkeitskomplexe, sobald sie damit konfrontiert werden. Das macht das Ganze für Angehörige einer migrantischen Minderheit komplizierter, vor allem auf Ämtern. Dabei lässt sich das Problem einfach lösen. Durch ein knappes, aber freundliches «Servus» entsteht während einer Wanderpause auf der Alm ein kurzer Moment der Vertrautheit. Negativ fällt nur auf, wer nicht grüßt. Wie oft wurde ich wütend und verächtlich angestarrt, bis ich mein Gegenüber zum Staunen und Lächeln brachte, indem ich einfach meinen Mund aufgemacht und gesprochen habe? Der Dialekt war für mich ein Eisbrecher. Sobald ich ihn nutzte, stand gar nicht mehr zur Debatte, ob ich irgendwo dazugehören würde oder nicht. Das war zumindest mein Gefühl.

In Afghanistan machte ich ähnliche Erfahrungen, sobald ich

am Kabuler Flughafen gelandet war. Ein wenig Smalltalk reichte aus, um alle anderen vorhandenen oder nicht vorhandenen Dokumente überflüssig zu machen. *«Salam, jor bakhair?» «Khush amadi.» «Kha raghley.»* «Salam, alles in Ordnung?» «Willkommen.» Ich wurde willkommen geheißen, und niemand interessierte sich dafür, wo Innsbruck lag. Afghanen, die im Ausland auf die Welt gekommen sind? Nichts Neues. Sie gehören trotzdem dazu. Pech hatten meist nur jene, die dachten, dass sie ein ausländischer Pass privilegierte. «Man, I am American!», schrie ein junger Diaspora-Afghane etwa einen Grenzbeamten an, nachdem diesem aufgefallen war, dass der Neuankömmling zwei Flaschen Whiskey zu viel ins Land bringen wollte. Der US-Afghane war Teil der allseits bekannten NGO-Bubble in Kabul. Was er genau tat, wusste niemand. Wichtig schien nur zu sein, dass er die richtigen Leute kannte und reiche Verwandte in Kabul hatte. Mal sprach er Paschto mit starkem amerikanischem Akzent, mal seinen California-Slang. Der Flughafenbeamte wurde laut und forderte den jungen Mann auf, sein Handgepäck zu leeren. Wenige Augenblicke später konnten alle seinen mitgebrachten Whiskeyvorrat sowie seine Notfallunterwäsche bestaunen. «Weißt du überhaupt, wer ich bin?», sagte der Ankömmling wütend. Der Beamte grinste. «Mit dir sind wir noch nicht fertig», waren seine Worte, bevor er den Whiskeymann zum Verhör abführen ließ. Einige Tage später erfuhr ich, dass ihn das Flughafenpersonal erst gehen ließ, nachdem ein einflussreicher Verwandter interveniert hatte. Mit zwei oder drei aufrichtigen Sätzen in Dari oder Paschto hätte er sich den ganzen Stress ersparen können.

Außerhalb Kabuls galt dieses ungeschriebene Gesetz erst recht. Dort fuhr man in der Regel nicht nur durch schöne Landschaften, sondern hatte auch eine Kette von Checkpoints zu passieren, besetzt mit verschiedenen Milizen. Es gab die offiziellen Sicherheitsorgane der Republik wie die afghanische Nationalarmee, die Polizei oder Agenten des Geheimdiensts NDS. Dann noch schwer bewaffnete Söldner der CIA, die vor allem im Osten und Südosten des Landes operierten und keinen Spaß verstanden. Hinzu kamen die allseits bekannten Bösewichte wie die Taliban und die Mitglieder der afghanischen IS-Zelle. Im Großen und Ganzen galt: Wer unauffällig sein wollte, musste auf sich aufmerksam machen, etwa indem man zuerst das Wort ergriff, grüßte und nach dem Wohlergehen fragte. Ich erlaubte mir meist noch irgendeinen dummen Spruch oder einen Witz, der meine mit Maschinengewehren oder Kalaschnikows ausgestatteten Gegenüber völlig entwaffnete und dazu verleitete, mich und meine Begleiter in typisch lokaler Manier zum Tee einzuladen. Danach ließ man uns meist weiterfahren. Nur mit dem IS hatte ich in all den Jahren zum Glück keine Bekanntschaft gemacht, da er in Afghanistan nur wenige Regionen kontrollierte. Heute operiert die Terrorgruppe hauptsächlich aus dem Untergrund. Doch ein befreundeter Journalist fuhr einst eine Gruppe aus Kabul in die nordöstliche Provinz Kunar, in der damals zugleich Armee, die Taliban und der IS das Sagen hatten. Die Gruppe war mit zwei Fahrzeugen unterwegs. Die einen profitierten von den Ortskenntnissen meines Freundes und hatten keine Probleme. Die Herrschaften im anderen Auto brachten sich dagegen in die Bredouille, weil sie dachten, sie könnten leichter durch die Checkpoints kommen, wenn sie das Radio zur richtigen Zeit auf einem bestimmten Sender laut stellten, um dadurch ihre vermeintliche Loyalität gegenüber den verschiedenen Milizen unter Beweis zu stellen. Das Ganze wäre allerdings fast in die Hose gegangen, als sie vor den Soldaten der Armee ein Kampflied der Taliban abspielen ließen und als vor den IS-Männern die Trommeln und Dambura-Klänge des Qataghani, einer bekannten Volksmusik, ertönten.

Die Extremisten betrachten jegliche Musik als frevlerisch. Was im Nachhinein lustig oder aufregend klingt, hätte sie damals das Leben kosten können.

Auch ich geriet an Checkpoints in brenzlige Situationen. 2017 stand ich vor den Milizen der KPF («Khost Protection Force»), einer afghanischen CIA-Miliz, die für zahlreiche Menschenrechtsverbrechen verantwortlich gemacht wurde. Nachdem ich gerade eine Recherche in deren «Arbeitsumfeld», der Provinz Khost im Südosten des Landes, abgeschlossen hatte, war ich allein und anonym mit einem öffentlichen Taxi unterwegs, mit langem Bart und Pakol-Mütze. In meinem Rucksack befanden sich Videomaterial, Fotos und Audioaufnahmen von Drohnenopfern, die das Gebaren der Miliz hart kritisierten, weil sie den Amerikanern dabei helfe, Kriegsverbrechen zu begehen und zu vertuschen. «Pass bloß auf, dass die dich nicht erwischen», sagte mir ein Freund noch kurz vor der Abreise in Khost-Stadt. Nun stand ich ohne jegliche Dokumente vor ihnen. «Du hast keine Tazkira? So geht das nicht. Aussteigen!», schrie mich einer der Söldner an, nachdem ich ihm offenbart hatte, keine Geburtsurkunde bei mir zu tragen. Die Männer der KPF sprachen ihren eigenen Dialekt, ein hart klingendes Khosti-Paschto, das anderswo in Afghanistan oft kaum verstanden wurde. Obwohl ich es nicht nur verstehen, sondern auch sprechen konnte, entschied mich kurzerhand zu einem Strategiewechsel und antwortete in Farsi. «Was willst du eigentlich von mir?», fragte ich nun in jenem Kabuli, mit dem ich aufgewachsen war. Der KPF-Söldner ging zwei Schritte zurück. Er würde mich nicht verstehen. Ich solle warten. Er war nun überzeugt, dass ich ein Gast aus einer anderen Provinz sei – und in Khost wird Gastfreundschaft noch einmal höher veranschlagt als in anderen Landesteilen. Ein freundlicher Armeesoldat, der zufällig in der Nähe stand und Farsi sprach, wurde hinzugezogen und löste das Problem. Man kaufte mir ab, dass ich Kabul noch nie zuvor verlassen hatte und deshalb keine Dokumente besaß. Mit einer Umarmung wurde ich verabschiedet. So etwas funktioniert auch nur in meiner Heimat, dachte ich.

Vor weitaus größeren Problemen standen meine Kollegen, Freunde und ich, als wir im Frühjahr 2022 nach Bamiyan in Zentralafghanistan fuhren. Seit der erneuten Machtübernahme der Taliban hatte sich das Land verändert: Checkpoints waren nur noch mit ihren Getreuen besetzt. Überall und zahlreich. In Kabul behinderten sie den Verkehr und sorgten für Unmut. Frust, Angst und Sprachbarrieren taten ihr Übriges. Viele Kabulis konnten die Kämpfer aus Kandahar, Helmand oder Uruzgan nicht verstehen und wurden deshalb umso nervöser. Zu viert brachen wir am frühen Morgen auf und fuhren von Kabul über das nahegelegene Wardak nach Bamiyan. Vor August 2021 wäre eine solche Reise unvorstellbar gewesen. Die Route war damals lebensgefährlich. Wer die berühmten Buddhas von Bamiyan sehen wollte, nahm lieber den Flieger. Doch mittlerweile hatten die Kämpfe geendet, und die Taliban inszenierten sich offen als Sieger. Sie hatten ihre Minen und Sprengfallen, die einst entlang der ganzen Straße zahlreiche Menschenleben zerfetzten, schon vor einiger Zeit entfernt. Nach vier Stunden Fahrt kamen wir an, doch kurz vor den Toren Bamiyans unterlief uns ein beinahe folgenschwerer Fehler; ich habe es weiter oben in meinen Ausführen über die afghanische Musik schon angedeutet. In unserem Auto liefen lautstark die Lieder des afghanischen Sängers und Komponisten Ustad Nashenas, die mein Vater gerne auf dem Harmonium spielte. Als der Taliban-Checkpoint bereits in Sichtweite lag, versuchte Munawar, unser Fahrer, die Jukebox des Fahrzeugs auszuschalten. Doch da der Touchscreen der billigen Chinaware streikte, war er damit erst beim fünften oder sechsten Mal erfolgreich. Gleichzeitig hatten wir vor lauter

Nervosität auf der falschen Fahrtlinie Halt gemacht, und die wütenden Taliban-Kämpfer standen bereits vor unserem Auto. «Raus!!», schrie uns der Halbwüchsigste unter ihnen an. Wenn überhaupt, war er gerade mal achtzehn Jahre alt. Die Kämpfer durchsuchten uns und kassierten unsere Handys ein. Auf dem Smartphone meines Kollegen befand sich ein obszönes TikTok-Video, das, so ließ uns der kleine Kämpfer wissen, verboten sei. «Stell dir mal vor, das wäre deine Mutter oder deine Schwester», sagte er mir. Nun wurde ich wütend und flippte regelrecht aus. In der Hitze des Gefechts war auch ich nur ein Afghane, der genügend toxische Männlichkeit aufgesogen hatte. Weil der halbwüchsige Talib in dieser Art und Weise meine Ehre angriff, beschimpfte ich ihn abwechselnd in Farsi und Paschto. Daraufhin trat der Rädelsführer, ein älterer Mann, der als *Qari Saheb* angesprochen wurde, zu uns. Wer aus dem Koran rezitieren kann, erhält den Titel «Qari», doch der Mann, der vor uns stand, hatte bereits Probleme, die Tazkiras, also die Staatsangehörigkeitsnachweise meiner Truppe, zu entziffern. Mit meinem deutschen Presseausweis konnte er gar nichts anfangen. «Von dir wollen wir eigentlich nichts», sagte er nur. Der kleine Taliban nickte zustimmend. Ich wurde noch wütender, als wir anschließend in einer Baracke verhört wurden. Am Ende half uns nur unser *Watan* – unser gemeinsames Vaterland. Es stellte sich heraus, dass die Taliban-Kämpfer allesamt aus Baghlan stammten. Erst vor drei Wochen waren sie in Bamiyan stationiert worden und verlebten dort seither einen äußerst trüben Alltag. Sie hatten weder die Überreste der Buddhas, die ihre Anführer einst zerstört hatten, gesehen, noch die sagenumwobenen, blauen Seen von Band-e Amir. Man habe kein Problem mit uns, hieß es am Ende. Der berühmtberüchtigte Geheimdienst, der GDI, würde alles nur komplizierter machen. Deshalb sollten wir schleunigst nach Kabul zurückkehren. Nach kurzem Protet durften wir dennoch in Bamiyan bleiben. Doch eines der Smartphones und mein Presseausweis mussten bis zu unserer Abreise als Pfand herhalten.

Die Checkpoints haben auch mich traumatisiert. Das Gefühl, für die Erlaubnis zur Weiterfahrt irgendeine Geschichte erfinden zu müssen, ist stets präsent. «Grüß Gott, wohin fahren Sie?», fragte mich einmal ein österreichischer Grenzbeamter. «Servus, nach Innschprugg», antwortete ich ihm in der Hoffnung, dass er dadurch gleich merken würde, woher ich komme.

Vor der Tür

Im Frühjahr 2021 saß ich in der Lobby eines verstaubten Hotels im Herzen Kabuls. Das «Spinzar», übersetzt «weißes Gold», war alles andere als edel. Doch es verdiente sich seit einigen Jahren ein goldenes Näschen durch seine Zusammenarbeit mit der Internationalen Organisation für Migration (IOM). Die NGO bezahlte dem Hotel ein hübsches Sümmchen, damit es sich einige Tage lang um abgeschobene afghanische Geflüchtete aus aller Welt kümmerte. Ich besuchte das «Spinzar», das nahe der Bagh-e-Omomi-Brücke und direkt neben dem Stand des Buchhändlers Shams ul-Haq lag, regelmäßig, um kürzlich Abgeschobene zu interviewen. Außerdem wollte ich die Ankunft von «Seehofers 69», jenen 69 Geflüchteten, die zum 69. Geburtstag des damaligen bayerischen Ministerpräsidenten Horst Seehofer abgeschoben wurden, rekonstruieren. Die Massenabschiebung sorgte damals für einen großen medialen Aufschrei und war de facto rechtswidrig. Viele der Betroffenen planten eine neue Zukunft in Deutschland, doch dann schickte sie der deutsche

Rechtsstaat zurück in Chaos, Krieg und Verderben. Einer der Geflüchteten beging kurz nach seiner Ankunft im «Spinzar» Selbstmord. «Ich kann mich erinnern, wie sie seinen Leichnam rausgebracht haben. Armer Junge, was für ein Leid er wohl erdulden musste», sagte damals der mit mir befreundete Shams ul-Haq. An jenem Vormittag traf ich zwei weitere Abgeschobene, Jawed Hosseini und Taheb Shinwari. Sie waren frisch aus Österreich angekommen. Shinwari war ein schlanker Paschtune aus Wien, der ursprünglich aus der östlichen Provinz Nangarhar stammte. Hosseini, ein Hazara, der den Großteil seines Lebens im Iran verbracht hatte, war aus Innsbruck. Als er meine Heimatstadt erwähnte, horchte ich auf. «Dort bin ich auf die Welt gekommen», sagte ich ihm. Hosseini sah mich erstaunt an und lächelte. «Das hätte ich jetzt nicht erwartet», erwiderte er. Dann erzählte er mir von seinen fünf Jahren in Innsbruck. Er beschrieb die Geflüchtetenheime, in denen er untergekommen war und die ich alle kannte. Er erzählte von Firmen, die ihm Ein-Euro-Jobs anboten, um ihn auszubeuten, da er keine Arbeitserlaubnis hatte, und von seiner «freiwilligen Rückkehr», die gar nicht so freiwillig war, wie manche meinen würden. Nur abends fand Hosseini manchmal Ruhe, wenn er mit dem wenigen Geld, das er erhielt, ins Moustache ging, um sich ein Bier zu gönnen. In dieser schillernden Bar in der Innsbrucker Altstadt arbeitete ich früher – als Türsteher. Es war verrückt, so dachte ich, wohin das Schicksal Jawed und mich gebracht hatte.

Während meines Zivildiensts bei den Johannitern fiel mir schnell auf, dass die rund 600 Euro, die ich monatlich für meinen Vollzeitjob erhielt, gerade einmal ausreichten, um über die Runden zu kommen. Ich musste allerdings sparen, um mein Studium zu finanzieren. Schon in meinem Maturajahr arbeitete ich eine Zeit lang bei einer Security-Firma. Ich war schon damals fast 1,90 Meter groß, hatte breite Schultern und machte

Kampfsport. Das Einzige, was mir allerdings manchmal fehlte, war jenes knallharte Türstehergehabe, das meinen Freunden und mir in Innsbruck oft den Einlass in diverse Clubs verwehrte. Jeder «migrantische» Mann weiß, wovon ich spreche. Vor der Tür begegnet einem der blanke Rassismus, oft sogar von Männern, die dieselbe Herkunft teilen. «Es gibt von *euch* schon zu viele da drinnen.» «*Ihr* macht immer Stress.» Jene Türsteher, die ihren Rassismus oder zumindest ihre rassistischen Anordnungen kaschieren wollen, lenken ab, indem sie von «Privatpartys» sprechen oder auf vermeintliche Dresscodes hinweisen. Als Jugendliche spielten wir die verschiedensten Tricks aus, um an den Türstehern vorbeizukommen. Erfolgreich war in der Regel allerdings nur unser Freund Masoud, der Italienisch sprach, etwas heller war als der Rest von uns und meist ganz im Stile der Nullerjahre ein Sakko trug. Doch nun stand ich im Moustache plötzlich selbst vor der Tür, und zwar ganz allein. Ich war bei keiner Firma angestellt, sondern der eigenverantwortliche Security-Mann einer hippen Bar, deren Besitzer eine ähnlich facettenreiche Identität hatte wie ich. Karim Ayoub sah aus und sprach wie ein Tiroler, doch sein Vater stammte aus Ägypten. Er hatte eine positive Einstellung zum Leben, verabscheute Rassismus und bezahlte fair. Ich fühlte mich sofort wohl und nahm den Job an, auch weil ich wusste, dass es hier kaum Stress geben würde. Mir gefiel auch die Lage der Bar neben dem Dom zu St. Jakob, den ich aus früheren Klassenausflügen kannte. Mein Plan war klar: unter der Woche Zivildienst, am Wochenende vor der Tür im Moustache. Racial Profiling oder Dresscode-Kontrollen gab es keine. Karim nahm nur die Alterskontrolle streng. Keine Minderjährigen. Zuhause sorgte mein neuer Job für Unmut. Wer Türsteher wird, ist nicht weit vom Zuhälter entfernt, sagte mir mein Vater. Das klang übertrieben, aber so denken nun einmal afghanische Väter. Er wusste allerdings auch, dass er mein Studium nicht finanzieren konnte. Außerdem, so argumentierte ich, sei es doch besser, für einigermaßen Ordnung im Getümmel zu sorgen, als in der Rolle des Kellners Alkohol zu servieren. Eine Woche später stand ich zum ersten Mal vor der Tür.

Die ersten Monate vor dem Moustache vergingen ruhig. Mittlerweile hatte sich in Innsbruck herumgesprochen, dass ich der neue Türsteher war. Als es kälter wurde und Tausende neuer Studenten nachts um die Häuser zogen, harrte ich bis zwei Uhr morgens vor der Tür aus. Dann hatte ich entweder Feierabend oder machte im dazugehörigen Club direkt unter der Bar weiter, dem Aftershave. Auch meine afghanischen Freunde, meist junge Männer wie Jawed Hosseini, den ich später in Kabul kennenlernen würde, erfuhren von meinem neuen Job. «Los, lasst uns heute Abend zu Emran gehen!», hieß es dann, bevor sie auftauchten und ich ihnen Eintritt gewährte und Getränke oder das eine oder andere Sandwich aus der Küche organisierte. Durch meine Anwesenheit konnten sie nicht nur problemlos die Tür passieren, sondern fühlten sich auch wohl und sicher. Bar und Club wurden dadurch zu einem Safe Space für Menschen, die anderswo Ablehnung erfuhren. Viele von ihnen kamen nur, weil sie wussten, dass ich dort war. Im Aftershave arbeitete ich nicht allein, sondern meist mit zwei anderen Kollegen. Wegen des erhöhten Alkoholpensums der Gäste und einigen anderen Substanzen musste man dort öfters mal richtig anpacken. Ich kann mich noch gut an einen angetrunkenen Briten erinnern, der eine junge Frau in die Toilette gezerrt hatte, um sich dort an ihr zu vergehen. Nachdem ich ihn hochkant rausgeschmissen hatte, wollte er allerdings nicht verschwinden, sondern blieb vor der Glastür stehen. «You fucking Muslim!! You should be bombed! Why do you even work here?», schrie er. Ich fühlte mich gekränkt und unwohl. Erst nachdem mein

Chef intervenierte und mit der Polizei drohte, ging er. Doch es gab auch viele schöne Momente vor der Tür, und einige Kollegen ahnten schon damals, wohin meine Reise gehen würde. «Du hast gerade vier Sprachen in zehn Minuten gesprochen. Und du kannst so gut mit den Gästen umgehen! Du solltest Diplomat werden oder Journalist!», sagte mir mein ostdeutscher Kollege, der damals sein Geld an der Garderobe verdiente. Ihm fiel auf, dass ich mich mit den Gästen, die an jenem Abend gekommen waren, nicht nur auf Deutsch unterhalten konnte, sondern auch auf Farsi, Englisch und Französisch. Dann kam wieder einmal der Satz, der kommen musste: «Du bist ein Kosmopolit!» «Ja, ein kosmopolitischer Türsteher!», entgegnete ich ihm grinsend.

Wie Kain und Abel

Laut einer Legende wird der Name der Stadt Kabul aus jenen der Söhne Adams, Kain und Abel, abgeleitet. Nachdem er seinen Bruder Abel ermordet hatte, sei Kain demnach von Gott dazu verdammt worden, als Nomade durch die Welt zu wandern. Als er das Gebiet des heutigen Kabuls erreichte, sei er zu dem Entschluss gekommen, eine Stadt zu gründen und seinen Sohn zu deren König zu machen. Ob diese Sage auch nur einen Funken Wahrheit in sich trägt, ist schwer zu sagen. Fakt ist: In der mehrheitlich muslimischen Region lassen sich heute nicht nur zahlreiche Hinweise auf den Koran finden, sondern auch auf das Alte Testament. Abgesehen davon, dass im heutigen Afghanistan einst Tausende von Juden lebten und bis heute ihre Spuren hinterlassen haben, erfreut sich etwa der Mythos, die

Paschtunen gehörten zu den Verlorenen Stämmen Israels, besonderer Beliebtheit. Er wurde auch von der jüdischen Minderheit im Land, die mittlerweile vollständig ausgewandert ist, also nicht mehr existiert, bis zuletzt vertreten. Einmal meinte sogar ein israelischer Gast in Seefeld, einem Urlaubsdomizil nahe Innsbruck, zu meinem Vater: «Jakob, ihr Afghanen seid eigentlich Juden. Wusstest du das?» Tatsächlich ist diese Theorie in den letzten Jahren populärer geworden, als manche meinen würden. Israelische Rabbis sprechen auf ihren YouTube-Kanälen regelmäßig über Gemeinsamkeiten zwischen hebräischen und paschtunischen Traditionen. Meist beginnt es schon bei den Namen einiger Stämme, die besonders biblisch klingen. Beispiele hierfür sind etwa Barak (Barakzai), Salomon (Sulaimankhel), Gideon (Gadoon) oder Afridi (Ephraim). Hinzu kommen patriarchale Traditionen innerhalb der paschtunischen Stammesgesellschaft, etwa dass der jüngere Bruder meist die Witwe des älteren heiratet, oder Kleidungstücke, die an den jüdischen Tallit erinnern. Selbst in den einprägsamen Gebetskäppchen der Paschtunen, um die sie meist ihren Turban binden, wollen einige eine Kippa erkennen. Ein Mann, um den sich viele dieser Mythen ranken, ist der auch im Islam wichtige Prophet Salomon. Nach ihm ist auch das Sulaimangebirge, das nahe der Durand-Linie im Westen des heutigen Pakistans liegt, benannt. Von dort aus, so behaupten auch einige Historiker und Ethnologen aus der Region, sollen sich die Paschtunen verbreitet haben. Die Söhne Salomons, die einst aus dem Gelobten Land flüchteten, sollen hier Zuflucht gefunden haben. Doch trotz der Tatsache, dass selbst der letzte König des Landes, Mohammad Zahir Shah, einst vor jüdischen Gästen behauptet haben soll, zu den «Söhnen Benjamins» zu gehören, ist praktisch nichts davon bewiesen. Es handelt sich lediglich um Geschichten, die erzählt und von Generation zu Generation weitergegeben wurden. Fast alle vermeintlich jüdischen Wurzeln können alternativ auch auf die Islamisierung der Region und der Paschtunen zurückgeführt werden. Immerhin gehört auch der Islam zu den großen, abrahamitischen Religionen. Nicht nur Salomon, sondern viele weitere wichtige Figuren aus dem Alten Testament werden auch im Koran als Gesandte Gottes genannt und deshalb von Muslimen weltweit hochgeehrt. Hinzu kommt, dass einige regionale Herrscher und Eroberer im Lauf der Geschichte versucht haben, gegen ihre paschtunischen Feinde Stimmung zu machen, um sie zu delegitimieren. Dies geschah auch mittels antisemitischer Propaganda, die den Paschtunen ihr Muslimsein absprechen sollte.

Ähnlich ungewiss ist auch die erwähnte Namensherkunft Kabuls. In der Region waren über die Jahrtausende viele unterschiedliche Imperien, Kulturen und Religionen präsent. Achämeniden, Kuschanen, Sassaniden, Hunnen, Ghaznawiden, Turken, Mongolen. Zoroastrier, Buddhisten, Hindus, Muslime, Juden. All ihre Geschichten über die Entstehung der Stadt Kabul klingen spannend, sind jedoch gleichermaßen ungeklärt. Dennoch hat die erwähnte Ableitung des Stadtnamens aus dem Bruderzwist zwischen Kain und Abel eine besondere symbolische Bedeutung für Afghanistan. Die Kriege, die die Geschichte des Landes geprägt haben, waren und sind bis heute Bruderkriege. Nach dem Zerfall des Durrani-Imperiums im 18. und 19. Jahrhundert bekämpften sich die Söhne und Enkel Ahmad Shahs untereinander, ja sie folterten, ermordeten und stürzten sich gegenseitig und gingen zu diesem Zweck auch Bündnisse mit anderen Mächten ein. Dieses Trauerspiel hat sich in den letzten vier Jahrzehnten stets wiederholt. Es zeichnete sich bereits während der ideologischen Kämpfe der 1970er-Jahre in der Ära Daoud Khans ab, nachdem dieser seinen Vetter, König Zahir Shah, gewaltlos weggeputscht hatte. Innerhalb von Familien der unterschiedlichsten Schichten ließen sich Söhne finden, die sich jeweils gegensätzlichen Lagern anschlossen. Der eine wurde Kommunist, der andere Islamist, und wenige Jahre später standen sie sich auf dem auf Schlachtfeld gegenüber. Ihre ideologische Gehirnwäsche erhielten sie von Leuten, die in den Jahren der Monarchie im Ausland studiert hatten. Zahir Shah brachte dies später selbst wie folgt zum Ausdruck: «Ich wollte, dass meine Jugend das Land aufbaut, und schickte sie zum Studium ins Ausland. Sie kehrten zurück und zerstörten das Land.» Der einstige König meinte damit vor allem jene Kader unter den afghanischen Kommunisten, die in der Sowjetunion ausgebildet worden waren, sowie die Rädelsführer der islamistischen Mudschaheddin-Rebellen, die ihr theologisches Studium an der Al-Azhar-Universität in Kairo absolviert und dabei die Ideologie der Muslimbrüder aufgesogen hatten. In vielen Familie ließen sich Anhänger beider Seiten finden. Ein prominentes Beispiel: der bereits mehrfach erwähnte kommunistische Diktator Hafizullah Amin, der einstige Mieter meiner Großmutter, und dessen Cousin, der salafistische Mudschaheddin-Führer und Warlord Rab Abdul Rasoul Sayyaf. Im Verlauf des zwanzigjährigen NATO-Kriegs in Afghanistan wiederholte sich dieser unheilvolle Aspekt der afghanischen Geschichte ein weiteres Mal. Auf den Friedhöfen von Baghlan, Wardak oder Balkh stellte ich fest: Viele Gräber waren nicht nur mit der afghanischen Nationalfahne geschmückt, sondern auch mit der weißen Flagge der Taliban. Die Söhne der Familien waren auf beiden Seiten des Konflikts vertreten. Irgendwann fiel dieser Umstand auch ausländischen Journalisten auf, die deshalb anfingen, nach berichtenswerten Beispielen Ausschau zu halten. Traurige Berühmtheit erreichte eine Mutter, die all ihre Söhne im Krieg verloren hatte. Zwei von ihnen waren Taliban-Kämpfer, die anderen zwei Soldaten der damaligen Armee der Republik. Auch ich wurde regelmäßig Zeuge des afghanischen «Kain-und-Abel-Syndroms».

Im Frühjahr 2019 traf ich Lemar, einen damals fast noch jugendlichen Taliban-Kämpfer, im Norden Afghanistans. Er hatte lange Locken und einen löchrigen Flaumbart, der nicht so recht wachsen wollte. Er versuchte, reif und männlich zu wirken, und dachte, dass ihm das mit seiner Kalaschnikow und seinem Motorrad gelingen würde. Als einige Freunde aus Baghlan und ich mit ihm das Brot brachen, schimpfte der junge Talib über die Kabuler Regierung. Afghanische Soldaten, die von den Taliban getötet werden, führen direkt in die Hölle. Man könne das schon am Geruch ihrer Leichen bemerken, so Lemar. Während des Gesprächs versuchte ich, Lemars radikale Weltanschauung zu hinterfragen, ohne damit sonderlich weit zu kommen. Für den Kämpfer stand fest, dass jeder Afghane, der seinen Ansichten widersprach, vom Glauben abgefallen war und deshalb mit Konsequenzen rechnen musste. Nach dem Essen sprang Lemar wieder auf sein Motorrad und fuhr davon. Ein weiterer, indoktrinierter Taliban. Nichts Neues, war mein erster Gedanke. Doch kurz darauf erfuhr ich, dass Lemars älterer Bruder für den Feind, also die damalige Regierung, arbeitete. Seine Familie hatte mehrmals vergeblich versucht, Lemar zurück nach Hause zu holen. Und sie waren nicht die Einzigen, die sich in diesem Dilemma wiederfanden. Auch die Söhne der Familie unseres Nachbarn standen auf entgegengesetzten Seiten. Zwei von ihnen dienten als Elitesoldaten der afghanischen Armee, der dritte war ausgerissen und sechs Monate lang mit den Taliban unterwegs gewesen.

Solche Szenarien bestimmen die unterschiedlichen Konfliktkonstellationen am Hindukusch seit Jahrzehnten. «Sieh dir unsere Familie an. Dann weißt du, was das Problem Afghanistans ist», sagte mein Vater einst. Erbschaftsstreitigkeiten und

Meinungsverschiedenheiten sorgen innerhalb vieler, ja sogar der allermeisten afghanischen Familien regelmäßig für dauerhaften Streit. Sobald sich diese negative Energie in einem labilen und kriegerischen Umfeld entfaltet, wirkt sie zerstörerisch. Auch in der Diaspora kann sie dazu führen, dass man jahrelang kein Wort miteinander spricht und sich immer mehr voneinander entfremdet. Afghanistan ist eine große Familie, die aus den Fugen geraten ist und nicht mehr zueinander findet. Ein afghanisches Sprichwort besagt, dass man zwei Afghanen als Fremde in ein Zimmer einsperren kann, bevor sie nach einer Stunde den Raum als Familie verlassen, weil sie nach einem ausführlichen Gespräch irgendeine Form der Verwandtschaft feststellen werden.

Vor dem August 2021 hätte die große afghanische Familie das Momentum nutzen sollen, um eine Versöhnung voranzutreiben. Auf der politischen Weltbühne hätten die Taliban und die mittlerweile gestürzte Kabuler Regierung einen vernünftigen Dialog, der dauerhaften Frieden im Land garantiert hätte, anstreben können. Ein wichtiger Bestandteil einer solchen Versöhnung wäre nicht nur die gegenseitige Anerkennung von Leid und Schmerz, sondern auch eine gemeinsame Aufarbeitung der Kriege des letzten halben Jahrhunderts. Die internationale Staatengemeinschaft, allen voran die USA, die aufgrund ihrer imperialistischen Politik am Hindukusch für die Misere maßgeblich mitverantwortlich sind, hätten womöglich zum ersten Mal in der Geschichte der Region ihre Macht konstruktiv nutzen können, um eine Beendigung des afghanischen Bruderkriegs zu vermitteln. Dass dieser auch im Interesse ausländischer Mächte geführt wurde, steht außer Frage. Doch der Moment wurde verpasst. Während die einst vom Westen installierte politische Elite des Landes mittlerweile im Exil lebt und weiterhin versucht, irgendwie im Spiel zu bleiben und sich zu inszenieren, kontrollieren die Taliban das gesamte Land und üben Vergeltung an jenen Brüdern, von denen sie verraten worden seien. Die Geschichte Afghanistans wird deshalb weiterhin wie die Geschichte von Kain und Abel bleiben. Eine generationenübergreifende Geschichte ohne Happy End.

Die Welt von gestern

In den letzten zwei Jahrzehnten wurde das politische Österreich von zahlreichen Korruptionsskandalen heimgesucht. Besonders prominent ist mittlerweile die sogenannte Ibiza-Affäre. 2019 wurde dank einiger Journalisten bekannt, dass Heinz-Christian Strache, damals noch Vizekanzler und Parteichef der rechtsextremen (ja, rechtsextremen und nicht nur rechtspopulistischen!) FPÖ einer vermeintlichen Oligarchin aus Russland im Falle einer Zusammenarbeit lukrative Deals in Millionenhöhe angeboten hatte. Involviert war dabei auch sein Partei-Kollege, der neonazistische Adelsspross Johann Gudenus, der gemeinsam mit Strache in den heimlich gefilmten Ibiza-Videos, die in vielerlei Hinsicht an einen schlechten Film erinnerten, zu sehen war. Kurz nach der Veröffentlichung der Videoausschnitte stürzte Österreich wieder einmal in eine Regierungskrise. Strache fiel, und vor allem im Ausland stellte man sich die berechtigte Frage, was in der Alpenrepublik eigentlich schieflaufe. Im Jahr darauf stürzte auch Straches ehemaliger Vorgesetzter, Bundeskanzler Sebastian Kurz, über die sogenannte Inseratenaffäre, in die er und seine «Türkisen», wie sein ÖVP-Team genannt wurde, verwickelt waren. Mittlerweile ist Kurz für den rechten US-Investor und Trump-Unterstützer Peter Thiel tätig. Doch die Affäre rund um den Ex-Kanzler hat bis heute kein Ende gefunden, und nahezu im Wochentakt wird neuer Schmutz an die Oberfläche gespült, sodass sich viele Österreicher gar nicht mehr darüber aufregen. In der Alpenrepublik gehört die kriminelle Vetternwirtschaft mittlerweile zum Alltag. Selbst die Rechtsprechung kann in dieser Hinsicht nur belächelt werden, wie der Fall des Ex-Finanzministers Karl-Heinz Grasser verdeutlicht. Die Liste seiner Vergehen ist lang. Unter anderem beförderte er seinen eigenen Doktorvater, schanzte Freunden und Verwandten lukrative Posten zu, hinterzog Steuern in Millionenhöhe und wurde mit einem Koffer voller Bargeld ertappt.

Ironischerweise erinnern solche Eskapaden an die politische Realität in Afghanistan, wo prominente Politiker und Geldkoffer in den letzten zwei Jahrzehnten zusammengehörten wie Wien und die Sachertorte. Ein Beispiel hierfür ist etwa Ahmad Zia Massoud, der in den Karzai-Jahren als Vizepräsident amtierte und einst am Flughafen in Dubai mit 400 Millionen US-Dollar Bargeld erwischt wurde – und dennoch weiterreisen durfte. Oder man denke an die Sippschaft von Ex-Präsident Hamid Karzai, die dank korrupter Geschäfte steinreich geworden ist. Auch wenn sie mehr oder weniger zu nichts geführt haben, wurden gegen Grasser zumindest mehrere Verfahren eröffnet. Bis heute musste der korrupte Ex-Minister keinen einzigen Tag hinter Gittern verbringen. Anscheinend reichen Macht, Einfluss und Reichtum nicht nur in den allseits bekannten «gescheiterten Staaten» in Afrika und Asien aus, um mit schwerstkriminellen Vergehen davonzukommen. Dass im Rechtsstaat Österreich währenddessen Geflüchtete abgeschoben und im Nachhinein aufgrund fehlender Bustickets zu «Straftätern» erklärt werden, macht das Ganze umso skandalöser.

Bezeichnend für die politische Kultur in Österreich ist allerdings die Tatsache, dass die Karrieren genannter Männer überhaupt erst auf dem absoluten Höhepunkt von hanebüchenen Korruptionsskandalen ein Ende finden. In einer funktionalen Gesellschaft, die obendrein ihre eigene Nazi-Vergangenheit bewusst aufzuarbeiten versuchen würde, wäre ein Mann wie Strache niemals zum zweitmächtigsten Politiker des Landes aufgestiegen. (Der Bundesrepublik Deutschland ist zu wünschen, dass ihr Alice Weidel, Tino Chrupalla oder Björn Höcke in ähnlich hohen Ämtern erspart bleiben, obwohl die gegenwärtigen Prognosen diesbezüglich Düsteres voraussagen.) Im Visier der FPÖ sind bis heute Geflüchtete, bestimmte Migrantengruppen und dabei vor allem: Muslime. Die Partei selbst formierte sich nach dem Zweiten Weltkrieg aus Naziveteranen, doch zu einer ernstzunehmenden politischen Kraft in Österreich wurde sie erst Ende der 1990er-Jahre unter ihrem schillernden Vorsitzenden Jörg Haider. Dieser präsentierte sich in der Regel als rechter Intellektueller, der gleichzeitig volksnah war. Hinzu kam sein skurril wirkendes, globales Netzwerk, zu dem Despoten im Nahen Osten wie Muammar Gaddafi oder Saddam Hussein gehörten. Auch heute pflegen rechte Parteien in Europa eine besondere Nähe etwa zum Assad-Regime, zur theokratischen Diktatur im Iran oder eben auch zu den Taliban, wie eine Reise des FPÖ-Urgesteins Andreas Mölzer nach Kabul im September 2023 zeigte; Jörg Haider war gewissermaßen ein Vorbote dieser länderübergreifenden Entwicklung. 2005 führten interne Streitigkeiten zu einer Spaltung innerhalb der FPÖ. Haider gründete eine neue Partei, das Bündnis Zukunft Österreich (BZÖ), während sein einstiger Zögling Strache das Ruder bei den Freiheitlichen übernahm.

«Es gibt nun eine neue Partei in unserem Land», erklärte unsere Geschichtslehrerin damals in der Hauptschule. Sie wirkte leicht begeistert. Eine kritische Auseinandersetzung mit der Person Haider fehlte gänzlich. Die nazistischen Wurzeln der

FPÖ kamen in der Schule kaum vor, ich erfuhr darüber hauptsächlich aus eigenem Antrieb. Als billiger und gleichzeitig noch radikalerer Abklatsch Haiders öffnete Heinz-Christian Strache als neuer Vorsitzender die Parteistrukturen nicht nur für Neonazis (von denen sich Haider wohl aus taktischen Gründen bewusst distanzierte), sondern entfesselte im Schatten der Angriffe des 11. Septembers 2001 einen wohl noch nie dagewesenen Hass gegen Muslime in Österreich. Mit Wahlslogans wie «Daham statt Islam» oder «Pummerin statt Muezzin» konnte Strache in der Bevölkerung punkten. Als ich das erste und einzige Mal in meinem Leben eine Wahlkampfveranstaltung der FPÖ vor dem Goldenen Dachl in der Innsbrucker Altstadt aufsuchte, stellte ich staunend fest, dass viele mir bekannte Gesichter sich mit ihren blauen FPÖ-Steckern versammelt hatten und gespannt auf Straches Auftritt warteten. Innsbruck war auch damals eine kleine Stadt, und schockiert musste ich feststellen, wie sich einige Burschen aus unserer Wohnsiedlung am Lohbach stolz einen Platz in der Menge suchten. Sie starrten mich herablassend an, und der nickende Gruß, den ich sonst von ihnen gewohnt war, fiel diesmal aus. Unterstützt wurden die FPÖ-Anhänger von der Polizei, die in Österreich nicht umsonst die Farbe Blau trägt. Die Gegendemonstration bestand hauptsächlich aus der lokalen Antifa und einigen linken Kurden aus der Türkei.

Wenige Minuten später begann Strache mit seiner üblichen Hetzrede. Er wusste allerdings, wie er den Lokalpatriotismus in Tirol zusätzlich anfachen konnte. So adressierte er bewusst den gelebten Katholizismus im «Heiligen Land» und erinnerte an das Erbe Andreas Hofers. Darüber musste ich schmunzeln. Strache suggerierte, die Tiroler seien schon immer tapfer und unabhängig gewesen und würden sich von der Obrigkeit seit jeher nichts sagen lassen – ob heute nun von der politischen Elite in Wien oder, wie könnte es auch anders sein, vom abgehobenen EU-Beamtenapparat in Brüssel. Natürlich erwähnte er auch das aktuelle Äquivalent zu den bayerischen Truppen, die Tirol Anfang des 19. Jahrhunderts im Auftrag Napoleons besetzten: die muslimischen Geflüchteten aus Afrika und Asien. Während Straches Rede wurde die Gegendemonstration immer lauter. Es flogen auch faule Eier. «Ihr seid die echten Nazis!», brüllte Strache daraufhin laut ins Mikrofon. Danach kam es zu einigen Rangeleien, bis die Polizei schließlich zugunsten der FPÖ-Meute einschritt. Ich beobachtete das Geschehen einige Minuten lang. Dann verließ ich die Altstadt mit einem unangenehmen Gefühl in der Magengrube. Mir war klargeworden, dass es in meiner Heimatstadt gar nicht mal so wenige Menschen gab, die mich fortschicken wollten. Für sie war ich ein Fremder, den sie für all ihre Probleme verantwortlich machen konnten.

Dabei war Österreich nicht immer so gewesen. Kaiser Franz Joseph I., der letzte Herrscher der k.u.k. Doppelmonarchie, hätte sich beim Auftritt von Strache und Konsorten wohl im Grabe umgedreht. Das damalige Österreich-Ungarn war ein Imperium, das aus zahlreichen verschiedenen Völkern bestand. Um den Frieden zwischen den Menschen aufrechtzuerhalten, pflegte der Kaiser eine pragmatische Politik und war vor allem gegenüber Minderheiten aufgeschlossen. Sein gutes Verhältnis zur jüdischen Gemeinschaft im Reich brachte Franz Joseph bei Antisemiten und Deutschnationalen gar den Schimpfnamen «Judenkaiser» ein. Skandalös wäre für Haider, Strache und andere Rechtsnationalisten des 21. Jahrhunderts auch des Kaisers Haltung zu den Muslimen im Reich gewesen. Unter Franz Joseph wurde der (konkret: hanafitische) Islam eine staatlich anerkannte Religion. Dafür waren die bosnischen Muslime verantwortlich, die nach der Annexion ihrer Heimat zum österreichisch-ungarischen Hoheitsgebiet gehörten. Muslime waren bereits damals Teil der kaiserlichen Armee; deshalb lassen sich die damaligen Gebetsräume noch heute in einigen Kasernen des österreichischen Bundesheers in Wien finden. Die österreichische Nationalgarde besteht auch heute fast zur Hälfte aus Muslimen. Der Ausbruch des Ersten Weltkriegs und der Zerfall der k. u. k. Doppelmonarchie setzten den progressiven Errungenschaften ein schnelles Ende. An sie zu erinnern, soll keineswegs die Abgründe imperialer Gewalt verdrängen oder das hierarchische Gesellschaftssystem der Monarchie romantisieren. Sie verdeutlichen jedoch im Nachhinein, was sich Jahrzehnte später auch in Afghanistan zeigte: dass ein einigermaßen weiser Herrscher, der durch seine Abstammung absolutistisch regieren darf, nicht immer schlechter sein muss als das, was nach ihm an die Spitze eines Staates gewählt wird. Doch schon in jenem kaiserlichen Wien fanden Pogrome statt, die später im Holocaust endeten. Österreichische Juden lebten auch in Innsbruck. Als ich in meiner Gymnasialzeit durch den vornehmen Stadtteil Saggen spazierte, um meinen Mathematik-Nachhilfelehrer aufzusuchen, war mir nicht bewusst, dass hier einst Hunderte von Tiroler Juden gelebt hatten. Während der NS-Zeit wurden die meisten von ihnen enteignet, deportiert und in Konzentrationslagern ermordet. Seitdem gibt es in Innsbruck fast keine Juden mehr. Die einzige Synagoge der Stadt, die unweit von Saggen liegt, wirkt meist verlassen. Über die jüdische Geschichte der Stadt wird in den Schulen kaum gelehrt. Hinzu kommt der erschreckende Umstand, dass viele Enteignungen, die im Laufe der Arisierungspolitik der Nazis stattfanden, bis heute nicht aufgearbeitet wurden. Der Wohlstand einiger Saggener beruht wahrscheinlich weiterhin auf dem Nazi-Erbe, das ihre Großeltern hinterließen.

Als Franz Joseph seine letzten Jahre in Wien verlebte, regierte in Kabul zeitgleich Emir Habibullah Khan, ein etwas klein gewachsener Monarch mit Vollbart und Karakulmütze. Habibullah verstand sich als westlich geprägter Modernist, der das Erbe seines brutalen Vaters, des «eisernen Emirs» Abdur Rahman Khan, angetreten hatte. Der Emir, selbst Mitglied einer Freimaurer-Loge, machte die Isolationspolitik Abdur Rahmans, der viele Afghanen ins Exil verbannt hatte, rückgängig und wollte sein Reich wieder öffnen. Nicht nur für jene, die vertrieben worden waren, sondern auch für Ausländer aus aller Welt. Schon damals war Kabul ein kosmopolitischer Ort, der in seiner Vielfalt Wien oder anderen Metropolen in nichts nachstand. In der Stadt lebten die unterschiedlichsten Menschen: sunnitische und schiitische Muslime, christliche Armenier, Juden, die bereits damals eine tausendjährige Geschichte in der Region vorweisen konnten, sowie Sikhs und Hindus. Sie alle prägten gleichermaßen das Stadtbild. Während am Wiener Burgtheater große Stücke aufgeführt wurden, zelebrierten die Vorväter der afghanischen Klassik, meist Menschen mit Wurzeln im heutigen Indien, in den Gassen des historischen Stadtteils Kharabat auf ihren Instrumenten jene Meisterstücke, die bis heute unübertroffen sind. Während Stefan Zweig und andere erstmals ihre Gedichte und Essays in Feuilletons veröffentlichten, verlegten junge afghanische Intellektuelle die ersten großen Zeitungen des Landes und organisierten in ihren Salons und Gästezimmern Zusammenkünfte, um über nationale und globale Politik zu diskutieren. Auch auf den Basaren Kabuls wurde die bis nach Afghanistan reichende Globalisierung deutlich. So ließen sich auf den Märkten der Stadt nicht nur begehrte Güter aus der Region finden, sondern auch aus dem zur damaligen Zeit bereits industrialisierten Westen. Anhand einiger Details in den Regalen der damaligen Händler ließ sich erahnen, wie sehr Afghanistan allein schon durch Krieg, Imperialismus und Kolonialismus in gewisser Hinsicht vernetzt und globalisiert worden war. So konnte man etwa auch die Ausrüstungen und Uniformen britischer Kolonialsoldaten ergattern. Der US-Historiker und Afghanistan-Kenner Robert D. Crews machte in seinem Buch «Afghan Modern» auf diesen Umstand auf geradezu cineastische Weise aufmerksam, indem er eine fiktive Szene beschrieb, in der ein Afghane in seiner neuen Kleidung stolz durch Kabul marschierte: mit einem britischen Admiralshut und in einer knallroten Baumwolluniform, wie sie die Soldaten des Empires trugen und für viele von ihnen während der Anglo-Afghanischen Kriege in den Wüsten zu einer unvorstellbaren Qual wurden.

Ich konnte mir einen solchen Afghanen in britischer Soldatentracht gut vorstellen. Wahrscheinlich hätte er ausgesehen wie einer der Charaktere aus «One Piece», einem japanischen Piratenmanga, der zu meinen Lieblingslektüren gehörte. Ironischerweise hatte der US-Historiker vergessen zu erwähnen, dass jene Märkte bis heute existieren. Besonders bekannt wurde nach der US-Invasion im Jahr 2001 der sogenannte «Bush-Market», der inoffiziell nach dem damaligen US-Präsidenten benannt worden war und auf dem allerlei amerikanische Güter angeboten wurden, darunter etwa Energy Drinks, vakuumverpackte Fertigmahlzeiten oder Militärmesser, Stiefel und Uniformen. Auch ich konnte auf dem Basar einen kugelsicheren Militärrucksack sowie ein handliches Fernglas, das ich bis heute benutze, kostengünstig ersteigern. In den 1980er-Jahren wurden auf demselben Markt sowjetische Güter verkauft. Nach der Amtszeit George W. Bushs gab es Versuche, einen «Obama-Market» und «Trump-Market» zu etablieren, doch der Name jenes Mannes, der den Antiterror-Kreuzzug der USA begonnen hatte, blieb am Basar haften.

Der afghanische Ritt in die Moderne unter Habibullah Khan fand unter seinem Sohn König Amanullah, der den religiösen

Titel des Emirs abschaffte und nach jenem Säkularismus strebte, der damals bereits im Iran sowie in der Türkei Einzug fand, ein abruptes Ende. Anfangs war der König noch auf gutem Wege, sich als antikolonialer Herrscher erfolgreich zu etablieren. Kurz nach Ende des Ersten Weltkriegs attackierte er damals britisches Territorium, also die paschtunischen Stammesgebiete entlang der kolonialen Durand-Linie, und begann damit den Dritten Anglo-Afghanischen Krieg, der nur wenige Wochen andauerte. Amanullah erklärte sich anschließend zum Sieger, der die vom Weltkrieg geschwächten Briten erfolgreich zurückgeschlagen habe. Er konnte die außenpolitische Souveränität Afghanistans, die seit der Amtszeit seines Großvaters Abdur Rahman in britischer Hand gelegen hatte, tatsächlich auch zurückgewinnen. Doch das war nur eine Seite der Medaille. Gleichzeitig musste Amanullah die Waffenstillstandsbedingung seitens der britischen Krone akzeptieren: die kolonialen Grenzen des afghanischen Nationalstaats und damit auch die umstrittene Durand-Linie, die sein Großvater bereits abgesegnet hatte. Diese Grenzen bestehen bis in die Gegenwart fort.

Die «Friedensgespräche» zwischen Afghanen und Briten ähnelten jenen Treffen, die damals in Europa regelmäßig stattfanden. Neue Staaten und Grenzen wurden durch willkürliche Einzeichnungen auf der Landkarte geschaffen. Diese eurozentrische Praxis hatte sich mittlerweile in allen Teilen der modernen Welt durchgesetzt. Sie wurde allerdings durch eine weitaus gefährlichere Form der Kolonialisierung ergänzt, die den König inspirierte und am Ende zu seinem Sturz beitrug. Der sich als progressiv verstehende Amanullah Khan wollte nämlich mit Gewalt das afghanische Gesellschaftsmodell, das von Religion und Stammeskultur dominiert wurde, umstülpen, und ging dabei oftmals auf besonders abstruse Weise vor. So veranlasste er etwa die Teilnehmer der Loya Jirga, jener großen Versammlung, auf der sich alle Stammesvertreter des Landes in Kabul trafen, sich kurzerhand umzukleiden, damit die ganze Veranstaltung «moderner» wirke. Anstelle von Turban, Pakol und Peran Tumban mussten die Männer mit europäischem Anzug und Zylinder auftreten. Die Frauen des Adelshauses trugen schon zu Zeiten von Amanullahs Vater teure, westliche Kleidung, die mit den Konventionen der afghanischen Verschleierung brach. Seine eigene Frau, Königin Soraya, stellte König Amanullah demonstrativ mit kurzem, unverdecktem Haar und Dekolleté fast schon zur Schau, während er landesweit den Chaderi, im Westen bis heute bekannt als «Burka», verbot. All diese Maßnahmen gingen nicht nur den erzkonservativen Klerikern und Stammesoberhäuptern des Landes zu schnell, sondern verschreckten auch weite Teile der Bevölkerung, die jahrzehntelang andere Werte und Sitten gewohnt gewesen war und sich nun übergangen fühlte. Die Reaktion auf Amanullah Khans Reformen zeigte sich bald in der Form eines Mannes namens Habibullah Kalakani, eines archaisch wirkenden Banditenkönigs, der mit seinen Kumpanen auf Raubzüge ging und unter den ärmeren Menschen nördlich von Kabul als eine Art Robin Hood Bekanntheit erlangte. Kalakani, der bis heute von vielen in klassistischer Manier abwertend als «Bache-ye Saqqau» («Sohn des Wasserträgers») bezeichnet wird, konnte mithilfe jener Kleriker und Feudalherren, die sich gegen des Königs Reformen stellten, Amanullah Khan stürzen und verjagen. Anschließend beanspruchte er fast ein ganzes Jahr lang den Thron für sich. Nader Khan, ein Vetter und ehemaliger Verteidigungsminister des gestürzten Königs, eroberte die Macht schließlich zurück. Damit begann eine neue, regressive Epoche in der Geschichte Afghanistans, die erst mit der Ermordung Naders und der Krönung seines Sohns Mohammad Zahir, von nun an als Zahir Shah bekannt, beendet wurde.

Zahir Shah war ein Franz Joseph von Afghanistan. Er musste in einer unruhigen Zeit ein vielfältiges und komplexes Reich verwalten. Da er den Thron jung bestieg, hatte er vor allem in den ersten Jahren seiner Amtszeit wenig bis gar nichts zu sagen. Hinter den Kulissen zogen seine beiden Onkel Mahmoud und Hashem die Strippen. Später fand der reife und erwachsene König tatsächlich so etwas wie die goldene Mitte. Alle Macht lag in seiner Hand, und dennoch war seine Amtszeit die friedlichste in der Geschichte Afghanistans – bis heute. Ähnlich wie einst der österreichische Monarch pflegte Zahir gute Beziehungen zu den Minderheiten in seinem Land. Besonders bei den afghanischen Juden war er beliebt. Viele von ihnen halten bis heute, im Exil in Israel oder in den USA, in ihren Wohnzimmern ein Porträt des Königs in Ehren. Wie viele andere Aristokraten stellte sich auch Zahir Shah oftmals die Frage, wie er sein Land in ein demokratisches Zeitalter führen könne, ohne die Macht vollständig abgeben zu müssen. Zahir wusste wahrscheinlich auch, dass viele seiner Bürger ihm gegenüber nicht wohlgesinnt waren. Im Jahr 1963, als Zahir das sogenannte «Jahrzehnt der Demokratie» einläuten ließ und in Afghanistan erstmals Parlamentswahlen stattfanden, wurde das Land bereits seit drei Jahrzehnten von ihm und seinen Onkeln regiert. Es herrschte noch Frieden. Die letzten kriegerischen Auseinandersetzungen, die die Afghanen erlebt hatten, waren die Kämpfe zwischen Amanullah Khan, Habibullah Kalakani und Zahirs Vater Nader Khan gewesen. Doch der Frieden allein machte die hungernde Bevölkerung nicht satt. Die aristokratische Blase lebte in Saus und Braus, während Millionen von Afghanen sich selbst überlassen waren. Ihr Land war, ähnlich wie heute, von internationalen Hilfsgeldern abhängig und wurde zwischen zwei Großmächten aufgerieben: den USA und der Sowjetunion. Zahir Shah hatte sich für die demokratischere und weltoffenere Option entschieden, doch sein Treffen mit dem damaligen US-Präsidenten John F. Kennedy, dessen Fotos in nostalgischer Manier in Afghanistan bis heute verbreitet werden, blieb ein einmaliger PR-Stunt. Washington zeigte kein Interesse an Afghanistan. Das sollte sich erst später ändern. Das Demokratieprojekt des Königs ging dennoch weiter. Erst im Jahr 1973 fand es ein abruptes Ende, als Zahirs Vetter und einstiger Premierminister Mohammad Daoud Khan friedlich putschte, als der Monarch gerade in Italien Urlaub machte. Ein weiterer afghanischer Herrscher im Exil. Nichts Neues am Hindukusch. Anders als das Unheil, das wenige Jahre später folgte und vergangene Errungenschaften vergessen ließ.

Ein Talib aus Tirol

«Zu Mantua in Banden
Der treue Hofer war,
In Mantua zum Tode
Führt ihn der Feinde Schar.
Es blutete der Brüder Herz,
Ganz Deutschland, ach, in Schmach und Schmerz»

Jene Zeilen brüllend, spazierten wir in einer Zweierreihe durch die Innsbrucker Innenstadt. Vorbeilaufende Passanten lächelten uns an, und Frau Krause, unsere Klassenlehrerin, war sichtlich stolz, dass die meisten von uns die Tiroler Landeshymne, auch bekannt als Andreas-Hofer-Lied, auswendig vortragen konnten. Der Liedtext behandelt die letzten Momente im Leben des Tiroler Volkshelden Andreas Hofer, der Anfang des 19. Jahrhunderts die bayerischen Truppen Napoleons bekämpfte, wegen Verrats verhaftet und schließlich hingerichtet wurde. Bis heute ist Hofer in Innsbruck omnipräsent. Es gibt das Riesenrundgemälde, das die dritte Bergisel-Schlacht darstellt, mehrere Hofer-Denkmäler, die Andreas-Hofer-Straße, in der ironischerweise das erste afghanische Restaurant der Stadt eröffnet hat, einen ganzen Andreas-Hofer-Film, der in der Innsbrucker Altstadt gedreht wurde, die Tiroler Schützen, die einst eine Art Tiroler Lokalmiliz waren, und natürlich eine ganze Reihe populistischer Politiker, die an das «Erbe» des Volkshelden erinnern, indem sie gegen andere Menschen hetzen.

Auch im Schulunterricht wurde uns schon früh eingetrichtert, wie wichtig dieser Wirt aus dem Passeier Tal in Südtirol für den Tiroler Lokalpatriotismus sei, weil er sich für die Freiheit seines Landes eingesetzt habe. Wir lernten nicht nur die Landeshymne, sondern wurden auch mit zahlreichen historischen Details vertraut gemacht. Wir wussten, dass Hofer von Franz Raffl verraten worden war, ein gewisser Pater Joachim Haspinger hingegen zu seinen treuesten Weggefährten gehörte, als Hofer junge Männer in den Kampf gegen die Bayern schickte und ihnen den Märtyrertod und das dazugehörige ewige Paradies versprach. Letzteres kam mir bekannt vor. Die Geschichte dieser fanatischen Gotteskrieger hätte nämlich auch aus Afghanistan stammen können. Als ich das erste Mal das Porträt des vollbärtigen Hofers sah und einige Zeilen über ihn las, fragte ich mich reflexartig, worin der Unterschied zwischen ihm und den Taliban bestehe. Innerlich wie äußerlich waren die Ähnlichkeiten frappierend. Bis heute wird Hofer romantisiert und heroisiert, obwohl er so ziemlich das Gegenteil einer progressiven Lichtgestalt abgab. Der Führer des Tiroler Aufstands war im Grunde genommen ein erzkatholischer und zutiefst misogyner Extremist. Den wissenschaftlichen Fortschritt betrachtete er mit Argwohn, und Frauen zwang er einen Keuschheitsgürtel auf. Doch im Zuge der bayerischen Invasion gewann er vor allem unter Bauern und Angehörigen anderer niederer Stände enorm an Zulauf. Die Besatzer stärkten folglich seine Position.

Die aristokratische Elite in München erhob seit langer Zeit Erbansprüche auf einige Landstriche Tirols, weshalb es bereits im 18. Jahrhundert zu einigen Eroberungsversuchen gekommen war, bei denen die bayerischen Truppen vom «bewaffneten Volk in den Bergen», wie die Tiroler genannt wurden, erfolgreich zurückgeschlagen worden waren. Der erneute Angriff im Jahr 1809 weckte folglich alte Erinnerungen; die Tiroler verbanden mit den bayerischen Truppen in erster Linie Unterdrückung, Gier und Ketzerei. Wie das andere «kriegerische Bergvolk» der Afghanen später mit allen westlichen Besatzern auch (inklusive der Sowjets, denn aus afghanischer Sicht liegt Moskau westlich von Kabul). Ob nun die rauen Tiroler Schützen mit ihren Hüten und Lederhosen oder die afghanischen Stammesmilizen mit Turban, Schwert und Langlaufgewehr – ihre Motive hätten kaum ähnlicher sein können. Aber schon allein wegen der geografischen und kulturellen Nähe dürfte den meisten Menschen in Österreich und Deutschland der Aufstand Hofers im Rückblick deutlich sympathischer erscheinen als etwa der Widerstand der Taliban gegen die amerikanische Besatzung. Dieser westliche Blick hat eine lange Tradition. Einst beweinten Schriftsteller wie Theodor Fontane in ihren Balladen die britische Niederlage am Hindukusch – eine Form der kulturellen Propaganda, die heute von der amerikanischen Popkultur erneuert wird. Seit dem Einmarsch in Afghanistan im Herbst 2001 wurden zahlreiche Filme und Serien produziert, in denen die Angehörigen des US-Militärs heldenhaft und ruhmreich dargestellt werden, während die Afghanen entweder namenlose Opfer oder barbarische Täter sind. Der Westen läuft Gefahr, durch diese Selbstheroisierung und gleichzeitige Barbarisierung des Fremden den Extremismus in den eigenen Reihen zu vergessen. (Stets zelebriert man das eigene Rebellen- und Heldentum und relativiert gar extremistische Haltungen, während man sich anderswo darüber empört.) Nach dem überstürzten Abzug der NATO-Truppen aus Afghanistan im August 2021 und der Rückkehr der Taliban an die Macht war man in Deutschland und Österreich konsterniert und kam zu dem Schluss, «die dort drüben» seien nun einmal so, wie sie sind: Steinzeitfundamentalisten, Barbaren, Fanatiker. So etwas, lautet die trügerische Schlussfolgerung, könne es im aufgeklärten Europa gar nicht geben. Dazu ein kleines Gedankenspiel: Im 21. Jahrhundert wäre ein Andreas Hofer, den wir im Schulunterricht ehrten, womöglich von US-amerikanischen Drohnen gejagt worden oder in irgendeinem Foltergefängnis wie Guantánamo oder Bagram gelandet. Die kurze Ära des Hofer'schen Bauernregimes in der Innsbrucker Hofburg ist in vielerlei Hinsicht mit der Übernahme des Kabuler Präsidentenpalasts durch die Taliban vergleichbar. In beiden Fällen saßen bärtige, fundamentalistische Männer, denen es meist an weltlicher Bildung fehlte, an den Hebeln der Macht. Hofer selbst konnte nicht schreiben, weshalb der spätere Verräter Raffl zu seinem Stenographen wurde. Umso wichtiger war für Hofer der Gottesdienst. Die Kirchen, in denen Männer wie Joachim Haspinger seinen «heiligen Krieg» predigten, waren ebenso wichtig wie die Medresen Afghanistans und Pakistans heute für die Islamisten. Laut dem gegenwärtigen Taliban-Führer Haibatullah Akhundzada sind säkulare Universitäten ein Ort des Frevels, besucht von vom Glauben abgefallenen Männern wie Ex-Präsident Hamid Karzai, der Ende 2001 dank amerikanischer Unterstützung in Kabul an die Macht kam. Ein Mudschahed, also ein Krieger des Islams, müsse hingegen eine religiöse Ausbildung absolvieren.

Sowohl die Bauern Hofers als auch die Taliban setzten sich propagandistisch von den korrupten Vorgängerregierungen ab, indem sie auf ihre moralische Überlegenheit verwiesen. Diese Reinheit tritt noch heute gerne in Verbindung mit einer biblisch-archaischen Grausamkeit auf. Denn es gilt: Wer im Namen Gottes regiert, muss manchmal auch hart und grausam sein. Männer werden hingerichtet. Gliedmaßen werden amputiert, und die weibliche Hälfte der Gesellschaft wird in patriarchaler Manier degradiert, kontrolliert und unterdrückt. Außerdem bekämpften sie fremde Invasoren, die wegen fehlendem Respekt für lokale Sitten und Bräuche und brutaler Kriegsführung Teile der Bevölkerung radikalisierten und in die Arme der Extremisten trieben. «Ich konnte irgendwann jene, die uns bekämpften, verstehen», sagte mir der ehemalige US-Soldat und Autor Erik Edstrom, als ich ihn 2021 interviewte. Edstrom war selbst in Afghanistan stationiert gewesen. In seinem Buch «Un-American: A Soldiers's Reckoning of Our Longest War» wirft er einen kritischen Blick auf seinen Einsatz und den Krieg, den die USA in Afghanistan führten. Er hielt der amerikanischen Gesellschaft den Spiegel vor und sagte, dass er, ein gläubiger Christ, wohl auch zur Waffe greifen würde, wenn wildfremde Soldaten seine Heimat angreifen und besetzen würden. Es ist genau dieser Blick, der in vielen Analysen des Nahen und Mittleren Ostens und anderer Teile der Welt, des sogenannten «globalen Südens», fehlt. Stattdessen hält man nicht nur in Deutschland und Österreich an veralteten, eurozentrischen Narrativen fest, die in unserer multipolaren Welt eine immer geringere Rolle spielen.

Manchmal stelle ich mir vor, wie Innsbruck und ganz Österreich aussehen würden, wenn die Geschichte ein wenig anders verlaufen wäre. Immerhin liegt der zwischenzeitliche Siegeszug des Nationalsozialismus weniger als ein Jahrhundert zurück.

Wer stets mit dem Finger auf nicht-westliche Gesellschaften und deren angebliche Rückständigkeit zeigt, sollte nicht vergessen, dass in Europa vor rund achtzig Jahren der schlimmste Genozid der Menschheitsgeschichte stattgefunden hat. Für den Holocaust war nicht mein afghanischer Großvater verantwortlich, sondern unzählige Deutsche und Österreicher, die die Barbarei für sich entdeckt hatten und deshalb Millionen von Menschen in den industriell organisierten Tod schickten. Umso perfider, dass die Enkel der Täter heute in vielen Fällen in den Parlamenten und Feuilletons Stimmung gegen Minderheiten machen und sich zu der Behauptung versteigen, menschenverachtende Ideologien wie der Antisemitismus seien hauptsächlich unter muslimischen Einwandererfamilien zu finden. Die Folge von solcherart getönten Debatten: Ali aus Neukölln oder Ahmad aus Ottakring müssen als Sündenbock herhalten, aber Hans-Georg Maaßen, der in Nazi-Manier Geflüchtete und Migranten mit einem «Krebsgeschwür» vergleicht, durfte den deutschen Verfassungsschutz führen, während rechtsextreme KSK-Soldaten in Afghanistan einmarschierten.

Als in Innsbruck, Wien und Berlin Juden gejagt und enteignet wurden, gingen in Kabul, Herat und anderswo in Afghanistan Tausende Menschen jüdischen Glaubens friedlich ihrem Alltag nach und wurden vom Rest der mehrheitlich muslimischen Bevölkerung als gleichwertige Bürger angesehen. Zu den größten Antisemiten der deutschen und österreichischen Geschichte gehörten übrigens nicht nur die altbekannten Nazi-Schergen, sondern auch Martin Luther, Richard Wagner – und Andreas Hofer. Dieser Aspekt seiner Persönlichkeit wurde uns im Geschichtsunterricht allerdings nicht nähergebracht.

Auf dem Friedhof

Als ich das erste Mal durch die Shohada, den Kabuler Friedhof, spazierte, ereilte mich ein merkwürdiges Gefühl. Ich war zum ersten Mal in meinem Leben im Andenken an einen verstorbenen Verwandten auf einem Friedhof. Meine Familie in Österreich war bislang vom Tod verschont geblieben, und ich war bis zum damaligen Zeitpunkt noch nie auf einer Beerdigung gewesen. Der Tod im Exil ist für viele Afghanen das Schlimmste, was sie sich vorstellen können. Bis zu ihrem Ableben bleiben die meisten Menschen der Umgebung, in der sie aufgewachsen sind, verbunden – der Luft, dem Wasser und der Erde. Viele Afghanen sind der Überzeugung, dass sich ihr Glaube und ihre Traditionen in vielerlei Hinsicht nur in Afghanistan verwirklichen lassen. Allein, dass man sich in westlichen Staaten von der Arbeit freistellen muss, um der Beerdigung nächster Verwandter beizuwohnen, treibt viele Diaspora-Afghanen (und wahrscheinlich auch andere Menschen) zur Verzweiflung. Auch so etwas wie Friedhofsgebühren wären in Afghanistan unvorstellbar. Viele wünschen sich deshalb eine Bestattung in ihrer Heimat – ein für die Hinterbliebenen oftmals schwieriges Unterfangen. Mein Großvater starb in seiner Geburtsstadt Kabul. Einige seiner Söhne, darunter mein Vater, konnten der politischen Umstände wegen gar nicht an seiner Beerdigung teilnehmen. Als mein Großvater begraben wurde, musste mein Vater Tausende Kilometer entfernt in Innsbruck allein um ihn trauern. Es war deshalb selbstverständlich, dass ich im Rahmen meiner Afghanistanreisen stets sein Grab aufsuche – gewissermaßen als Stellvertreter meines Vaters, für den seine Heimat mit seinem Vater ebenfalls gestorben sei.

Dass mich in Afghanistan große Friedhöfe erwarten würden, die auch nicht so verlassen wirkten wie ihre Pendants in Österreich, war mir bewusst. In den letzten Jahrzehnten hatten hier Millionen von Menschen durch Krieg und Hunger ihr Leben verloren. Bis heute wird das Land in politischer Hinsicht als «Friedhof der Imperien» bezeichnet, doch de facto ist Afghanistan vor allem ein Friedhof der Afghanen. Auf der Shohada sieht man die unterschiedlichsten Gräber. Oft verdeutlichen sie den früheren Status des Verstorbenen. Die meisten Gräber haben kleine, unauffällige Grabsteine, die von Jahr zu Jahr verfallener wirken und deren Schriftzeichen durch die Witterung unleserlich geworden sind. Wer es sich leisten kann, lässt das Grab umzäunen. Dadurch werden nicht nur streunende Hunde abgeschreckt, sondern auch Grabräuber, die an den Steinen verdienen wollen. Wer reich und namhaft ist, errichtet für seine Familie ein kleines Mausoleum, zu dem nur ausgewählten Personen Zugang gewährt wird. Doch auf der Shohada ruhen auch viele Menschen, die niemanden haben, der oder die sich um ihr Andenken kümmern würde. Ihre Verwandten leben im Ausland oder haben sie vor dem Berg eigener Probleme einfach vergessen. Die bittere Erkenntnis meines Besuchs: Einer von ihnen war mein Großvater. Begleitet wurde ich damals von Ama Mina, der Zwillingsschwester meiner Tante Ama Laila. Die beiden waren sich in vielerlei Hinsicht ähnlich, doch Ama Mina war schriller und wirkte etwas neben der Spur, was mich unruhig machte. Ama Mina hatte kein einfaches Leben. Sie lebte wie Millionen andere afghanische Geflüchtete in Pakistan und zog ihre drei Kinder allein auf. Ihr Mann hatte sie schon vor Jahren verlassen, um eine jüngere Frau zu heiraten. Als ich Ama Mina traf, lebte sie seit einigen Jahren mit ihrer Familie in Kabul. Ihre

Söhne waren als Dolmetscher für die US-Truppen tätig und hatten viel Geld verdient. Einer von ihnen war bereits in die USA gezogen, weil die Taliban nach seinem Leben trachteten. Gerüchten zufolge wollte ihn sein eigener Fahrer an die Extremisten ausliefern. Verhindert wurde dies im letzten Moment durch US-Soldaten, die sein Telefon abgehört hatten. Kurz darauf erhielt Ama Minas Sohn ein sogenanntes Special Immigrant Visa und wurde nach Dallas geflogen.

«Kannst du mir bitte das Grab meines Großvaters zeigen?», fragte ich Ama Mina wenige Tage zuvor. «Natürlich mache ich das», sagte sie überzeugt. Ohne ihre Hilfe hätte ich wohl keine Chance gehabt, das Grab zu finden. Meine Mutter, die mich nach Kabul begleitet hatte, wollte ebenfalls mitkommen und ihrem Schwiegervater Respekt zollen, indem sie vor dessen Grab ein Bittgebet sprach. Ama Mina holte uns im Haus meines Onkels mütterlicherseits ab. Sie hatte ein großes, dickes Familienalbum unter dem Arm und schlug es auf, als wir im Wohnzimmer noch gemeinsam Tee tranken. Da war etwa mein charismatischer Großonkel, der früher für das afghanische Fußball-Nationalteam gekickt hatte und auf manchen Fotos wie ein Hollywood-Filmstar aussah; einige Tanten und Großtanten schienen sich an den westlichen Modetrends der 1960er-Jahre orientiert zu haben und flanierten elegant durch Kabul, ohne von selbsternannten Sittenwächtern belästigt zu werden. Gleichzeitig zeigten diese Fotos nur einen Bruchteil der afghanischen Lebenswirklichkeit, das Leben einer kleinen, elitären Schicht, die sich dem Liberalismus und der Moderne verschrieben hatte, weil sie es sich leisten konnte, während der Großteil der afghanischen Bevölkerung in erzkonservativen Strukturen verharrte und am Hungertuch nagte. Ama Mina wollte mir mit dem Fotoalbum verdeutlichen: *Wir* waren einst eine wichtige Familie. Meine Mutter wusste, worauf sie hinauswollte, und verdrehte die Augen. «Wir sollten langsam aufbrechen. Sonst bleiben wir im Verkehr stecken», sagte sie. Vor dem Haustor wartete bereits ein Taxifahrer. Waseh, unser «Familienfahrer», war nicht da, weshalb nun ein dicklicher Mann mit fettigem Haar und Schnurrbart herhalten musste. Er freute sich über die unerwartete Kundschaft – wir verlangten eine Hin- und Rückfahrt – und schmiss den Motor seines Toyota Corolla an.

Nach einer rund zwanzigminütigen Fahrt, die unter anderem über den älteren Stadtteil Shor Bazar, der bis heute von Sikhs und Hindus bewohnt wird, führte, erreichten wir den Friedhof. Die Shohada liegt heute auf kargem, vertrocknetem Land. In unmittelbarer Nähe befindet sich ein trist wirkendes, verschmutztes Gewässer. Einst war hier ein riesiger Teich mit klarem Wasser angelegt worden, der regelmäßig von König Zahir Shah besucht wurde – einem Freund der Entenjagd. «Ich warte hier», sagte der Taxifahrer lächelnd. Wir stiegen aus dem Auto und folgten Ama Mina, die sich mit ihren hochhackigen Schuhen schwertat, durch den Matsch zu stampfen. Wir waren nicht allein auf dem Friedhof. Im Gegensatz zu vielen westlichen Friedhöfen war die Shohada nicht nur ein Ort des Todes, sondern auch ein Ort des Lebens. Kleine Kinder versteckten sich hinter den Grabsteinen und verdienten sich ein paar Afghani, indem sie Blumen verkauften oder den Totengräbern und Friedhofshütern bei manchen Tätigkeiten zur Hand gingen. Da viele der Kinder aus armen Familien stammten, bettelten sie oft auch einfach nur um Geld. Nachdem ich ein paar Scheine aus meiner Tasche zog, wurde ich binnen weniger Sekunden von rund einem Dutzend Kindern umringt. Ein klassischer Anfängerfehler in einem Land mit zu vielen Bettlern. Während ich mit dem Geldverteilen beschäftigt war, rief uns Ama Mina herbei. Sie stand ein paar Meter entfernt auf einem Hügel. Wir dachten, dass unsere Suche ein Ende gefunden hatte. Doch

Fehlanzeige. Als wir neben einer sichtlich verwirrten Ama Mina standen, mussten wir feststellen, dass sie sich auf dem Friedhof verlaufen hatte. Sie hatte keine Ahnung mehr, wo das Grab ihres Vaters lag. «Wen sucht ihr denn?», fragte eines der Kinder. «Meinen Großvater, Mohammad Mohsen Feroz», antwortete ich. Das Mädchen starrte mich ratlos an, zuckte mit den Schultern und lief davon.

Bei unserer Suche leisteten uns auch andere Lebewesen Gesellschaft. Eine wildgewordene Katze miaute laut durch den halben Friedhof, während einer der vielen streunenden Hunde der Stadt uns gelassen anstarrte, bevor er sich in die Sonne legte, um ein Nickerchen zu halten. Irgendwann riss mein Geduldsfaden, und ich ging meine Tante für ihre Vergesslichkeit verbal an. Mittlerweile war über eine Stunde erfolgloser Suche vergangen. Wir gingen schließlich zurück zum Taxi, wo der wartende Fahrer die gedrückte Stimmung sofort bemerkte. Nachdem wir Ama Mina abgesetzt hatten, machte ich den Fehler, nie wieder ein Wort mit ihr zu wechseln. Sie starb vier Jahre später allein und verlassen in Kabul. In der Zwischenzeit waren auch ihre restlichen Kinder in die USA ausgewandert. Für sie gab es kein US-Visum. In einem Gespräch mit meinem Vater bedauerte sie es, mich damals auf dem Friedhof traurig gemacht zu haben. Ihre letzte Ruhe fand sie auf jenem Friedhof, durch den wir gemeinsam verloren spaziert waren – und neben jenem Grab, das sie nicht mehr hatte finden können: dem ihres Vaters.

In den Jahren darauf stand ich auf vielen anderen afghanischen Friedhöfen. In der Provinz Wardak nahe Kabul zeigte man mir das Grabmal mehrerer Taliban-Kämpfer, die als Helden verehrt wurden, weil sie amerikanische Helikopter abgeschossen hatten, sowie ein Denkmal für zivile Opfer des amerikanischen Drohnenkriegs in der Region. In Baghlan im Norden des Landes sah ich die Gräber von afghanischen Soldaten, die mit der afghanischen Nationalflagge geschmückt waren, neben jenen von Taliban-Kämpfern – teils ihre eigenen Brüder oder Vetter. In der Provinz Kunar wurde ich mit einem weiteren Denkmal konfrontiert. Es war für die Opfer eines Ende der 1970er-Jahre vom kommunistischen Regime angeordneten Massakers errichtet worden. Die Gräueltat, die Dutzenden von Zivilisten das Leben kostete, führte zum bewaffneten Widerstand in der Region und wird bis heute von islamistischen Rädelsführern instrumentalisiert. Ich besuchte auch einige prominente Gräber wie jenes von König Amanullah Khan. Sein Leichnam wurde Jahre nach seinem Tod im europäischen Exil dorthin gebracht. Auf dem Weg nach Dschalalabad, der über einen gefährlichen Gebirgspass führt, liegt auch das Grab von Mullah Borjan, einem bekannten Taliban-Führer, der in den 1990er-Jahren den Tod fand. Zu den bekanntesten Grabstätten des Landes gehört allerdings das Mausoleum des berühmten Mudschaheddin-Kommandanten und Kriegsfürsten Ahmad Shah Massoud in der Provinz Panjsher. Er war nicht nur einer der führenden Köpfe im Kampf gegen die Rote Armee, sondern kämpfte auch gegen die Taliban. Als diese 2021 abermals die Macht in Kabul übernahmen und im Zuge dessen auch Panjsher überfielen, posierten ihre Kämpfer auch vor Massouds Mausoleum. Ihr einstiger Erzfeind war schon längst tot und konnte seine Provinz kein weiteres Mal gegen sie verteidigen. Berichten zufolge soll es auch zu Grabschändungen gekommen sein.

Afghanistan ist ein Land der Gräber. Und oftmals stellt man sich die Frage, was jene Personen, die in ihnen ruhen, wohl denken würden, wenn sie heute am Leben wären. Ich besuchte die Shohada danach lange nicht mehr – bis unsere Familie von einer Reihe von Todesfällen heimgesucht wurde. Im September 2019 verstarb mein Onkel, Kaka Hamed, einer der jüngeren Brüder meines Vaters, in Hanau. Sein letzter Wunsch wurde von seinen Söhnen respektiert: «Begrabt mich ja nicht hier, sondern in Kabul.» Während meine Cousins seinen Leichnam nach Afghanistan brachten, saß ich in der Türkei fest und konnte nicht rechtzeitig zu ihnen fliegen. Ich nahm mir vor, sein Grab auf meiner nächsten Reise zu besuchen. Der Grund dafür ereignete sich bereits zwei Monate später – und erschüttert mein Leben bis zum heutigen Tag.

Tod und Leben

Am 19. November 2019 saß ich gedankenverloren in einem Café in Stuttgart, als mein Handy vibrierte. Ein Freund fragte nach dem Wohlergehen meiner Familie in Kabul. Überrascht fragte ich ihn, wie er darauf kommen würde. In der Nähe unseres Hauses, das unweit des Dar-ul-Aman-Palasts liegt, hätte sich ein Attentat ereignet. Ein gezielter Anschlag auf meinen Onkel. Ich legte auf und verließ das Lokal, um eine ruhige Ecke zu finden. Meine Hand zitterte. Es war zur Gewohnheit geworden, nach Anschlägen Familienmitglieder anzurufen, doch diesmal überkam mich ein besonders schlechtes Gefühl. Ich kannte die Routen, die mein Onkel allein ging. Er schlenderte gerne in die Stadt, um sich auf dem Basar umzusehen. Meist kam er erst nach mehreren Stunden wieder nach Hause und hatte ein paar Bücher oder Antiquitäten unter dem Arm. Einmal ersteigerte er das Ölgemälde eines Segelschiffs, das zuvor im Büro einer europäischen NGO hing. Nachdem sie ihren Standort in Kabul aufgelöst hatte, war alles verramscht worden. Ein zweiter zentraler Ort im Leben meines Onkels war die Moschee in unserer Nachbarschaft. Sie lag nur wenige Meter vom Haustor entfernt. Kurz nach dem Adhan, dem Gebetsruf des Muezzins, griff er stets zu seinem weißen, für seinen Kopf etwas zu kleinen Käppchen und huschte aus dem Haus, um nebenan vor Gott zu knien. Er war meist der Erste in der Reihe vor dem Imam und der Letzte, der die Moschee verließ. Mit all diesen Bildern im Kopf wartete ich, bis mein Cousin meinen WhatsApp-Anruf entgegennahm. «Ich habe gerade seinen Leichnam zugebunden», sagte er monoton in den Hörer. Ich fing an zu schreien und schlug mit meiner Faust gegen eine Betonwand. Mein Onkel, Maamaa Waheed, war tot – und noch nie in meinem Leben hatte mich der Tod eines Verwandten oder sonst irgendeiner Person mit solch einer Wucht getroffen.

Als ich 2014 zum ersten Mal in meinem Leben nach Kabul reiste, hatte ich fast niemanden in der Stadt. Die zurückgebliebenen Brüder meines Vaters, die es nicht nach Europa geschafft hatten, lebten seit ihrer Flucht in Pakistan. Zu Ama Mina und ihren Kindern hatten wir kaum Kontakt. Meine einzige Anlaufstelle war Maamaa Waheed, der älteste Bruder meiner Mutter. Im Afghanistan werden Onkel mütterlicherseits als *Maamaa* bezeichnet. Viele andere Verwandte hatten Afghanistan in den letzten Jahren verlassen, aber Maamaa Waheed harrte mit seiner Familie weiterhin in Kabul aus. Und nicht nur dort war er ein bekannter Mann. Mein Onkel hatte sich in den letzten Jahren und Jahrzehnten als Publizist, Poet und politischer Beobachter in seiner Heimat einen Namen gemacht, der weit über die Grenzen Afghanistans hinausging. Sein wohl bekanntestes Buch handelte vom Innenleben der Taliban während ihrer ersten Herrschaft in den späten 1990er-Jahren. Ein anderes behandelte die Wirtschaftspolitik von Abdul Majid Zabuli, der einst unter König Zahir Shah als Finanzminister diente. Dann gab es noch ein weiteres Buch über die afghanisch-iranischen Beziehungen sowie einen Gedichtband. Darin konnte man unter anderem lesen, dass Maamaa Waheed bereits in jungen Jahren politisiert worden war. Als er in den 1970er-Jahren an der Kabuler Universität studierte, wurde der Kampf um die Deutungshoheit im Land zwischen Islamisten und Kommunisten ausgetragen. Auch auf dem Campus kam es immer wieder zu kleineren und größeren Auseinandersetzungen zwischen Studenten. Maamaa Waheed hatte sich keiner Seite angeschlossen, doch wegen seiner eigenen Religiosität konnte er mit den Worten islamistischer Rädelsführer noch etwas mehr anfangen als mit dem Marxismus-Leninismus, der in der afghanischen Gesellschaft keinerlei Verwurzelung hatte.

Die weitgehend neutrale Einstellung vieler Afghanen änderte sich mit dem Putsch der afghanischen Kommunisten im April 1978. Von ihrer stalinistischen Terrorherrschaft habe ich bereits berichtet. Zahlreiche junge Männer, darunter auch Maamaa Waheed, gerieten als vermeintliche «Konterrevolutionäre», «Banditen» oder «Terroristen» ins Visier des neuen Regimes. Der staatliche Geheimdienst KhAD hatte überall Augen und Ohren. Eines Nachts befand sich mein Onkel im Haus einer befreundeten Familie im nördlich gelegenen Baghlan, der Heimatprovinz meiner Mutter, als Agenten des KhAD plötzlich vor der Tür standen. Der Herr des Hauses konnte sie erfolgreich abwimmeln, doch für Maamaa Waheed war fortan klar: In Afghanistan konnte er nicht bleiben. Über die Durand-Linie verschlug es ihn nach Peschawar, ins Zentrum der Mudschaheddin-Rebellen. Angeführt wurden sie von jenen Männern, die mit ihren Reden und Schriften zuvor den Campus in Kabul dominiert hatten. Wie Burhanuddin Rabbani, ein rhetorisch begabter und sanft wirkender Professor, der an der ägyptischen Al-Azhar-Universität sein Studium absolviert hatte, oder dem berühmt-berüchtigten Gulbuddin Hekmatyar, der während eines Gefechts auf dem Universitätsgelände einen Kommilitonen eigenhändig getötet haben soll. Nicht jeder der Mudschaheddin-Führer hatte einen schlechten Ruf. Aber aufgrund der Repression des Kabuler Regimes und der an Weihnachten 1979 beginnenden sowjetischen Invasion fanden selbst die Brutalsten unter ihnen gewaltigen Zulauf. Maamaa Waheed fand sich, ähnlich wie Zehntausende andere Afghanen, inmitten dieses Tumults wieder. Er versuchte zu überleben und sein Land zu verteidigen. Dazu griff er sowohl zur Schreibfeder als auch zur Waffe, Letzteres nur im Notfall und zur Selbstverteidigung. Eine äußerste Form des Lebens, die nur jene wirklich nachvollziehen können, die einen Angriffskrieg und illegale Besatzung erleben. Viele Männer, die unter den Warlords in Peschawar kämpften, waren Ärzte, Ingenieure oder Hochschulprofessoren, denen praktisch keine andere Wahl blieb. Sie mussten mitansehen, wie ganze Dörfer von der Roten Armee dem Erdboden gleichgemacht wurden. Ihr Widerstand war in Anbetracht der kommunistischen Gräueltaten verständlich. Auch die Vereinten Nationen kamen zu dem Schluss, dass die Massaker der Sowjets in keinerlei Hinsicht vergleichbar seien mit den Menschenrechtsverbrechen einiger Rebellen-Gruppen, die ohne Zweifel zahlreich stattfanden.

Mein Onkel entfremdete sich am Ende jedoch von seinen Anführern in Peschawar. Er zog sich zurück und beschäftigte sich zunehmend mit der Frage, warum so viele Ausländer am Dschihad der Afghanen teilnahmen. Unter ihnen befanden sich viele Araber, deren Welt ihn stets fasziniert hatte. Der wohl berühmteste «arabische Afghane», der damals in Afghanistan und Pakistan predigte und kämpfte, war Abdullah Azzam, ein Palästinenser, der zahlreiche Männer, darunter auch den jungen Osama bin Laden, beeinflusste. In Peschawar gründete Azzam das «Maktab ul-Khidamat», eine Anlaufstelle für arabische Freiwillige, und stellte einige Afghanen als kulturelle Vermittler und

Übersetzer an. Maamaa Waheed gehörte zu ihnen – für ihn eine Win-Win-Situation. Er konnte den Arabern die afghanische Kultur näherbringen und gleichzeitig auch etwas über sie lernen. Doch es taten sich teils erhebliche Gräben auf. Viele Araber vertraten etwa die Meinung, die einzig wahren Muslime zu sein. Bereits damals betrachteten die Extremisten unter ihnen die afghanischen Mudschaheddin als Götzenanbeter und Ungläubige, unter anderem, weil sie lokalen Sufi-Traditionen folgten und zu Schreinen oder Gräbern pilgerten. Abdullah Azzam hielt sie im Zaum und versuchte, sie eines Besseren zu belehren. Immerhin stammten die meisten der arabischen Kämpfer aus säkularen Diktaturen wie Ägypten, Algerien oder Tunesien, wo ihnen ein Regimesturz nicht gelungen war, während die Afghanen mit Erfolg die gottlosen Kommunisten bekämpften.

Maamaa Waheeds Anstellung bei Azzam war nur von kurzer Dauer. Im November 1989 wurde der wohl bekannteste Prediger des modernen Dschihadismus durch ein Bombenattentat in Peschawar getötet. Bis heute sind die Täter unbekannt. War es der pakistanische Geheimdienst ISI oder der israelische Mossad, der die Rückkehr des Palästinensers fürchtete? Waren es Mudschaheddin, die Azzam ablehnten, oder womöglich sogar seine einstigen Zöglinge, die sich radikalisiert und abgespaltet hatten, um wenige Jahre später mit schrecklichen Angriffen für Aufsehen zu sorgen? Meinen Onkel beschäftigte diese Frage bis zuletzt, doch nach Azzams Tod ging er seinen eigenen Weg. Nach dem Fall von Mohammad Najibullah, dem letzten kommunistischen Präsidenten Afghanistans, in dessen Kerker unter anderem mein Großvater mütterlicherseits sowie mein jüngerer Onkel Maamaa Zia einige Zeit hatten verbringen müssen, zog er wieder nach Kabul. Dort regierten nun die Gotteskrieger – und sie bekriegten einander. Als Burhānuddin Rabbani 1992 zum Präsidenten ernannt wurde, erreichte die Feindschaft zwischen Gulbuddin Hekmatyar und Ahmad Shah Massoud einen neuen Höhepunkt, auf dem ganz Kabul in Schutt und Asche gelegt wurde und marodierende Milizen Jagd auf Frauen und Kinder machten. «Damit wollten wir nichts mehr zu tun haben. Dafür hatten wir nicht gekämpft», erzählte mir Jahre später der Mauretanier Mohamedou Ould Slahi. Der Autor des mittlerweile weltbekannten «Guantanamo-Tagebuchs» kämpfte eine Zeit lang auf Seiten der afghanischen Mudschaheddin. Auch Maamaa Waheed war bedrückt, nachdem er seinen neuen Posten als Bürokrat im Außenministerium der Mudschaheddin angetreten hatte. Wieder war er für den Nahen Osten und Nordafrika zuständig. Er befreundete sich mit den zurückgebliebenen Beamten des gefallenen kommunistischen Regimes und hoffte vergeblich auf eine friedliche Lösung zwischen Massoud und Hekmatyar. Stattdessen traten bald die Taliban ihren Siegeszug an und verjagten fast alle Mudschaheddin-Warlords des Landes. Während Massoud sich in seiner Bastion im nördlichen Panjsher-Tal verschanzte, hissten die Taliban zum ersten Mal ihre weiße Flagge und riefen das Islamische Emirat Afghanistan aus. Abermals flohen Tausende von Menschen aus der Hauptstadt, darunter auch viele Bürokraten der vorherigen Regimes.

Doch Maamaa Waheed ging nirgendwohin. «Du bist geblieben? Dann arbeitest du nun für uns», sagte ihm einer der neuen Machthaber. Die Taliban waren fortan damit beschäftigt, das Land in jeglicher Hinsicht zu ruinieren, und Leute wie mein Onkel konnten allenfalls versuchen, ihnen zumindest ein Quäntchen Vernunft einzureden. Bildung habe im Islam für beide Geschlechter einen hohen Stellenwert. Außerdem sei Khadija, die erste Frau des Propheten Mohammad, eine Händlerin gewesen. Auch vor- oder nicht-islamische Geschichte und Kultur seien zu respektieren. Das diverse afghanische Volk ähnele den unterschiedlichen Fingern ein und derselben Hand.

Das Land könne nur funktionieren, wenn seine Gesellschaft einen Gemeinsinn entwickle. Und so weiter und so fort. Als die Welt ihr Interesse an Afghanistan verlor, hielt mein Onkel weiterhin Kontakt zu NGOs und ausländischen Medien. Er empfing ihre Vertreter in Kabul in jenen Tagen, in denen die Stadt hungerte und es weder Strom noch Wasser gab. Maamaa Waheed und sein Freund Omara Khan Massoudi, einstiger Direktor des Afghanischen Nationalmuseums, sortierten und versteckten in den dunklen Museumsräumen die Kulturschätze des Landes, während die Taliban überall im Land Büsten zerschlugen und Buddhas zerstörten.

Ende 2001 wurden die Taliban von den Amerikanern und ihren afghanischen Verbündeten, den einstigen Mudschaheddin-Warlords, gestürzt und verjagt – und mein Onkel blieb abermals in Kabul. Als Abdullah Abdullah, der Außenminister des von Washington eingesetzten Präsidenten Hamid Karzai werden sollte, das Büro meines Onkels betrat, verwies er ihn des Hauses. «Deine Arbeit hier ist vorbei», waren seine Worte. Maamaa Waheed war das nur Recht. Mit den neuen Besatzern und ihrem Regime, dessen Fall er damals früh vorhersah, wollte er nichts zu tun haben. Stattdessen konzentrierte er sich auf seine publizistische Arbeit und wurde ein gefragter Beobachter des politischen Geschehens. In den Jahren darauf bat man ihn dann doch noch mehrmals, für die Regierung zu arbeiten. Allerdings traute er Karzai nicht über den Weg. In dessen Nachfolger Ashraf Ghani sah er einen manischen Choleriker, der von Afghanistan keine Ahnung habe. Einen echten, dauerhaften Frieden konnte sich Maamaa Waheed nur durch eine Übereinkunft aller politischen Fraktionen und Parteien des Landes einschließlich der Taliban vorstellen. Durch seine Kontakte zu Letzteren fungierte er auch als Vermittler, etwa bei Geiselnahmen oder Friedensgesprächen. In seinen letzten Lebensjahren galt mein Onkel als einer der wichtigsten Dissidenten des Landes. Im afghanischen Fernsehen kritisierte er die Kriegsberichterstattung, die Verbrechen des US-Militärs und die korrupte Regierung in Kabul. Damit beeinflusste er nicht nur mein Denken, sondern viele Menschen im gesamten Land. Noch kurz vor seiner Ermordung sagte mein Onkel in einem seiner letzten Interviews, dass die politischen Eliten im Umfeld von Ashraf Ghani an keiner politischen Lösung des Konflikts interessiert seien. Der Präsident sei mittels einer fingierten Wahl ins Amt gekommen, ihm und seinem korrupten Zirkel gehe es ausschließlich um den Machterhalt.

Gemeinsam mit meiner Mutter und meinen Tanten kehrte ich nach Afghanistan zurück. Wir saßen mit abgeschobenen afghanischen Geflüchteten aus der Türkei in der zweiten Klasse eines Fliegers von Turkish Airlines; in der ersten Klasse logierten korrupte Politiker aus Kabul. Zwei Nächte waren seit der Ermordung Maamaa Waheeds vergangen. Die *Jinnaza*, die islamische Beerdigung, hatte bereits stattgefunden. Deren Regeln sind streng und wurden von meinem Onkel stets hochgehalten. Man konnte folglich nicht auf uns warten. In unserem Haus in Dar-ul-Aman war die Trauer groß, als wir ankamen. So etwas hatte ich bislang noch nicht erlebt. Meine Mutter und ihre Schwestern begannen zu weinen, als sie den Hof des Hauses betraten. Mein Cousin empfing uns mit Tränen in den Augen. Ich umarmte ihn. Im Haus waren ebenfalls zahlreiche Verwandte anzutreffen, die klagten und weinten. Besonders schlecht ging es meiner Cousine, die in regelmäßigen Abständen Schreikrämpfe hatte. Manchmal bekam sie keine Luft und wurde fast ohnmächtig. Ich begab mich in den Männerbereich, in dem Maamaa Zia, mein jüngerer Onkel, und einige grau- und weißbärtige Männer mit Turban saßen. Maama Zia wirkte gefasst und niedergeschlagen, doch sobald er nachts allein in seinem

Zimmer lag, weinte er um seinen einzigen Bruder am lautesten. Der einzige Trost für ihn war, dass die ganze Familie hier an diesem Ort gemeinsam trauerte. In Zeiten der Trauer entsteht in Afghanistan in der und rund um die Familie ein besonderes Gemeinschaftsgefühl. Freunde, Verwandte oder Nachbarn kochen Mahlzeiten für die Trauernden. Eine Kuh wird geschlachtet, um das Fleisch im Namen des Verstorbenen an die Armen zu verteilen. Man sitzt mehrmals am Tag beisammen, isst Palaw, afghanischen Reis, mit Fleisch, Gemüse und warmem Brot – und trinkt Tee.

Die Hauptzeremonie fand in der Sher-Shah-Suri-Moschee, einem der größten Gotteshäuser der Hauptstadt, statt und wurde von mehreren Tausend Menschen besucht. Ich betete neben mir unbekannten Männern, die schluchzten und weinten, weil mein Onkel gestorben war. Wahrscheinlich hatte er tatsächlich fast alle Menschen in der Moschee oder bei der heimischen Trauerfeier gekannt. Unter ihnen befanden sich hochrangige Politiker wie Ex-Präsident Hamid Karzai, aber auch Taxifahrer, Tagelöhner oder Nomaden. Zu Lebzeiten hatte Maamaa Waheed jeden von ihnen im Garten oder im Gästezimmer empfangen. Zu seinen zahlreichen afghanischen gesellten sich auch viele ausländische Freunde und Bekannte. Der polnische Botschafter in Kabul, ein Hobbykoch, hatte einmal persönlich Pasta für ihn zubereitet. Auch die Japaner luden ihn regelmäßig ein. Dank der Spanier erhielt er einmal ein Schengenvisum, mit dem er nach Europa kam. In Polen besuchte Maamaa Waheed das KZ Plaszow und gedachte der Opfer des Holocausts. Auch für ihn war es schwer verdaubar zu sehen, was die Nazis im Westen taten, während jüdische Menschen in Afghanistan meist in Sicherheit lebten und als Teil der diversen Gesellschaft betrachtet wurden. Die meisten anderen Afghanen hätten eine Reise nach Europa genutzt und einen Asylantrag gestellt, doch mein Onkel kehrte nach wenigen Tagen nach Kabul zurück. Er vermisste seine Familie und sein Land. Auch zahlreiche westliche Journalisten statteten uns einen Besuch ab oder sendeten Beileidsbekundungen. Auch ihnen war unser Heim in Kabul vertraut, wo Maamaa Waheed seinen Gästen einst in stundenlangen Gesprächen und Interviews seine Heimat erklärt hatte.

Auch in seiner Heimatprovinz Baghlan, die er über alles geliebt hatte, fand eine Trauerfeier für meinen Onkel statt. Seine Kindheit dort in den grünen Feldern und Hügeln sei wie das Leben in einem der Gärten des Paradieses gewesen, sagte er einmal während eines Interviews für einen Dokumentarfilm. Doch damals, zum Zeitpunkt seines Todes im November 2019, gehörte Baghlan zu den gefährlichsten Regionen des Landes. Mehrere Distrikte wurden von den Taliban kontrolliert. Es kam regelmäßig zu Gefechten zwischen den Aufständischen und Regierungsmilizen. Dennoch machten Maamaa Zia und ich uns auf in den Norden Afghanistans, um die Trauerfeier in Baghlan zu organisieren, während der Rest der Familie in Kabul die Stellung hielt. Den meisten war diese Reise zu gefährlich, aber wir waren Maamaa Waheed eine *Fatiha* – wie die Trauerzeremonie bezeichnet wird – in Baghlan schuldig. In Sarai Shamali im Norden Kabuls nahmen wir ein Sammeltaxi, das uns über den Salangpass fahren sollte. Unsere Weggefährten waren ein hochmütiger Taxifahrer, der in den darauffolgenden Stunden mit seinem gefährlichen Fahrstil mehrmals fast für zwei weitere Beerdigungen in unserer Familie verantwortlich gewesen wäre, sowie zwei weißbärtige Verwandte, die wir zufällig am Sammelpunkt trafen. Auch sie wollten zur Zeremonie nach Baghlan.

Über Charikar fuhren wir den Salangpass hoch. Aus dem Radio tönten Suren des Korans. Wir wollten in Zeiten der Trauer keine Musik hören. Die Reise über den Pass ist beschwerlich und ermüdend. Seit Jahrzehnten fährt man hier hauptsächlich auf einer Matschstraße, die das ganze Auto verdreckt. Schnee und Regen sorgen dafür, dass die Reifen ständig irgendwo hängenbleiben. Der steinige Weg zieht den Unterboden des Autos enorm in Mitleidenschaft; darüber freuen sich dann die kleinen Werkstattstände, die entlang der Route zahlreich vorhanden sind. Autofahren auf dem Salang ist eine Kunst für sich, und unser Fahrer beherrschte sie nicht. «Gut, mein Freund. Wir bezahlen dich hier und steigen aus», meinte Maamaa Zia nach dem dritten lebensgefährlichen Manöver des jungen Fahrers. Er hatte wieder einen Laster überholt und wäre beinahe in den Gegenverkehr bzw. den Hang hinuntergekracht. Der Übermütige stammte aus dem Norden Kabuls und sprach in einem typischen Shamali-Farsi. Ob er keine Geduld hatte oder einfach nur angeben wollte, konnten wir nicht herausfinden, doch die Worte meines Onkels beschämten ihn. Er fuhr fortan langsamer und überholte niemanden mehr, was uns einigermaßen beruhigte. Nach drei Stunden kamen wir in Baghlan an. Im November wirkten die sonst so grünen Hügel grau und karg. Vor dem Tor zur Provinz standen Soldaten der afghanischen Armee. Sie warfen einen gleichgültigen Blick in unser Taxi und ließen uns weiterfahren. In der Provinzhauptstadt Pol-e Khumri endete unsere Fahrt mit dem Verrückten. Wir bezahlten ihn und wünschten den nächsten Fahrgästen, die mit ihm zurück nach Kabul kommen wollten, insgeheim Gottes schützende Hand. In Pol-e Khumri holte uns der Sohn eines Nachbarn ab. Mit ihm würden wir weiter in «die Fabrik», den Heimatort der Familie meiner Mutter, fahren. Die Fahrt dauerte nur zwanzig Minuten, war aber gefährlich. Als wir Pol-e Khumri hinter uns ließen, fuhren wir auch schon an den ersten ausgebrannten Fahrzeugen vorbei: Humvees der Armee. Hier wurde noch vor Kurzem gekämpft, dachten wir. Doch unser neuer Fahrer belehrte uns eines Besseren. «Achtung, hier wird immer noch gekämpft», sagte er.

Hinter den Bäumen und auf der anderen Seite des Flusses hatten sich Taliban-Kämpfer verschanzt; die Regierungsmilizen versuchten, die Straße zu kontrollieren. Von irgendwo hörten wir Schüsse und Explosionen, konnten aber nichts sehen. Wir duckten uns und hofften, damit durchzukommen. Wenige Minuten später waren wir in der Fabrik und atmen erleichtert auf.

In der Fabrik erwarteten uns Verwandte, Nachbarn und Jugendfreunde meines Onkels. Jeder hier kannte Maamaa Waheed ein Leben lang. Noch vor zwei Tagen waren viele von ihnen in Kabul gewesen, um ihr Beileid auszusprechen. Nun waren sie hier, weiterhin traurig und bestürzt. Dass mein Onkel so plötzlich und gewaltsam aus dem Leben gerissen worden war, schwebte wie eine dunkle Wolke über uns allen. «Ganz Afghanistan trauert», schrieb mir ein Kollege, Nasrat Samimi, der damals für BBC tätig war. «Er hat sich stets um alle und um das ganze Land bemüht», sagte Hamid Karzai in seiner Villa vor zahlreichen Gästen. Der Ex-Präsident hatte eigens eine Gedenkveranstaltung organisiert. Als er nach dem Gebet in der kleinen, überfüllten Moschee in der Fabrik eine Andacht hielt, sprach Maamaa Zia über seinen verstorbenen Bruder die Worte: «War er Kommunist oder Muslim? War er schiitisch oder sunnitisch? Welcher Ethnie gehörte er an? Sie alle haben sich zu seinen Ehren versammelt und fühlten sich ihm zugehörig. So war mein Bruder.» Und es stimmte: Wer die Trauerzeremonie meines Onkels besuchte, hätte nicht sagen können, welcher politischen Fraktion er angehört oder welchen Stammeshintergrund er gehabt hatte. Man sah Ex-Kommunisten mit dicken Schnurrbärten, schiitische Geistliche, ehemalige Taliban-Führer mit schwarzen Turbanen, anzugtragende Regierungsbeamte oder Universitätsprofessoren. Maamaa Waheed hätte sich wahrscheinlich darüber gefreut, wenn er seine Trauerfeier selbst hätte erleben können.

So nah der Tod in Afghanistan scheint, umso näher ist das Leben. Nach der Trauerfeier in der Moschee in Baghlan zogen wir zu einem nahegelegenen Hof weiter, auf dem in großen Kesseln und Töpfen bereits ausgiebig gekocht wurde. Diese Essensausgaben an die Trauergäste und die Armen in der Nachbarschaft sind ein zentraler Bestandteil jeder klassischen afghanischen Fatiha. Meist gibt es Hammelfleisch und Reis, Hackfleischklöße in würziger Soße, warmes Brot und viel Obst. In jenen Tagen schmeckten die goldgelben Äpfel aus dem nahegelegenen Andarab besonders süß. Gewöhnlich teilt man sich eine größere Essensplatte mit einer oder zwei weiteren Personen. So kommt man auch mit Menschen ins Gespräch, die man gar nicht kennt. Der ältere Mann, der mit mir aß, war als Kommandant Noor bekannt, ein Kindheitsfreund Maamaa Waheeds. Ob er wirklich den Rang eines Kommandanten innehatte, weiß niemand. Doch seit dem Dschihad gegen die Sowjets ist er als Kommandant bekannt. Auch meine Mutter kennt Noor seit ihren Kindheitstagen. Er trug damals zu große Schuhe und spazierte durch die Fabrik, während ihm alle Kinder nachliefen. «Wer bist du denn?», wollte Kommandant Noor von mir wissen. Nachdem ich mich vorstellte, strahlten seine Augen. Dann erzählte er mir von seinen Jugendtagen mit meinem Onkel und von dessen Gastfreundlichkeit in Kabul. Manchmal klopfte Noor nach einer langen Reise aus Baghlan um zwei Uhr morgens am Tor unseres Hauses in Dar-ul-Aman. Maamaa Waheed eilte im Dunkeln zu ihm, schmiss den Ofen an und kochte Tee, und meine Tante schimpfte über den Kommandanten, der nicht einmal die Nachtruhe respektieren würde.

Nach dem Essen gab es Tee, Süßigkeiten und Obst in der Gästestube unseres Nachbarn. Es war ein schöner Anblick, der wieder einmal das diverse Afghanistan verdeutlichte. Paschtunen, Tadschiken, Usbeken, Hazara. Turbane, Pakol-Hüte, Patus, dicke Wollumhänge, in denen ich mich manchmal wie ein Jedi-Ritter aus «Star Wars» fühlte, oder Desmals, dünne Schals, die an die palästinensische Kufiya erinnern. Man hörte Farsi, Paschto oder auch Usbekisch, das im Norden Afghanistans verbreitet ist. Dann kam die Nacht, und es wurde kälter. Doktor Sayed Shah, ein bekannter Arzt aus Baghlan, saß neben mir und schälte kunstvoll einen Granatapfel. Er schnitt das Obststück auf wie eine Blume und klopfte mit seiner Hand sanft gegen die Schalen, sodass die saftigen Kerne in eine kleine Schüssel hinabregneten, ohne weitere Spuren zu hinterlassen. Währenddessen erklärte mir Bahauiddin, ein weiterer Jugendfreund Maamaa Waheeds, dass mein Onkel die reinste Seele gewesen sei, die er kannte. Bahauddin war bekannt für sein obszönes Mundwerk. Je näher man ihm stand, desto mehr wurde man von ihm beschimpft. Seine besten Freunde verglich er gerne mit den Genitalien von Tieren oder bezeichnete sie als Bastarde. Nur Maamaa Waheed gegenüber verhielt er sich brav und anständig, was er im Grunde genommen auch war.

Unser Aufenthalt in Baghlan endete am nächsten Morgen mit frischer Milch, Brot, dem berühmten Honig aus der weiter nördlich gelegenen Provinz Badakhshan und Qaimaq, einer Art Sahne, die auch in anderen Regionen der Welt, etwa in der Türkei oder auf dem Balkan, verbreitet ist. In Afghanistan wird das Brot nicht bestrichen. Stattdessen nimmt man ein Stück vom Laib, tunkt es geübt in den Qaimaq und anschließend in den Honig. Mit vollem Magen und erstaunlich guter Laune nahm ich diesmal allein ein Taxi. Maamaa Zia fuhr weiter in den Norden nach Mazar-e Sharif, wo er mittlerweile lebte. Dort musste er noch eine weitere Trauerzeremonie organisieren. Für mich ging es wieder über den Salangpass zurück nach Kabul. An einigen Checkpoints unterhielt ich mich mit den Soldaten und Polizisten. Wir lachten und scherzten. Einige boten mir Tee an.

Dass ich eigentlich aus dem Ausland gekommen war, hätte mir niemand von ihnen abgekauft, wenn ich es erzählt hätte. Meine Zunge fiel in der Regel in das nördliche Shamali-Farsi. Ich sprach laut und gestikulierte wie die Menschen hier. Mein voller Bart, der etwas durcheinander war, mein Gesicht, über das sich jeden Tag aufs Neue eine Schicht aus Schweiß, Staub und klarem Bergwasser gelegt hatte, mein dicker, brauner Patu-Schal, den ich mir bei Kälte, Regen oder Schnee um Hals und Kopf wickelte – mein äußerliches Erscheinungsbild ließ mich wie einen der ihren erscheinen. Und als die Berge an mir vorbeizogen, fühlte ich mich tatsächlich wie zuhause. Der Tod hatte mich nach Afghanistan gebracht, wo er mich verfolgte, ja omnipräsent war. Doch ich hatte mich daran gewöhnt, mit ihm zu reisen und ihn wie einen weiteren Fahrgast auf der Rückbank zu betrachten. Dadurch schaffte ich mir Platz für das Leben. «Nach Afghanistan kommt Gott nur noch zum Weinen», lautet der Titel eines Buches, das sich irgendwann im deutschsprachigen Raum durchgesetzt hat. Er bringe den Alltag in Afghanistan treffend auf den Punkt. Doch das stimmt so nicht. Wo geweint wird, wird auch gelacht. Dort, wo der Tod ist, ist auch das Leben. Selbst in den dunkelsten Tagen lassen sich die Menschen in Afghanistan nicht davon abhalten, das Leben auf ihre Weise zu genießen. Sei es mit einem Glas bitterem Grüntee, einem Spieß Kebab oder einem frisch gebackenem Laib Brot, an dem man auf dem Nachhauseweg nascht oder während einer langen Autofahrt. Als wir um meinen Onkel trauerten, hielt uns das gemeinsame Essen am Leben. Es hatte *Barakat*, es war gesegnet. Natürlich lässt sich tiefe Trauer nicht durch Reis, Fleisch oder Obst vertreiben. Durch das gemeinsame Brotbrechen wird sie jedoch erträglicher. Durch das Beisammensitzen. Während der Tote auf eine neue Reise geht, siegt im Diesseits das Leben.

Kleidung macht den Afghanen

Ich spaziere durch Innsbruck. «Fescher Mann, aber woher das Geld?», murmelt eine ältere Dame vor sich hin. Ein Mann starrt mich verächtlich an. Ich gehe weiter. Dass ich wegen meines Aussehens Diskriminierung erlebe, ist nichts Neues. Ich bin fast 1,90 Meter groß, schwarzhaarig und vollbärtig. Kein klassischer Österreicher. Für viele Menschen steht praktisch auf meiner Stirn geschrieben, dass ich einen muslimischen Hintergrund habe, und daraus ziehen sie ihre Schlüsse. So weit, so alltagsrassistisch. Mein Bart, meine Haare und meine Haut- und Augenfarbe bleiben stets gleich. Was sich aber ändert, ist meine Kleidung – und die stellt mich, den Muslim und Afghanen, immer wieder vor Probleme. Ich achte auf meinen Kleidungsstil. Gerne trage ich einen Mantel, meinen Lieblingspullover, elegante Stiefel und irgendeine Jeans – ob Markenklamotten oder No-Name-Artikel. Es muss passen, halten und gut aussehen. Doch einige Menschen sehen in meiner Kleidung mehr, als mir lieb ist. Ein gutangezogener «orientalischer» Mann ist für Teile der weißen Mehrheitsgesellschaft ein Affront oder verursacht zumindest eine Irritation. Nicht nur im konservativeren Innsbruck, sondern auch in Berlin oder Stuttgart, wo ich zurzeit lebe. Im Grunde genommen ist es ähnlich wie mit einem schicken Sportwagen. «Wie kann sich der denn so etwas leisten? Der ist doch gerade erst aus Syrien oder Afghanistan in unser Land gekommen» – denken manche. Erst recht, wenn sie dann auch noch meinen Mercedes sehen.

Nicht nur mir, sondern auch vielen Geflüchteten, die in den

vergangenen Jahren nach Deutschland oder Österreich gekommen sind, ist ihr äußeres Erscheinungsbild wichtig. Sie wollen gut und gepflegt aussehen und das auch zeigen: einerseits den Menschen in der neuen Heimat, von denen sie ohnehin oft kritisch beäugt werden, andererseits den Verwandten im fernen Ausland. Immerhin hat es nicht jeder nach Europa geschafft. Man posiert für Fotos in grünen Parks oder modernen Einkaufszentren und lädt diese auf Facebook hoch. Jeder Ort sieht besser aus als ein heruntergekommenes Geflüchtetenheim. Doch egal, was man als muslimisch gelesener Mann anzieht, ständig wird man abgestempelt. Formell und schick? Da kann etwas nicht stimmen. Locker, leger und in Jogginghose? Arbeitsloser Sozialschmarotzer! In Deutschland berichten rund die Hälfte der Menschen mit sichtbarem Migrationshintergrund von Diskriminierungen. Besonders betroffen sind demnach Musliminnen und Türkinnen. Kein Wunder: Zur erwähnten Sichtbarkeit gehört eben auch die Kleidung, in ihrem Fall das Kopftuch.

Zugegeben, es passiert nicht oft, aber manchmal lege ich mir meine afghanische Tracht, den Peran Tumban (wortwörtlich übersetzt: Kleid und Pluderhose), an. Während sogenannte «ethnic clothes» in Metropolen wie London oder New York zum Alltag gehören und Sikhs und Muslime sogar ihre religiösen Kopfbedeckungen bei der Ausübung des Polizeidiensts tragen dürfen, sind derartige Szenen in Deutschland eine Ausnahme und teilweise sogar gesetzlich verboten. In Österreich ist es noch schlimmer. Bei den allermeisten Polizisten handelt es sich um autochthone Österreicher, um «Einheimische» ohne erkennbare Flucht- oder Migrationserfahrung. In Innsbruck quittierten einige wenige türkeistämmige Burschen den Dienst wegen rassistischer Anfeindungen. Der Ex einer guten Freundin nahm seinen Dienst als linksliberaler Grünenwähler bei der örtlichen Polizei auf. Nach einigen Monaten schimpfte er über kriminelle Ausländer und wünschte einen (weiteren) Genozid an den Tschetschenen herbei. Verständlicherweise will man in solch einem Umfeld nicht auffallen, vor allem nicht durch Kleidung. Ich trage den Peran Tumban nur zu besonderen Anlässen, an religiösen Feiertagen, Hochzeiten oder auf Volksfesten. In der Regel trägt man dazu eine Weste und Sandalen. Wer es auf die Spitze treiben will, setzt sich noch einen Pakol-Hut oder einen Turban auf. Natürlich gibt es viele Menschen, die diese Kleidung schön finden. Allerdings nur in einem gewissen Maße: Wer es mit Pluderhose und Turban übertreibt, gilt als unintegrierbar. Der oder die oftmals weiße Gegenüber hat sich schon längst sein oder ihr eigenes Bild gemacht, bevor man überhaupt den Mund aufmacht: Parallelgesellschaft, religiöser Extremismus, Taliban. Es gab Situationen, in denen ich mit meinem Peran Tumban Supermärkte und Tankstellen betrat und sofort feindselig angestarrt wurde – bis ich den Mund aufmachte und man mein tirolerisch eingefärbtes Deutsch hören konnte. Abgesehen vom Äußeren ist die Sprache ein wichtiger Trigger, der Rassismus und Diskriminierung erzeugt. Wer akzentfrei spricht oder gar einen lokalen Dialekt, so wie ich, hat in der Regel weniger zu befürchten.

Ironischerweise konnte ich auch in Kabul vielerorts den Peran Tumban nicht tragen, ohne anzuecken. Lange war es dort Tradition, dass sich urbane Eliten durch ihre Kleidung vom «einfachen Volk» abgrenzten. In den 1970er-Jahren trug mein Vater in Kabul ausschließlich westliche Kleidung. «Das ist doch ein Schlafanzug, ein Pyjama!», sagte er mir manchmal, wenn er mich mit Peran Tumban sah. Er wäre damals in Kabul so nicht rausgegangen. Tatsächlich existiert kein einziges Foto meines Vaters, das ihn in traditioneller Kleidung zeigt. Stattdessen trug er meist Lackschuhe, karierte Hemden und Anzughosen. Bis zuletzt versuchten viele junge Afghanen, sich durch westliche

Mode «aufzuwerten». In vielen postkolonialen Staaten ist das so. Doch für mich hatte der Peran Tumban einige Vorteile. Einerseits ist es praktischer, in der staubigen Hitze Kabuls anstelle von Jeans und Hemd einen dünnen und weiten Stoff auf der Haut zu tragen. Andererseits, so meine Überzeugung, würde ich wohl an keinem anderen Ort der Welt so frei sein, dieses Kleidungsstück zu tragen. So war es im Grunde genommen dann auch. Allein in der Kabuler Medien- und NGO-Bubble fiel ich manchmal auf, mit deren Mitgliedern ich als Journalist zwangsläufig verkehren musste. Sie gaben sich meist besonders schick und westlich. Der Peran Tumban galt als altmodisch, regressiv, ländlich und, mit einem Bart kombiniert, gar als extremistisch und talibanfreundlich. Viele der Afghanen, die Teil der Bubble waren, hatten etwa mit Hilfe von Stipendien einige Zeit im Ausland verbracht, in Europa oder in den USA – und das wollten sie durch ihren Sprach- und Kleidungsstil auch zeigen. So trug man etwa ein schickes Ralph-Lauren-Hemd und versuchte, Englisch und Farsi gleichzeitig zu sprechen. In meinen Ohren klang das meist komisch und abstrus. Als ich einmal in solch einer illustren Runde saß, erzählte einer der Anwesenden von seiner Zeit in Frankreich, der Schweiz und Österreich. Manchmal sprach er vor versammelter Runde mit sich selbst Französisch, um im Anschluss die Sätze für uns Unwissende zu übersetzen. Dann beschrieb er eine Stadt in den Alpen, die zu den schönsten Orten der Welt gehöre. Nach seiner etwas vagen Beschreibung wurde ich stutzig und wollte wissen, welche Stadt er meine. «Oh, die kennst *du* sicher nicht!», war seine Antwort, als er meinen Bart und meine Kleidung betrachtete. «Sie heißt Innsburg», sagte er dann. Ich musste lachen. «Du meinst Innsbruck, dort bin ich geboren. Ja, ist wirklich schön dort», antwortete ich, worauf er mich fassungslos anstarrte. Er hätte gedacht, ich sei aus Helmand oder Kandahar nach Kabul geschwemmt worden.

In Afghanistan wird seit jeher mit Kleidung Politik gemacht. In den 1920er-Jahren versuchte König Amanullah Khan das Land zu modernisieren, indem er der Bevölkerung nach seinen Reisen nach Europa unter anderem westliche Kleidung aufzwang. Wer Peran Tumban trug, galt als rückständig und war nicht in der Moderne angekommen. Bei politischen Versammlungen mussten alle Teilnehmer ihre afghanische Tracht ablegen. Stattdessen ordnete der König Anzug, Zylinder und Krawatte an. Fotos aus der damaligen Zeit wirken deshalb unfreiwillig komisch. Ähnlich verhält es sich auch mit den Abbildungen von Amanullahs Vorgängern: afghanische Adelige mit Karakulmütze, dicken Militärstiefeln und maßgeschneidertem britischem Sakko. Amanullah Khans oberflächliche Modernisierungspolitik nahm kein gutes Ende. Er wurde gestürzt und verjagt. Was der König nicht verstanden hatte und viele bis heute nicht einsehen wollen: Progressivität hat wenig bis gar nichts mit dem Kleidungsstil von Menschen zu tun. Afghanische Trachten bedeuten nicht automatisch, dass ihr Träger rückständig ist. Genauso wenig steht westliche Mode für die leuchtende Aufklärung oder aber – wie die Taliban meinen – für den Teufel höchstpersönlich. Seit deren Rückkehr an die Macht gelten für beide Geschlechter neue Dresscodes. Frauen müssen sich strenger verhüllen (entgegen manchen Berichten muss es jedoch keine Burka sein), und Männer sind vor allem in Bildungseinrichtungen, Ministerien oder anderen öffentlichen Stellen angehalten, sichtbare Vollbärte zu tragen und im besten Fall auch Peran Tumban mitsamt Turban oder Gebetskäppchen im Stile der Kandaharis. Krawatten sind mittlerweile verboten. Im vergangenen Sommer erklärte ein Taliban-Kleriker, dass sie vor Jahrhunderten vom christlichen Kreuz inspiriert wurden.

Verrückterweise verurteilen die Taliban nicht nur westliche

Mode, sondern auch den Pakol und das Halstuch im Stile Ahmad Shah Massouds, ihres einstigen Erzfeinds aus dem Panjsher-Tal, und der Soldaten seiner Nordallianz, die vor der Rückkehr der Taliban im August 2021 in Kabul das Sagen hatte, zu den engsten Verbündeten der Amerikaner gehörte und die Taliban bekämpfte. Doch der Pakol, dessen Wurzeln eigentlich in der Antike liegen und der über Alexander den Großen und die Mazedonier über den Chaiber-Pass ins heutige Afghanistan gelangte, ist im ganzen Land verbreitet und wird von Männern vieler verschiedener Ethnien getragen. Auch einige bekannte Taliban-Kommandeure trugen früher einen Pakol als Markenzeichen. «Ich wurde von diesen Idioten wegen meiner Kleidung blöd angemacht. Als ich mit ihnen Paschto sprach, waren sie verdutzt und gingen weiter», erzählte mir etwa Homayun, ein Freund aus Baghlan, im Frühjahr 2022. Einige halbstarke Taliban-Kämpfer auf dem Motorrad hielten ihn für einen tadschikischen Anhänger der Widerstandsmilizen im Panjsher-Tal. Doch Homayun hatte nichts mit ihnen zu tun und war – wie die meisten Taliban – selbst Paschtune. Ein Tadschike aus Kabul, der zufällig mit mir im Taxi saß, erzählte, dass er an Taliban-Checkpoints am Rande der Stadt regelmäßig aufgrund seiner Kleidung (und seines Shamali-Akzents) drangsaliert werde, obwohl er die Route mehrmals pro Woche passieren würde. Wie sehr sich der Kleidungsstil mit den Taliban verändert hatte, fiel mir seither auch bei Spaziergängen durch Kabul auf. Ein männliches Model auf einem Werbeplakat trug einen langen Bart und einen blauen Peran Tumban. Burschen und Mädchen in Cafés und Restaurants waren gezwungen, nach den Vorstellungen der Taliban zu leben, kreierten dabei aber ihre eigenen «islamischen» Dresscodes. Die Kontrollen der Sittenwächter wirkten nicht immer systematisch. «Ich trage ab jetzt nur noch Hemd und Hose», sagte mir etwa mein Freund Bezhan, ein Student an der Kabuler Universität. Früher trug er stets Peran Tumban, doch nun will er den Taliban trotzen, sie gegebenenfalls auch provozieren. «Das ist meine persönliche, kleine Revolte», erzählte er mir grinsend. Auch Zubair, mein Cousin, denkt nicht daran, seinen Style zu ändern. Er trägt weiterhin seine Gelfrisur und ist glattrasiert.

Und ich? Mir fehlt weiterhin nur das Gebetskäppchen. Ansonsten könnte man, wenn man will, meinen gesamten Kleidungsstil wohl als islamistenfreundlich bezeichnen. Doch während andere aus Protest den Peran Tumban ablegen, will ich den Taliban dieses wunderbare Stück Stoff einfach nicht überlassen.

Mit zweierlei Maß

«Ich werde gegen jeden kämpfen, der meine Heimat angreift. Das betrifft auch meine afghanischen Landsleute», sagte mir Jalal Noori Ende vergangenen Jahres am Telefon. Ich hatte ihn mit der Tatsache konfrontiert, dass Ex-Soldaten der afghanischen Armee, die nach der Rückkehr der Taliban an die Macht im August 2021 zerfallen war, in die Ukraine ziehen wollten, um auf russischer Seite zu kämpfen. Viele dieser jungen Männer waren perspektivlos. Sie waren in ihrer Heimat von ihren einstigen Vorgesetzten, den NATO-Kräften, zurückgelassen worden, und wurden dort nun von den neuen Machthabern gejagt. Iraner und Russen sahen in ihnen brauchbares Kanonenfutter und beuteten sie auf ihrer Flucht aus. Noori verstand jedoch keinen Spaß. In den 1990er-Jahren war er gemeinsam mit seiner Familie in die Ukraine ausgewandert und hatte dort eine neue Heimat gefunden. Er betrieb einen Kampfsportverein, heiratete eine Ukrainerin und wurde Leibwächter eines Parlamentsabgeordneten. Noori sieht keinen Widerspruch darin, Afghanistan und die Ukraine gleichermaßen als seine Heimat zu bezeichnen. Er war nicht nur wütend, sondern auch traurig, als er von jenen jungen Afghanen erfuhr, die sich für Putin aufopfern wollten. Egal wo, der Krieg scheint vor den Afghanen nirgendwo Halt zu machen. Vor wenigen Jahren etwa waren afghanische Geflüchtete, hauptsächlich schiitische Hazara, schon vom Iran rekrutiert worden, um das brutale Assad-Regime in Syrien zu verteidigen. Der Einsatz der sogenannten Fatemiyoun-Milizen wurde sodann vom IS instrumentalisiert, um Jagd auf Schiiten in Afghanistan zu machen. Ein schrecklicher Teufelskreis.

Der Afghane und seine Waffe. Oftmals hat man den Eindruck, sie gehören zusammen wie Pommes und Ketchup. Ein problematisches Männlichkeitsideal in der afghanischen Gesellschaft. Der edle Krieger, der mit Schwert und Revolver die britischen Kolonialisten bekämpfte. Der fromme Mudschahed, der mit Pakol und Kalaschnikow seinen Dienst an Gott verrichtet. Der Oberst der Armee, der für Hammer und Sichel sein Land verteidigt. In den meisten afghanischen Familienstammbäumen lässt sich alles davon gleichzeitig finden. Nur jene, die nie gekämpft haben, wurden stets belächelt, wenn nicht gar geächtet. Die privilegierten Deserteure. Mein Vater hat in seinem Leben keine einzige Kugel abgefeuert. Mein Onkel floh ihm nach Innsbruck hinterher, als die Kommunisten mit der Zwangsrekrutierung junger Männer begannen. Viele andere Väter, Brüder und Söhne taten dasselbe, und es war keine Schande, sondern ihr gutes Recht. Auch ich habe genug vom Krieg gesehen, um ihn nicht zu verharmlosen oder zu glorifizieren. Ich kann mich etwa noch gut an Hamza erinnern, einen afghanischen Soldaten, den ich im Frühjahr 2021 im Pech-Tal in der nordöstlichen Provinz Kunar an einer Straße traf. Dort war kurz zuvor eine Mine der Taliban explodiert und hatte die ohnehin schon brüchige Straße in Stücke gerissen. Die Menschen verließen ihre Fahrzeuge und versuchten, das Loch zu stopfen. Einige von ihnen tranken Tee und plauderten mit Freunden und Bekannten, die sie hier zufällig trafen. Andere wollten ein Foto mit dem strahlenden Hamza schießen. Während Hamza mit seiner Waffe posierte und in die Kamera lächelte, schossen seine Kameraden auf einen höher gelegenen Taliban-Hinterhalt. Die Situation war brandgefährlich – ein «normaler Tag» im Pech-Tal. Die Soldaten kämpften unerschrocken, wirkten aber müde. Im Afghanischen werden Soldaten als «Sarbaaz» bezeichnet. «Jemand, der mit seinem Leben spielt» – und nichts anderes taten jene Soldaten seit Jahren. Meist im Auftrag von Politikern, die ihre eigenen Kinder schon längst auf teure Schulen oder Universitäten ins sichere Ausland geschickt hatten. «Das ist hier seit Jahren Alltag», sagte mir einer der Soldaten im Tal. Vor Kurzem hätten sie einige Kameraden begraben. Der Kampf gegen die Taliban schien aussichtslos. Die US-Truppen hatten die Region, wo einst bereits die Sowjets eine Niederlage nach der anderen einstecken mussten, vor rund zehn Jahren verlassen. Hamza und seine Kameraden waren auf sich allein gestellt. Meist fehlte es ihnen an Munition und Nahrung. Einen regelmäßigen Sold gebe es nicht. «Wir brauchen niemanden. Das ist unser Kampf – und mit Gottes Wille werden wir siegen», sagte Hamza damals, bevor er zu den anderen Soldaten eilte, um ihnen beizustehen.

Das war Anfang 2021. Es war mein letztes Treffen mit den Soldaten der gefallenen Republik. Von den politischen Eliten des Landes wurde ihr Kampf meist heroisiert. In den sozialen Medien wurden die «Atalan» (Paschto für «Sieger») für ihren «Kampf gegen Terrorismus» gefeiert. Afghanische Musiker schrieben Lieder für sie und ließen sich mit ihnen filmen. Heute, drei Jahre später, interessiert sich niemand mehr für sie. Die meisten Politiker und Parlamentarier, die nicht selten in Korruptionsskandale verwickelt waren, wurden nach der Rückkehr der Taliban von westlichen Staaten evakuiert, aber jene Soldaten, die man jahrelang als Kanonenfutter missbraucht hat, wurden verdrängt und vergessen. Auch ich habe keine Ahnung, was aus Hamza und den weiteren afghanischen Soldaten, die ich im Pech-Tal und in vielen anderen Provinzen des Landes über die Jahre getroffen habe, geworden ist. Unter ihnen etwa Karim, ein junger Mann, der einmal mit mir im Bus von Mazar-e Sharif nach Kabul saß, oder Yar Mohammad, den ich an einem Checkpoint nahe der Provinz Khost traf. Seit dem Abzug der NATO regieren die Taliban wieder ganz Afghanistan. Doch auch in Europa herrscht wieder Krieg, und es scheint so, als habe man dort das Geschehen am Hindukusch fast schon vergessen.

Viele jener Korrespondenten, die 2021 aus Kabul berichteten, sind nun in Kiew. Es ist ja auch der Job eines Kriegsreporters, möglichst schnell vor Ort zu sein und zu berichten, wenn sich etwas tut. Dennoch wird mir gelegentlich mulmig, wenn ich das Treiben meiner Kolleginnen und Kollegen verfolge. Da sah man etwa die CNN-Starkorrespondentin Clarissa Ward, die im August 2021 aus Sicht vieler Afghanen und Afghaninnen ordentlich ins Fettnäpfchen trat, als sie Selfies mit den Taliban machte und davon schrieb, nun «Geschichte zu erleben» («witnessing history»). Der afghanischen Journalistin Fatima Faizi, die damals für die «New York Times» tätig war und zeitgleich unter schwersten Bedingungen aus Kabul evakuiert werden musste, fiel es schwer, Wards Worte unkommentiert zu lassen. «Du erlebst es, aber wir müssen es erfahren», antwortete sie kritisch («You witness it but we have to experience it.»). Der berechtigte Vorwurf lautete: Ward und andere westliche Journalisten würden sich auf sensationsheischende Weise Hals über Kopf nach Afghanistan begeben, um oftmals ohne jegliche Sprachkenntnisse und mit fragwürdigem Halbwissen von dort zu «berichten», während die Menschen vor Ort praktisch vor die Hunde gehen und ihr Leid gleichzeitig exhibitionistisch rund um den Globus gestreamt wird. Ein deutschsprachiger Reporter, der in dieses Raster fiel, war BILD-Korrespondent Paul Ronzheimer, der sich heute ebenfalls regelmäßig in der Ukraine aufhält und dort unter anderem mit den Klitschko-Brüdern unterwegs ist oder embedded mit der israelischen Armee in den Gazastreifen ging. Unweigerlich muss ich auch an jenen britischen Kollegen zurückdenken, der mir noch während des Taliban-Vormarschs schrieb, er wolle unbedingt nach Kabul reisen. «Emran, ich muss dabei sein. Bitte hilf mir!», waren damals seine Worte. In der Ukraine kommunizierte er mittels Google Translate mit den Einheimischen. Er berichtete nicht, sondern betrieb eine Selbstinszenierung, die ihm zwar 100 000 Follower auf Twitter bescherte, aber auch viel Kritik.

Umso trauriger, dass ausgerechnet der brutale Krieg in der Ukraine den Rassismus westlicher Medien und vieler Menschen in Europa und anderswo offenbart hat. Bereits wenige Tage nach Kriegsbeginn hieß es seitens amerikanischer oder britischer Journalisten, die Ukraine sei «kein Dritte-Welt-Land» oder «nicht der Irak oder Afghanistan», sondern vor allem «europäisch» und «zivilisiert». Während eines Interviews mit der BBC ließ sich ein ehemaliger ukrainischer Staatsbediensteter sogar zu der Bemerkung hinreißen, er sei besonders emotional, weil die Opfer «blond und blauäugig» sind. Auch die «Neue Zürcher Zeitung» verkündete, ihrer Redaktionslinie folgend, «diesmal» handele sich um «echte Flüchtlinge». Im deutschen Fernsehen schwadronierten bei «hart aber fair» der Moderator Frank Plasberg und einige seiner Gäste über «unseren Kulturkreis», den Glauben der meisten Ukrainer – sie sind Christen! – und die Feigheit jener «wehrfähigen, starken Männer», die 2015 nach Deutschland gekommen sind, weil sie nicht Manns genug gewesen seien, ihre Heimat zu verteidigen. Ich war schockiert – und musste an Hamza und andere Ex-Soldaten denken, mit denen ich in Kontakt stehe und die bis heute von den Taliban gejagt werden.

In den letzten zwei Jahrzehnten starben Zehntausende Afghanen, die in der Armee dienten. Die Wahrscheinlichkeit, dass sie einen gewaltsamen Tod fanden, war drei bis vier Mal so hoch wie bei Zivilisten. So genau weiß man das wohl nicht, weil diese Menschen von niemandem richtig gezählt wurden – auch nicht von den korrupten Regierungen, die mit der Unterstützung Washingtons vor den Taliban in Kabul regierten. Viele Soldaten entstammten armen Familien. Sie reisten oft quer durch das ganze Land, um Wochen oder gar Monate an einem dreckigen, abgelegenen Stützpunkt zu verbringen – permanent unter Lebensgefahr, ohne regelmäßige Mahlzeiten, bei fehlendem Sold und ausgehender Munition. Viele dieser Männer waren davon überzeugt, ihrem Land zu dienen und es zu verteidigen. Die westliche Berichterstattung konzentrierte sich ausschließlich auf getötete NATO-Soldaten; über die Opfer aufseiten ihrer afghanischen Kameraden, die den Krieg an vorderster Front austrugen, hörte man nichts. Zwanzig Jahre sind eine lange Zeit. Irgendwann ist es genug, man kann von niemandem verlangen, noch länger zu kämpfen. Vor allem dann nicht, wenn der Kampf lediglich dem Machterhalt korrupter Eliten und krimineller Militärchefs, die ihre eigenen Soldaten im erstbesten Moment verkaufen, dient.

Und genau das geschah in Afghanistan im Sommer 2021. Soldaten legten ihre Waffen nieder, als ihnen bewusst wurde, dass viele ihrer Führer schon längst Deals mit den Taliban abgeschlossen und das Weite gesucht hatten. Sie mussten fliehen, weil sie weder Munition noch Geld hatten. Korrupte Politiker, etwa im Verteidigungsministerium, hatten jahrelang die Gehälter ihrer Soldaten abgezwackt, um überdimensionierte Bankette oder Sauf- und Drogenorgien zu veranstalten, während ihre Männer an der Front von Brot und Tee lebten. Viele Soldaten erkannten, dass sie lediglich Zahnrädchen in einem gigantischen, von Korruption und Kriminalität durchzogenen System waren. Viele von ihnen weilen nach wie vor in Afghanistan. Sie verstecken sich vor den Taliban und fürchten um ihr Leben, doch gleichzeitig sind sie demütig und selbstkritisch geworden. Sie hinterfragen ihre Einsätze und bereuen es, jemals gekämpft zu haben – zumindest einige junge Männer, die ich getroffen habe. Gleichzeitig wirkten sie gebrochen und schwach. Sie kannten nur den Kampf, den Krieg, und waren fast noch Kinder gewesen, als sie zur Waffe griffen. In Baghlan traf ich im Frühjahr 2022 den Ex-Soldaten Rafeh. Er wirkte auf mich wie mein jüngerer Bruder, hatte eine sanfte Stimme und sprach mit Bedacht. Er erzählte mir von den Nächten, in denen er in Schützengräben hatte ausharren müssen, und von seinen getöteten Kameraden. Ihre Jugend verwelkte im Krieg, und abermals wurde mir vor Augen geführt, wie es auch mir hätte ergehen können, wenn ich in Afghanistan aufgewachsen wäre.

Mit derart komplexen Realitäten können viele Menschen im sogenannten Westen nur wenig anfangen. Stattdessen messen sie verschiedene Geflüchteten-Gruppen, etwa Ukrainerinnen und Ukrainer auf der einen und Musliminnen und Muslime auf der anderen Seite, mit zweierlei Maß. Als ich im Frühjahr 2022 auf diese Schieflage in unseren Debatten aufmerksam machte, erreichten mich zahlreiche rassistische Nachrichten von Leuten, die meist nicht einmal anonym im Internet unterwegs waren. Sie schrieben mir Dinge wie «Die Ukrainer nehmen wir, aber keine Scheißmoslems!» oder «Das sind Frauen und Kinder und keine Vergewaltiger». Und was natürlich auch nicht fehlte: «Hätten SIE doch ihr Land verteidigt!» Solches Gedankengut schwirrt aber nicht nur in den Köpfen namenloser Facebook-User herum. Jean-Louis Bourlanges, ein hochrangiger französischer Politiker, bezeichnete ukrainische Geflüchtete im Unterschied zu Muslimen etwa als «hochqualifiziert», und der bulgarische Premierminister wurde noch deutlicher: «Das [die Ukrainerinnen und Ukrainer, E. F.] ist nicht die Flüchtlingswelle, die wir kennen, also Menschen, über deren Identität wir uns nicht sicher sein können, die Terroristen gewesen sein könnten.» Ein spanischer Kongressabgeordneter sagte klipp und klar: «Ukrainische Geflüchtete sind willkommen, muslimische sind es nicht!» Bundesinnenministerin Nancy Faeser kündigte an, dass ukrainischen Geflüchteten schnell und unbürokratisch geholfen werde. Sie mussten kein Asylverfahren durchlaufen und erhielten sofort Schutz für bis zu drei Jahre. Auch der Zugang zu Krankenversicherung und Arbeitsmarkt sollte so schnell wie möglich gewährt werden. All diese Maßnahmen waren gut und richtig. Allerdings fragt man sich als ein in Österreich aufgewachsener und in Deutschland lebender Muslim, warum man auf ähnliche Weise nicht auch den Menschen aus Syrien das Leben erleichterte, nachdem sie vor dem Krieg im eigenen Land geflohen waren, wie die Ukrainer heute vor Putins Bomben und dessen Schergen. Warum galt das nicht für all die Afghanen, die in den letzten Jahren aufgrund von Krieg und Zerstörung ihr Land verlassen mussten? Nach der Rückkehr der Taliban konnten die sogenannten afghanischen «Ortskräfte» noch nicht einmal darauf zählen, von jenen Deutschen, mit denen sie jahrelang zusammengearbeitet hatten, evakuiert zu werden. Rund ein Jahr nach Beginn der russischen Invasion der Ukraine richtete sich Nancy Faesers Fokus dann aber doch wieder auf Afghanistan. Ihre neue bürokratische Mission: die rechtliche Prüfung der Wiederaufnahme rascher Abschiebungen nach Afghanistan. Wer in diesem Kontext Kritik ablehnt und als Whataboutism bezeichnet, ist schlichtweg ignorant. Viele meiner afghanischen Freunde und Verwandten wurden in den letzten Jahren in den Mühlen der Bürokratie regelrecht zermürbt und litten an Depressionen, zumal ihre Kriegstraumata sie weiterhin belasteten. Ein oder zwei Besuche bei einem Kassenpsychiater reichen nicht aus, ihre Probleme aus der Welt zu schaffen. Manche von ihnen wurden sogar abgeschoben.

Ein beträchtlicher Anteil der ukrainischen Armee ist muslimisch, darunter etwa Tartaren, die 2014 durch Putins Annexion der Krim ihre Heimat verloren haben, oder Tschetschenen, die ersten Opfer des Kriegsherrn Putin. Ihre Heimat wurde vor mehr als zwei Jahrzehnten in Schutt und Asche gebombt. Vieles davon wiederholt sich nun in ukrainischen Städten. Hinzu kommen Männer wie der anfangs erwähnte Jalal Noori, der bereits 2014 mit anderen Afghanen auf ukrainischer Seite kämpfte. Bis zum Beginn des Krieges lebten rund 5000 Afghanen in der Ukraine. 370 von ihnen wurden erst ein halbes Jahr zuvor aus Kabul in die Ukraine evakuiert. Es ist eine Tragödie, dass viele dieser Menschen nun abermals fliehen müssen – und dass ihr langjähriges Leid bewusst ausgeblendet wird, weil sie für die Mehrheitsgesellschaft in den Ankunftsstaaten die falsche Haut- oder Augenfarbe oder den falschen Glauben haben. Ein Beispiel hierfür ist etwa Ramez, Anfang 20. Er flüchtete vor zwei Jahren über Russland in die Ukraine. Kurz vor unserem letzten Gespräch wartete er auf seinen Bus nach Deutschland. Seine zweite Flucht, diesmal aus Odessa, war zum Glück innerhalb weniger Tage überstanden. Im Gegensatz zu Jalal Noori, der mittlerweile leider tot ist, wollte er nicht kämpfen – und das war auch in Ordnung. «Jeder hat das Recht auf ein sicheres Leben, egal, ob

Ukrainer oder Afghanen. Ich hoffe sehr, dass es uns allen in Deutschland gelingt», waren seine Worte, bevor er in sein neues Leben startete.

Tiroler Identitäten

Ein Tiroler ist weiß und christlich-katholisch. Mit dieser gesellschaftlich tief verankerten Vorstellung bin ich als Kind mit Migrationserfahrung in Innsbruck aufgewachsen – und natürlich fühlte ich mich nicht dazugehörig. Das gleiche Problem hatten die anderen Einwandererkinder meiner Generation, ob Türken, Bosniaken, Serben oder Kurden. Mein älterer Halbbruder Omar kam einige Jahre vor mir auf die Welt. Bevor mein Vater eine mehr oder weniger traditionelle afghanische, also arrangierte Ehe mit meiner Mutter einging, war er bereits mit einer Osttirolerin namens Maria verheiratet gewesen, die er während des Studiums in Innsbruck kennengelernt hatte. Wir sind bis heute freundschaftlich miteinander verbunden. Maria hat mir einmal erzählt, wie unser Vater damals bei ihrer Familie um ihre Hand anhielt, nachdem er sie zum Bergbauernhof ihrer Eltern in Osttirol begleitet hatte. Eine ungewöhnliche Szene: Da stand plötzlich ein junger Afghane aus dem urbanen Kabul und wollte die Tochter eines Osttiroler Bauern heiraten. Die Probleme waren vorprogrammiert – von Kabul bis nach Lienz.

Nach einer auf Englisch verlaufenden Briefkorrespondenz hielt mein Großbaba die Anglistikstudentin Maria schließlich für geeignet, obwohl er zuvor noch einige ihrer englischen Sätze korrigiert hatte. Dass afghanische Männer, die im Ausland studierten, irgendwann mit westlichen Ehefrauen auftauchten, war zum damaligen Zeitpunkt kein Novum mehr. König Zahir Shah hatte den ersten Stipendiaten anfangs derartige Beziehungen verboten, sah später aber ein, dass es keinen Sinn hatte. Anders als mein Großvater war Bibi Jaan gegen die Eheschließung, weil Maria weder Afghanin noch Muslimin war. Sie würde ihren Mann deshalb nie richtig verstehen. Vielleicht war das Hauptproblem, dass meine Großmutter mit Maria nicht kommunizieren konnte. Aber sie prophezeite auch in weiser Voraussicht, ihre künftige Schwiegertochter würde sich nicht so behandeln lassen, wie man es von afghanischen Ehefrauen gewohnt war: unterwürfig und gefügig. In Osttirol konnte man mit einem afghanischen Ehemann noch viel weniger anfangen. Marias Familie war streng katholisch und war über den Markt, die Dorfkirche und das Gemeindehaus bisher nicht hinausgekommen. Zu fast allen Mahlzeiten wurde irgendein Stück vom «unreinen» Schwein serviert. Doch am Ende musste man die Entscheidung des ersten Dirndls hinnehmen: Maria war in die große Stadt gezogen, um zu studieren und sich vom bäuerlichen Leben zu verabschieden. Mein Vater wurde in ihrer Familie irgendwann einigermaßen respektiert. Immer wenn er zu Besuch kam, servierten ihm die Osttiroler Bauern Rindfleisch und vegetarische Gerichte. Jakob war ein Abrahamit und würde irgendwie doch an denselben Gott glauben. Und immerhin konnte der Exot aus Afghanistan bereits Deutsch. Auch Maria lernte schnell Farsi.

Neun Monate nach der Hochzeit, der meine beiden Onkel Wahed und Hamed beiwohnten, kam mein Halbbruder auf die Welt. Ein Tiroler mit afghanischen Wurzeln. Oder ein Afghane mit Tiroler Einschlag. In Afghanistan zählt die Linie des Vaters. Deshalb würde dort bis heute niemand anzweifeln, dass Omar ein Afghane ist, obwohl er weiße Haut und blonde Haare hat. Denn anders als viele Vorurteile suggerieren, leben auch am

Hindukusch zahlreiche Menschen, die genauso aussehen wie Omar, ohne als «Ausländer» aufzufallen. In Innsbruck hatte mein Halbbruder hingegen große Anpassungsschwierigkeiten. Jeder Lehrer, der die Namensliste der Klasse durchging, sah einen arabischen Namen, der mit den blonden Haaren des Kindes so gar nicht zusammenpassen wollte. Mein Vater, der all seinen Söhnen auch den Namen «Mohammad» verpasste, wie es in Afghanistan üblich ist, und darauf bestand, dass diese Reminiszenz an den Propheten auch auf den Schulheften zu lesen war, machte die Sache nicht einfacher. Die Spaziergänge der jungen Familie durch die Innsbrucker Innenstadt waren im besten Fall von aufdringlichen Blicken, im schlechtesten Fall von blankem Rassismus geprägt. Der «rassige», «orientalische» Mann mit schwarzem Haar und Schnurrbart, dazu die blonde «Einheimische» – und das weiße Kindlein dazwischen. Da konnte etwas nicht stimmen. In einem bekannten Café in der Altstadt wurde mein Vater des Hauses verwiesen. Menschen wie er seien hier nicht erwünscht. Heute haben fast alle Kellner in Innsbruck Migrationserfahrungen, sind Osteuropäer, Südostasiaten, Araber, Nordafrikaner oder eben Afghanen. Nach wie vor wählen viele von ihnen die Strategie, sich als Pseudoitaliener zu präsentieren, weil es ihren Alltag erheblich erleichtert und sie vor Rassismus schützt. Guter Migrant, schlechter Migrant. Guter Geflüchteter, schlechter Geflüchteter. Diese Konstrukte schwirren im Jahr 2024 noch immer in den Köpfen vieler Menschen.

Ich selbst wollte stets der Gute sein, ohne mich assimilieren zu müssen. Als mir im Kindergarten einmal Schweinswürste gegeben wurden, musste ich sie einige Stunden später wieder auskotzen – was für ein Zeichen! Nikolaus und Krampus waren Götzen. Beim kollektiven Morgengebet in der Schule machte ich kein Kreuz. Innsbruck war mein Geburtsort, aber irgendwann ging ich sowieso zurück nach Afghanistan. Es kam anders, also musste ich beides verbinden – meine afghanische mit meiner Tiroler Identität. Mir fiel irgendwann auf: So divers und vielfältig wie Afghanistan ist seit Jahrhunderten auch Österreich, auch wenn diese Diversität in beiden Fällen gerne ausgeblendet wird. Der Schriftsteller Romed Mungenast, ein Tiroler mit jenischen Wurzeln, versuchte, diesem Hang zur Homogenisierung des Heterogenen etwas entgegenzusetzen. Die Jenischen sind ein fahrendes Nomadenvolk, in Tirol auch als «Karrner» bekannt, eine der am stärksten marginalisierten Minderheiten des Landes. Ihre Sprache ist eine Mischung aus lokalen deutschen Dialekten, Romanes und Jiddisch. In Innsbruck und den umliegenden Dörfern und Kleinstädten wurden die Jenischen oft wie Aussätzige behandelt, sie lebten verarmt am Stadtrand. Ihr Brot verdienten sie sich mit kleineren Handwerkstätigkeiten wie Korbflechten oder Besenbinden. Mungenast wuchs gemeinsam mit seinen zehn Geschwistern in einer Holzbaracke am Rand von Zams auf. Nach der Schule verdingte er sich in Innsbruck als Rangierarbeiter für die Eisenbahn. Gleichzeitig wurde er zum Aktivisten und bekannte sich als erste jenische Person öffentlich zu seiner Herkunft und Identität. Als Autodidakt avancierte Mungenast zum wichtigsten Archivar und Chronisten des jenischen Volkes, das erst durch seine detailreiche Arbeit weit über die Grenzen Tirols auch in der wissenschaftlichen und politischen Sphäre sichtbar wurde. 2006 verstarb er nach langer Krankheit viel zu früh. Sein Leben ist das Zeugnis einer vielschichtigen Tiroler Identität, die über altbekannte Konstrukte und Narrative weit hinausgeht. Aussätzige wie die Jenischen gibt es auch in Afghanistan. Beispiele hierfür sind etwa die bereits erwähnten Hazara oder die sogenannten Jogi, eine persischsprachige Minderheit, die in vielerlei Hinsicht den europäischen Roma und Sinti ähneln. Die Jogi wurden bis heute nicht als Bürger Afghanistans anerkannt, weshalb ihnen wichtige Dokumente wie eine Tazkira schlichtweg verwehrt werden. Sie (über)leben meist in Lagern und Behausungen am Stadtrand oder ziehen als Tagelöhner, Schrotthändler oder Hellseher durchs Land.

Die Jenischen sind weiß und wirken sehr europäisch, was sie historisch jedoch keineswegs vor Diskriminierung, Rassismus und Ausgrenzung bewahrte. Gleiches galt für die Tiroler Juden, die vom Volkszorn der Mehrheitsgesellschaft bekanntlich noch viel schlimmer getroffen wurden. Heute sind sie aus dem öffentlichen Erscheinungsbild der Stadt Innsbruck nahezu verschwunden – ähnlich wie die afghanischen Juden, von denen bis zur Rückkehr der Taliban im August 2021 nur noch ein einziger, ein mit mir befreundeter Mann namens Zabulon Simentov, in Kabul lebte. Die Abwesenheit der Juden in Innsbruck ist augenscheinlich. Die Synagoge in der Sillgasse liegt mitten in der Stadt, war in Zeiten meiner Kindheit und Jugend aber meist leer. Der einzige Jude, der mir zu Schulzeiten manchmal im Bus auffiel, war ein älterer, bärtiger Mann mit Kippa. Er saß allein, sprach mit niemandem und zog deshalb skeptische Blicke auf sich. Vielleicht handelte es sich um den Rabbi der Synagoge, ich kann es rückblickend nicht mehr sagen. Meine Mutter konnte sich hingegen noch gut an ihre jüdischen Freundinnen in Kabul oder Baghlan erinnern und erzählte mir, wie traurig sie gewesen war, als diese Afghanistan verließen, um in Israel oder in den USA ein neues Leben zu beginnen. Bis heute haben diesen jüdischen Menschen äußerst facettenreiche Identitäten, betrachten sich als Afghanen, Israelis oder Amerikaner, als jüdisch-orthodox oder säkular und atheistisch. Sie sind in der Regel Mischehen mit anderen Jüdinnen und Juden aus anderen Ländern eingegangen; dadurch erhielten ihre komplexen Familien weitere Schattierungen. Der österreichisch-britische Schriftsteller Stefan Zweig hat sehr plastisch beschrieben, wie bei den Zusammenkünften seiner Familie mehrere Sprachen wie Jiddisch, Deutsch, Englisch und Italienisch zugleich gesprochen wurden. In einer solchen Realität finde auch ich mich heute in meiner muslimischen Familie wieder. Manchmal kommen wir sogar auf sechs verschiedene Sprachen: Farsi, Paschto, Deutsch, Russisch, Urdu und Englisch. Und während andere staunen, ist es für uns das Normalste der Welt.

Afghanischer Kosmopolitismus

Sam Duran sieht aus wie ein typischer Australier. Langes Haar, einst blond und nun grau geworden, weiße Haut, blaue Augen. Sein starker Aussie-Akzent ist unüberhörbar. Doch Durans Wurzeln liegen woanders, wie sein Nachname bereits verdeutlicht. «Duran» klingt auf Englisch cool und irgendwie europäisch, nach einer bekannten Pop-Band aus den 1980er-Jahren, doch die Herkunft des Namens ist persisch. Nachdem Ahmad Shah Abdali, der wohl bekannteste afghanische Herrscher, dessen Reich weit über die Grenzen des heutigen Afghanistans hinausging, im 18. Jahrhundert Nordindien eroberte, erhielt er den Titel «Dur-e Duran», was übersetzt «Perle der Perlen» bedeutet. Fortan wurde der König als «Shah Durrani» bezeichnet. Auch seine paschtunischen Stammesbrüder nahmen den Namen «Durrani» an und tragen ihn bis heute. Sam Durans Urgroßvater war einer von ihnen. Ihn verschlug es schließlich als Kamelhändler mit einigen weiteren Dutzend Afghanen nach Australien. Dort lebten sie zwischen den 1830er- und 1920er-Jahren in den sogenannten «Ghantowns», heirateten angelsächsische Frauen oder indigene Aborigines und begannen ein neues Leben fernab von der Heimat am Hindukusch. Besonders prominent unter ihnen war Mohammad Alam, der Ende des 19. Jahrhunderts ebenfalls nach Australien übergesiedelt war und dort als Naturheilkundler Bekanntheit erlangte. Auf einem Schwarz-Weiß-Foto aus der damaligen Zeit sieht man Alam mitsamt Ehefrau und Neugeborenem. Die Symbiose von Ost und West lässt sich gut an der Kleidung des Afghanen ablesen. Er trägt seinen paschtunischen Turban mit englischem Sakko und Krawatte.

Über diesen bis heute weitgehend verdrängten Aspekt der australischen Geschichte sprechen Sam Duran und einige andere Nachfahren der «Afghans» in Dokumentarfilmen, die auf YouTube zu finden sind. Dass Afghanen im wahrsten Sinne Weltbürger sind, wird auch anhand zahlreicher anderer Beispiele, die von der Antike bis in die Gegenwart reichen, deutlich. Die Ursprünge der indischen Rupie gehen auf den afghanischen König Sher Shah Suri zurück, der im 16. Jahrhundert im nordindischen Bihar herrschte und die Silberwährung einführte. Auch die Grand Trunk Route, die bis heute zu den wichtigsten Handelsrouten Nordindiens und Pakistans gehört, geht auf die Ära Suris zurück. Hinzu kommen zahlreiche Justiz- und Verwaltungsreformen, die den indischen Subkontinent nachhaltig geprägt haben. Zu den wohl bedeutendsten Persönlichkeiten des heutigen Afghanistans zählt der berühmte Dichter und Mystiker Jalaluddin Rumi, auf dessen geistiges Erbe auch der Iran und die Türkei Anspruch erheben. Doch anstatt Rumi für eine nationalistische Agenda zu missbrauchen, wäre es im Interesse aller Beteiligten gewiss klüger, den Sufi-Dichter als Kosmopoliten schlechthin, der alle nationalen Grenzen sprengt, zu verstehen. Ein weiterer Durrani, der in unserem Zeitalter nach langer und aufwendiger Reise bekannt und erfolgreich wurde, war Ataullah Ozai-Durrani, der in den 1950er-Jahren in die USA auswanderte und dort eines der ersten Reisfertiggerichte patentierte. Der Reis mit afghanischer und nordindischer Note wurde innerhalb kürzester Zeit zum Kassenschlager. Auch das US-Militär, das stets auf der Suche nach neuen Ready-to-Eat-Mahlzeiten war, gehörte zu Ozai-Durranis Kunden. Erwähnenswert und gleichermaßen unbekannt ist auch das Leben des afghanisch-schottischen Sufi-Intellektuellen und Schriftstellers Idries Shah, dessen Familie nach dem Zweiten Anglo-Afghanischen Krieg ins britisch-indische Exil ging. Shahs Vorfahre, der Warlord Jan Fishan Khan aus Paghman nahe Kabul, gehörte zu den Verbündeten des Marionettenkönigs Shah Shuja, der von der britischen East India Company in Kabul eingesetzt worden war. Idries Shah machte viele Aspekte der in Afghanistan verbreiteten Sufi-Ideologie einem westlichen Publikum zugänglich. Sein Vater, Iqbal Ali Shah, war ein Diplomat und Abenteurer, der Biografien bekannter Staatsmänner wie Kemal Atatürk oder Agha Khan verfasste. Ein weiterer prominenter Abkömmling der Shah-Familie ist der indische Schauspieler Naseeruddin Shah.

All diese Geschichten brechen mit der Vorstellung, Afghanistan sei stets ein isoliertes Reich in den Bergen gewesen. Weder der Hindukusch noch andere natürliche oder künstliche Grenzen haben die Menschen in Afghanistan davon abgehalten, durch die Welt zu ziehen, um ihre Kultur hinauszutragen und Brücken zu bauen. Gleiches passierte auch in umgekehrter Richtung – die Welt kam nach Afghanistan. Ein Spaziergang durch Kabul oder ein kurzer Roadtrip durch ein oder zwei Provinzen reichen aus, um festzustellen, was für ein Schmelztiegel der Kulturen das Land in den vergangenen Jahrhunderten gewesen ist. In Baktrien und Gandahara, den heutigen Regionen Paktia, Paktika und Kandahar, fanden vor über 2300 Jahren bereits der Buddhismus und der Hellenismus zueinander. Daraus entstanden Meisterwerke, die bis heute neben jenen der muslimischen Ghaznawiden, die im 10. Jahrhundert n. Chr. in Erscheinung traten und türkische Wurzeln hatten, zu bewundern sind. Im Sommer 2023 stand ich etwa vor dem «Thron Rustams» in der nördlichen Provinz Samangan, benannt nach einer Heldenfigur aus dem persischen Shahnameh-Epos. Der Tempel hat allerdings nichts mit dieser Mythologie zu tun, sondern wurde einst von den Graeco-Buddhisten errichtet. Im Süden Kabuls nahe dem großen Friedhof und den Überresten der Bala Hissar – jener antiken Festung, die schon in vorislamischer Zeit gebaut und durch zahlreiche Schlachten mehrfach zerstört wurde – lassen sich die letzten Hindu-Tempel der Stadt finden. Ihre wenigen Besucher sind heute marginalisiert, aber ich bezeichne sie gerne als die «echten Kabulis», die Nachfahren der hinduistischen Kabul Shahis, die vor über einem Jahrtausend im Königreich Kabul das Sagen hatten, bis sie von muslimischen Eroberern entmachtet wurden. Die Überreste aller Kulturen, die im heutigen Afghanistan einmal viel präsenter waren, lassen sich auch auf den Kabuler Antiquitätenmärkten nahe der letzten Synagoge des Landes finden. Vor weniger als einem Jahrhundert lebten hier noch Hunderte von jüdischen Familien, die in vielerlei Hinsicht kaum von ihren muslimischen Mitbürgern zu unterscheiden waren.

Das wohl beste Beispiel für die lange Tradition des afghanischen Kosmopolitismus ist die Geschichte der Pakol-Mütze, die landesweit getragen wird und vor allem durch den Kriegsfürsten und Mudschaheddin-Führer Ahmad Shah Massoud bekannt wurde. Die Ursprünge des Pakols sind allerdings wohl jahrtausendealt und liegen in den Eroberungszügen Alexanders des Großen. Wer die Gemälde mazedonischer Soldaten sieht, wird feststellen, dass sie sich in vielerlei Hinsicht kaum von afghanischen Männern unterscheiden. Auch auf hellenistischen

Münzen sind Kopfbedeckungen, die dem Pakol ähneln, erkennbar. Die wahrscheinlichen Nachfahren der Mazedonier lassen sich in der afghanischen Provinz Nooristan sowie im pakistanischen Chitral-Gebirge finden. Die Menschen dort sehen nicht nur «europäisch» aus, sondern sprechen Sprachen und Dialekte wie das Paschai, die dem Rest der Bevölkerung unbekannt sind. Als ich Nooristan im Frühjahr 2021 besuchte, kam ich dort manchmal weder mit Farsi noch mit Paschto sehr weit. Auch der Islam ist in dieser Region des Landes neu. Unter dem Emir Abdur Rahman Khan war die Region Ende des 19. Jahrhunderts noch als «Kafiristan» («Land der Ungläubigen») bekannt und wurde mit Gewalt zwangsislamisiert – oder im afghanisch-islamischen Kontext «erleuchtet», weshalb von «Noor», dem Licht, die Rede ist. Die Überbleibsel des hier einst vorherrschenden Polytheismus sind heute im Nationalmuseum in Kabul ausgestellt bzw. in den felsigen Kellern und Gruften einiger Nooristanis versteckt oder verschollen. Im Chitral leben die «Nachfahren Alexanders» bis heute ihren vorislamischen Glauben aus und werden als «Kalasha» bezeichnet. Gleichzeitig lassen sich an einigen Flecken Afghanistans Männer wie Sherefovic Hakimov finden. Der Russe kam 1984 ins Land – als Soldat der Roten Armee. Drei Jahre später wurde er im Gefecht verletzt und zum Kriegsgefangenen der Mudschaheddin-Rebellen. Hakimov, der seit Jahren in Herat im Westen des Landes lebt, kehrte nie in seine alte Heimat zurück. Stattdessen konvertierte er zum Islam und wurde, wie er sagt, zum Afghanen. Mit seiner russischen Herkunft kann er sich heute nicht mehr identifizieren. Ähnlich verhielt es sich mit zahlreichen weiteren sowjetischen Soldaten, die während des Kalten Krieges desertierten. Berichten zufolge waren es mindestens 120 weitere Männer, die das Schicksal Hakimovs teilen. Doch die Dunkelziffer könnte um einiges höher sein. Die einstigen Besatzer sind in der afghanischen Masse untergegangen. Sie sind Muslime geworden, haben die jeweiligen Landessprachen gelernt und Familien gegründet.

Die verschiedenen afghanischen Lebensrealitäten werden künftig noch komplexer. Die afghanische Diaspora gehört zu den größten der Welt. Alles, was aus Afghanistan stammt oder je dorthin gelangte, wird so abermals in die Welt gestreut. «Jeder hat hier seine Spur hinterlassen», hatte der ehemalige Mudschaheddin-Kommandant Mohammad Naseem 2019 auf dem Kabuler Basar zu mir gesagt. Er sprach nicht von Artillerie und Bomben, sondern von den unterschiedlichen politischen Ideen, die allein in den letzten Jahrzehnten in die afghanische Gesellschaft einsickerten. Islamismus, Marxismus, Liberalismus, Stammesdenken. Dass die wenigen Jahre in Europa seine Persönlichkeit geprägt hatten, war offensichtlich. Ähnliche Beispiele gab es auf der Gegenseite. Leutnant Saneullah, der in der Nähe des Kabuler Flughafens lebte, wuchs Mitte des 20. Jahrhunderts in konservativen Dorfstrukturen auf. Sein Großvater, ein Richter, ritt mit seinem Pferd von Dorf zu Dorf, um seine Urteile zu sprechen. Nach rudimentärer Bildung in Kabul erhielt Saneullah ein sowjetisches Militärstipendium und reiste nach Moskau, eine Stadt, der er sich bis heute verbunden fühlt. Sein Russisch ist gut, obwohl er seit Jahrzehnten in Kabul lebt. «Wir waren überall und haben jede Sprache aufgesogen. Wir sind so begabt und talentiert, doch niemand hat etwas von uns gelernt», resümierte einer meiner Freunde vor Jahren, als das er Geschehen in Afghanistan etwas niedergeschlagen Revue passieren ließ. Aber er hatte nicht ganz Recht. Viele Afghaninnen und Afghanen sind heute Weltbürger im besten Sinne. Weltbürger, die sich zwar oft heimatlos fühlen, aber schnell eine neue Heimat finden können – und doch nie vergessen, woher sie kommen. Aus einem Land der Berge mit Riesen, Geistern und Dämonen.